AF345232

SOUVENIRS D'UN SAVANT FRANÇAIS

A TRAVERS UN SIÈCLE

SCIENCE ET HISTOIRE

AVANT-PROPOS

C'EST chose assez délicate que d'inscrire soi-même, dans le carnet intime de ses pensées, le tableau sommaire des divers actes de sa longue vie, de ses pérégrinations, de ses relations scientifiques et autres, des événements dont on a été témoin, des incidents d'un passé très actif, en un mot de faire son histoire, sa biographie.

En traçant ces lignes très souvent personnelles, je n'ai aucune arrière-pensée de publicité, ni avant ni après tombe.

Ce sont de simples documents privés, destinés tout au plus aux archives de la famille.

En cherchant à dérouler les phases d'une vie constamment occupée pendant les deux grands tiers d'un siècle, j'éprouve à les écrire une complaisance et une satisfaction qui justifient mon épigraphe, en même temps qu'elles deviennent mon excuse et mon dédommagement.

Tout ce qu'à l'âge avancé où je suis j'écris sur ces feuilles n'est point le résultat d'un simple appel à ma mémoire. Depuis soixante ans, j'ai contracté l'habitude de consigner dans des livrets particuliers, et parfois dans des volumes compacts, les événements de ma vie au moment même où ils se passaient ; c'est là une chronologie authentique et vivante, une prévision contre l'infidélité des souvenirs, une consécration de l'adage : *Verba volant, scripta manent...* Enfin, J'ai obéi à un esprit d'ordre et de classification inspiré et entretenu par mes études d'histoire naturelle. Il est des faits historiques propres à ma cité natale, sur la notoriété desquels j'ai dû recourir au témoignage des vieillards intelligents et mémoratifs et à des documents traditionnels offrant une garantie.

J'ai fait imprimer dans divers recueils de fort nombreux travaux de science, plus de deux cents. On trouvera ailleurs [1] l'indication de mes œuvres dans l'ordre de leur publication.

Je me sens disposé à en augmenter le nombre, puisque je

1. Voyez *Liste des Travaux d'Entomologie* publiés par Léon Dufour, recueillie et annotée par le Professeur A. Laboulbène (*Annales de la Société entomologique de France*, 4ᵉ série, tome V, page 216 et suiv., 1865).

ne ressens point encore les glaces de mes quatre-vingts hivers
et que je conserve pour les recherches et pour l'étude une
ardeur que je ne sens pas décliner.

J'apprécie toute la valeur de ce privilège et j'en remercie
Dieu.

J'aime à me retremper, à revivre dans les étages chronolo-
giques de mes souvenirs : c'est là une philosophie égoïste si
l'on veut, que la vieille raison comprend et où elle trouve
son excuse.

A TRAVERS UN SIÈCLE

1780-1865

SOUVENIRS D'UN SAVANT FRANÇAIS

CHAPITRE PREMIER

SOUVENIRS D'ENFANCE (1780-92)

E suis né à Saint-Sever sur l'Adour le 11 avril 1780. J'avais donc neuf ans lorsque débuta la Révolution de 89 qui agita progressivement toutes les conditions, tous les âges de la société. Ce développement de l'opinion politique ne préoccupait pas seulement les hommes mûrs et leurs femmes; l'esprit de parti électrisa même les enfants si naturellement imitateurs, curieux et impressionnables. J'étais, sous ce rapport, le plus avancé des enfants de la ville.

Mes classes de latinité souffrirent beaucoup de cette fièvre politique. Les Bénédictins, chez lesquels j'avais commencé mes études, quittèrent bientôt leur riche couvent. Les religieux des trois autres monastères, Jacobins, Capucins et Ursulines, furent aussi forcés d'abandonner leurs résidences. Je n'étudiais guère plus qu'à bâtons rompus. Toutes les institutions se détraquèrent de proche en proche. Les événements du jour, les gazettes de toutes nuances, les publications à son de trompe, les fêtes publiques, les gardes nationales, les folies de toute espèce, un délire de plus en plus effréné, une véritable contagion progressive gagnèrent tous les rangs, entraînèrent à l'envi grands et petits, nobles et roturiers, artisans et bourgeois.

Au milieu de cet immense désordre, quoique les prêtres non assermentés fussent non seulement persécutés, mais traqués de toutes parts comme des bêtes fauves, mes frères et moi nous fîmes clandestinement notre première communion avec un prêtre caché chez des paysans de la campagne : nous nous y rendions pendant la nuit.

Les enfants de Saint-Sever n'échappèrent point à l'entraînement politique. Il formèrent deux camps opposés ; j'étais, dans le mien, un des plus turbulents, des plus hardis, des plus habiles à manier le poing, le bâton, les cailloux. Nous luttions avec énergie contre les démocrates ; nous avions organisé un corps de garde dans la grande salle du rez-de-chaussée d'une maison qui donnait dans la rue : nous eûmes diverses rencontres, des engagements sérieux, des espèces d'actions d'éclat, des plaies et des bosses.

De 92 à 93, nous étions en pleine Terreur. Les événements de cette époque néfaste sont restés d'autant plus profondément gravés dans mes souvenirs, que la tradition s'en est souvent renouvelée par les personnes qui pouvaient dire : *Quæque ipsa miserrima vidi*. Aussi m'est-il facile de dérouler ceux de ces événements qui se sont passés dans l'enceinte ou dans le rayon de notre cité.

Les habitants de Saint-Sever se sont fait remarquer dans tous les paroxysmes politiques par une excessive exaltation : cela semble tenir au terroir.

Je vais donc exposer pour ainsi dire en courant, et avec un peu du désordre qui caractérisait l'époque, ce que j'ai vu, de mes propres yeux vu. Je suis parfois à me demander si c'est un songe que d'avoir été témoin de faits si insolites, si difficiles à croire.

En 93, la guillotine fut dressée à Saint-Sever, sur la place du Tour-du-Sol, et, en peu de jours, vingt-deux personnes y furent exécutées. Les représentants du peuple Pinet, Cavaignac et Dartigoyte étaient en ce malheureux temps les proconsuls de la République.

J'ai vu les *repas républicains ;* chaque famille était obligée de dîner en plein air, devant la porte de sa maison. On était tenu de ne point faire bonne chère pour ne pas insulter à la misère publique. Ces repas n'eurent lieu qu'une seule fois.

Les grands repas dits *repas civiques* eurent lieu à diverses reprises sur la promenade publique de Morlanne, lorsque la nouvelle de quelque grande victoire ou d'un événement de la capitale retentissait dans nos murs ; chaque citoyen apportait son modeste dîner, et le déposait sur de longues tables grossières dressées à cet effet. J'ai assisté comme gamin à trois ou quatre de ces repas civiques. Les braillards populaciers se faisaient les maîtres des banquets.

Les Dimanches furent destitués et remplacés par les *décadis ;* on substitua à la semaine le nom de *décade,* aux jours

de la semaine ceux de *primidi, duodi, tridi,* etc., et aux mois
les noms *germinal, prairial, floréal, messidor, thermidor, fruc-
tidor, vendémiaire, brumaire, frimaire, nivôse, pluviôse, ven-
tôse,* puis cinq jours complémentaires appelés les *sans-culot-
tides.* Ces mois républicains, qui durèrent plusieurs années,
même après le règne de la Terreur, avaient une signification qui s'adaptait assez aux conditions météorologiques
de nos contrées; ce fut dix ans plus tard, à l'avènement de
l'Empire, que le calendrier grégorien fut restitué à la place
du calendrier républicain.

Tous les citoyens assistaient à la célébration solennelle
des *décadis,* les uns par peur, les autres par curiosité, fort
peu par conviction.

Un prêtre *jureur* officiait. L'église paroissiale s'appelait
alors le *Temple à l'Être suprême.* J'ai vu en 93, sur le fron-
ton de la grande porte cette inscription : « Le peuple français croit à l'Être suprême et à l'immortalité de l'âme »,
idée tombée politiquement de la bouche du fameux conventionnel Robespierre.

Malgré cela, on institua des *Déesses de la Liberté;* on les
promenait dans la ville sur le pavois triomphal, coiffées du
bonnet phrygien, précédées de la musique, entourées de
la foule de tous les sexes, de tous les âges, des enfants surtout, dans le nombre desquels je comptais toujours. Après
cette procession républicaine qui, partant du Tour-du-Sol,
suivait la rue Neuve et faisait une halte sur la place de la
Liberté en face de l'arbre de ce nom, la déesse rentrait dans
le temple et y était exposée aux regards avides de ses rares
croyants simulant une sorte d'adoration. Alors un chœur
de bruyantes voix entonnait l'hymne de la *Marseillaise* et
on fléchissait le genou au verset : *Amour sacré de la patrie.*

Les déesses de la Liberté étaient choisies parmi les jeunes demoiselles jolies ou robustes de tous les rangs. Elles n'auraient point osé décliner cet insigne honneur sans encourir le blâme sévère des municipaux républicains et sans s'exposer à toutes les avanies de la part du peuple souverain. Je pourrais citer les noms des citoyennes de Saint-Sever qui ont figuré dans les solennités du décadi. Tout cela est de la véritable histoire, ce sont des faits authentiques, j'ai vu, j'ai entendu, j'ai participé.

On substitua aux saints de l'almanach les noms des apôtres de la Liberté ou ceux du calendrier républicain; je connais encore à Saint-Sever deux femmes nées à cette époque néfaste dont l'une s'appelle *Thermidore*, l'autre *Messidore;* celle-ci eut pour parrain le représentant Cavaignac, qui était alors dans nos murs.

Le nom de Montadour fut substitué à celui de Saint-Sever, attendu que tous les saints étaient supprimés; *citoyen* et *citoyenne* remplacèrent *monsieur* et *madame;* le *tu* devint à la mode et de rigueur sans considération d'âge ni de sexe. Les fêtes à la Jeunesse, à la Vieillesse, à la Raison, à l'Agriculture sont célébrées le décadi au temple de l'Être suprême; les chants patriotiques, hurlés de jour et de nuit dans tous les quartiers; les *farandoles* à toutes les victoires, à tous les événements qu'enfantait la République. A la réception d'une nouvelle politique de Paris ou d'un *bulletin* de l'armée, on sonnait le tocsin, la foule se rendait à la maison commune pour en entendre la lecture; on sortait de là dans une exaltation et avec des vociférations qui retentissaient partout.

Le chapeau avait cédé la place au *bonnet rouge* dont la forme fut variable. La *cocarde tricolore* était de rigueur pour les hommes, les femmes, les enfants, sous peine d'être *suspect*. Les *girouettes* étaient renversées, les *fleurs de lys* arrachées comme signe de féodalité : nécessité, devoir pour tout citoyen d'assister quotidiennement le soir au *Club de la Société populaire* qui se tenait à l'ancien réfectoire des moines, aujourd'hui la salle de théâtre. Il y avait toujours concours prodigieux du peuple; la séance s'ouvrait par la *Marseillaise* et souvent par la lecture bien accentuée du journal le *Père Duchêne*. Un honorable citoyen, qui n'était rien moins que républicain, mais qui tenait à le paraître, était chargé de lire cet évangile du jour; les orateurs plébéiens avaient toujours des dénonciations à faire, des conspirations à révéler; en descendant de la tribune aux harangues, ils venaient recevoir l'*accolade fraternelle* aux incessantes acclamations des frères et amis. Les cris redoublés de « Vive la République ! vive la Montagne ! vivent les Sans-culottes ! à bas les aristocrates ! » se répétaient au dedans et au dehors. On réservait pour la clôture de la séance le verset : *Amour sacré de la patrie.*

Des séances spéciales étaient consacrées à l'examen du *Tableau de la vie politique* des citoyens pour justifier de leur patriotisme. On ne saurait se faire une idée des absurdités empilées qui se débitaient dans ces contrôles : heureusement, la discussion finissait souvent par une facétie.

Il fut un temps où les *dons patriotiques* pour la prétendue descente en Angleterre se faisaient en pleine séance du club, l'argent et les bijoux étaient déposés, mais disparaissaient dans les mains des représentants du peuple souverain.

La taxe du pain et de la méture (pain de maïs) à 4 onces par personne eut lieu pendant une quinzaine de jours.

Les *assignats* ou papier-monnaie demeurèrent en circu-

lation active pendant deux ans environ ; les écus et les louis
d'or étaient proscrits. La vente des biens nationaux (émigrés et clergé) coïncida avec l'époque de la dépréciation
des assignats dans le commerce, tandis que le gouvernement
en maintenait la valeur légale ; on achetait alors pour cent
francs en argent deux et trois mille francs en assignats ;
aussi fit-on de bonnes affaires dans toutes les classes de la
société. Je me rappelle fort bien qu'un citoyen put vendre
une paire de bœufs pour vingt mille francs en assignats et
acheter une grande métairie d'émigré qui, récemment, a été
payée quarante-cinq mille francs.

Durant le règne de la Terreur, les représentants du peuple Pinet, Cavaignac et Dartigoyte, chargés par la Convention de sévir contre les aristocrates et les Girondins,
abattaient de tous côtés des têtes pour conserver les leurs
et pour se faire valoir aux yeux de la République. Le prétexte de cette grande vindicte nationale fut dans ce pays
une prétendue conspiration ourdie dans une commune
voisine de Saint-Sever par des aristocrates qui avaient,
disait-on, des relations soit avec les émigrés d'Espagne, soit
avec les contre-révolutionnaires de nos contrées : on les
accusait d'accaparer les grains pour affamer les patriotes.
Un citoyen de cette localité, redouté par son exaltation
républicaine, fut le principal promoteur des dénonciations
au tribunal révolutionnaire de Saint-Sever. Il accréditait
le bruit qu'il y avait, chez les suspects de cette commune
et des environs, du pain d'officier et du pain de soldat pour
l'arrivée prochaine des émigrés. Le représentant Dartigoyte
fit un grand rapport à la Convention sur cette conspiration, sur ses ramifications étendues, sur les moyens de
répression énergique par les commissaires du gouverne-

ment. On exploita ce criminel mensonge pour persécuter à outrance tous les citoyens qui ne partageaient pas ostensiblement l'exaltation des vrais montagnards.

Saint-Sever devint à cette époque le siège du terrible *tribunal révolutionnaire ;* il y eut quatre maisons de réclusion où l'on avait entassé les suspects du pays et des départements voisins.

La maison de ma famille se trouvait entre deux de ces maisons ; nous pouvions voir et même recevoir quelques reclus par les fossés de la ville où existaient des issues secrètes. Le représentant Dartigoyte était logé dans notre voisinage ; on lisait sur la façade de sa maison, en très grands caractères : *Unité, Indivisibilité de la République : Liberté, Égalité, Fraternité ou la mort.*

Ma mère, taxée d'aristocrate, fut comprise dans les suspects ; mon père fut excepté, parce qu'il était le médecin gratuit de l'hôpital et des pauvres ; je lui ai souvent entendu dire qu'il avait eu honte de cette exception, attendu que presque tous les honnêtes gens avaient été frappés par cette mesure.

Le tribunal révolutionnaire ou Commission extraordinaire se composait de six étrangers venus à la suite des représentants et de la guillotine.

Les audiences se tenaient dans une salle qui faisait partie de l'ancien couvent des Bénédictins.

La guillotine fut dressée et demeura en permanence sur la place du Tour-du-Sol, à quelques mètres du balcon d'une maison.

Les corps des victimes furent inhumés dans un cimetière récemment ouvert, à peu de distance de cette place.

On a observé que les femmes du peuple qui se rendaient

sur la place pour être témoins de ces exécutions étaient
en nombre de beaucoup supérieur à celui des hommes. Je
dois à la vérité de confesser que, comme d'autres enfants
de mon âge, aussi entraînés que moi par la curiosité, j'ai
assisté, d'un peu loin, deux fois à ce supplice (un vénérable vieillard, père d'un émigré, et un Girondin).

Il m'était toujours resté dans l'esprit que vingt-deux personnes avaient été guillotinées en 93 sur la place de Saint-
Sever; j'ai fait et renouvelé pendant longtemps des recherches sur ce point, j'ai consulté les quelques vieillards sur-
vivant à cette lugubre époque, et je n'ai pu retrouver que
les noms de vingt et une victimes. La vingt-deuxième me
reste encore inconnue. Les jugements imprimés ont disparu ou du moins ils ne sont pas parvenus à ma connaissance : j'en possède deux seulement, un qui acquitte un
maréchal de camp et un qui condamne à mort deux frères
dénoncés comme coalisés et ayant des correspondances avec
un abbé émigré en Espagne : *ab uno disce omnes*.

En 92, et vraisemblablement le 14 juillet, j'assistai avec
toute la population de la ville et de la banlieue à la plantation solennelle de l'arbre de la Liberté.

L'arbre destiné au baptême de la Liberté était un tronc
droit d'une grande hauteur, bien poli, peint aux couleurs
nationales, surmonté du bonnet phrygien et de deux drapeaux tricolores. Le socle était carré, et sur chaque face il
y avait une inscription en vers : je me rappelle l'une de ces
inscriptions, elle peut donner la mesure des autres et de
l'esprit d'alors :

> Lorsque sur un tyran nous suspendons nos coups,
> Chaque instant qu'il respire est un crime pour nous.

Avant d'être dressé sur la place jadis Royale, l'arbre fut promené en pompe dans les principales rues de la cité avec un nombreux cortège. La Constitution, écrite en grands caractères, était plaquée très ostensiblement contre le joug des bœufs qui la trainaient *d'un pas tranquille et lent*; ce joug était orné de cent rubans tricolores flottants : de jeunes citoyennes, vêtues de blanc, avec des faveurs tricolores enlacées dans les cheveux, portaient dans d'élégantes corbeilles aux trois couleurs des fleurs qu'elles semaient au devant de la Constitution ambulante. Les jeunes filles qui avaient épuisé leurs corbeilles étaient aussitôt remplacées par d'autres afin que la pluie des fleurs fût continue. Le plus grand ordre régnait dans cette procession. La musique municipale jouait les marches du jour, les airs chéris : *Allons, enfants de la patrie... Çà ira, çà ira,* etc.

Les autorités chamarrées des trois couleurs, la garde nationale avec ses tambours, tous les citoyens et citoyennes unis, confondus par la sainte égalité, cocardés et enrubannés, escortaient le bienheureux tronc d'arbre orné de l'éclatante ceinture tricolore en spirale.

La force et l'adresse combinées, stimulées par les vœux les plus ardents et la plus bruyante exaltation, mirent debout, sans le moindre accident, cette idole du jour. Dans cette manœuvre pour obtenir et fixer la verticalité de l'arbre, je n'ai point oublié, tout jeune que j'étais, les yeux de tous les spectateurs animés d'une crainte et d'une espérance silencieuses : j'entends encore le murmure de satisfaction qui éclata dès le succès.

Après les discours empreints de toute la verve patriotique, après le chant marseillais revociféré jusqu'au ciel par toute l'assistance, après les applaudissements universels,

les cris redoublés de : « Vive la liberté ! vive la Constitution ! » le citoyen Labeyrie, curé de Saint-Sever, et le citoyen Saurine, évêque constitutionnel, répandirent leur bé-
nédiction sur ce représentant ligneux de notre liberté ; mais
cet arbre sans racines n'eut qu'une existence éphémère.
Cette fête est, de toutes les fêtes civiques célébrées dans
notre cité, celle où j'ai vu le plus grand concours de tous
les rangs, l'enthousiasme le plus unanime, une gaieté par-
tagée par tous et un ordre qui ne fut pas un moment
troublé.

En 1792, lorsque la politique agitait les esprits et échauf-
fait les têtes, quelques jeunes hommes de Saint-Sever s'as-
socièrent pour jouer la tragédie et fondèrent le théâtre qui
existe encore aujourd'hui. J'ai assisté à la représentation
de plusieurs pièces fécondes en allusions à la situation politique d'alors, telles que *la Mort de César, Brutus, Mahomet*,
etc.

La mort de Robespierre amena dans notre cité une
salutaire réaction, due principalement à des officiers du
18e régiment de dragons qui vinrent y tenir garnison ; à la
faveur de leur uniforme et d'une opinion modérément
républicaine, ils s'emparèrent de la tribune de notre club.
Ils blâmèrent avec talent et intrépidité les fougueux dénon-
ciateurs et accusateurs de la veille. Les braillards de la bou-
tique furent frappés d'aphonie et presque de mutité. La dé-
magogie fut terrassée et la terreur disparut avec la guillotine.

Ces orateurs militaires, dont j'ai retenu quelques noms,
firent une heureuse et profonde impression dans l'esprit
des citoyens amis de l'ordre qui commencèrent à pouvoir
respirer.

Leur qualité d'étrangers ne contribua pas peu à les enhardir dans le bien qu'ils nous firent.

Après le règne de la Terreur, en 1794 et 1795, quelques-uns de nos concitoyens, dans le but de tempérer les esprits et de faire une diversion aux passions politiques, conçurent et exécutèrent l'idée de s'associer de nouveau pour jouer non pas la tragédie, mais la comédie, et y admettre gratis le public. Les directeurs de cette association étaient deux hommes riches et honorables qui comprenaient parfaitement la mission sociale qu'ils s'étaient imposée, MM. de T... et de B... Quoique de caractères diamétralement opposés, puisque l'un était froid et calme, l'autre d'un esprit très vif et mobile, ils s'entendaient à merveille par la noblesse des sentiments et une générosité sans bornes. Ils s'adjoignirent M. L..., président de notre tribunal, homme grave et complaisant, qui consentit à devenir le souffleur du théâtre. Jamais on ne vit un plus heureux concours d'intelligence, de jeunesse, de gaieté et de grâces. Toute la société sans distinction de rang et d'opinion était dans l'union la plus parfaite.

Après la représentation, la troupe se réunissait autour d'une table bien servie, chez l'un ou chez l'autre des directeurs. On ne reverra jamais une organisation des plaisirs aussi heureusement conçue que celle-là; d'abord parce que des hommes tels que MM. de T... et de B..., réunissant esprit, cœur, fortune et générosité, sont exceptionnels; puis les métamorphoses politiques leur avaient préparé une occasion, une opportunité qu'ils ont eu l'habileté de saisir et de mettre à profit. Ces deux puissants éléments de véritable confraternité ne se représenteront plus.

Je veux consigner ici deux faits dont j'ai été témoin

oculaire et qui prouvent d'une part combien était délicate
la situation des hommes un peu élevés par leur rang et par
leur fortune au-dessus de la plèbe, et de l'autre de quelle
importance est dans les circonstances difficiles le dévouement d'une autorité locale probe, intelligente et influente
par la fortune.

En 1795, l'exaltation républicaine, malgré la chute de
Robespierre, était encore progressive. Il suffisait d'être riche
ou d'appartenir à une bourgeoisie aisée pour encourir la
disgrâce populaire. Les jeunes gens de cette double condition étaient, comme toujours, esclaves de la mode. Les
muscadins, ou élégants de l'époque républicaine, avaient les
cheveux longs et pendants sur les côtés, les *oreilles de chien,*
ou bien ils portaient les cheveux tressés en *cadenettes* qui
remplaçaient l'antique *catogan ;* ils avaient des pantalons
collants et parfois des bas de soie avec des raies colorées en
travers. Le peuple désignait ces messieurs sous le nom in-
sultant de *chouans.*

Un jour de course de taureaux pour la fête de la Saint-
Jean, à Saint-Sever, M. A. de L...., jeune homme à tête
chaude, eut une violente rixe sur la place, et on allait le
jeter dans le puits d'une maison voisine lorsque M. de T...,
alors maire, s'approche, ceint de son écharpe tricolore,
et ordonne qu'à l'instant le sieur L... soit conduit à la
prison pour instruire son affaire ; par cette manœuvre
habile, L... fut sauvé et tout simplement relaxé le lendemain.

Cette même année, je me trouvais à Mont-de-Marsan
pour la fête de la Madeleine. Notre compatriote M. C. D..,
homme fort et intrépide, que j'avais vu avec des bas rayés
en travers, fut pris à partie par le peuple : on était sur le

point de le précipiter du parapet du pont de la rivière.
M. D..., maire, prévenu à temps, se rendit sur les lieux et
ordonna d'un air très en colère de transporter ce chouan
en prison pour être livré aux tribunaux. Le haut patriotisme
du maire atteignit son but et, dans la nuit même, C. D...
gagna ses foyers.

En 1795, un camp fut établi près de Saint-Sever par
des troupes venues de l'armée des Pyrénées occidentales;
ce camp était situé dans une plaine cultivée au nord du
moulin de l'Adour. Je visitai avec la plupart des habitants
de la ville les tentes de ce camp, ce qui était une nou-
veauté pour nous. Le général Moncey (depuis maréchal
de France) commandait en chef l'armée des Pyrénées : il
vint passer l'inspection du camp et descendit chez M. Lamarque, père du général de ce nom, qui était alors adjudant
général.

CHAPITRE II

SOUVENIRS DE COLLÈGE

MES PREMIÈRES EXCURSIONS AUX PYRÉNÉES

(1792-1799)

ERS 1792, un premier collège fut fondé à Saint-Sever, dans l'ancien couvent des Jacobins, sous la direction de deux professeurs de Paris envoyés par l'État. Malgré la dureté des temps, cet établissement prospéra au delà de toutes les espérances ; j'y étais externe avec mes frères et beaucoup de camarades de mon âge. Le nombre des pensionnaires ne tarda pas à s'élever à soixante, pour la plupart du pays Basque et de l'Armagnac : au jour où j'écris ces lignes, tous mes anciens camarades sont, hélas ! *ad patres.*

C'est pour la fondation de ce premier collège que M. de T..., alors le maire, mit en réquisition une cinquantaine de chariots pour transporter à Saint-Sever tout le mobilier du séminaire d'Aire, qui venait d'être évacué. M. de T...

avança à l'État une somme de quarante mille francs pour cette œuvre, et on n'a connu cet acte de généreux patriotisme qu'à sa mort; son fils trouva dans les papiers de famille les pièces qui établissaient l'avance de cette somme et celles du remboursement par l'État.

Où trouverait-on dans la vie des administrateurs d'une petite localité l'exemple d'un dévouement, d'un sacrifice de cette importance? M. de T... semblait avoir prévu les conséquences qui devaient en résulter pour le présent et l'avenir de notre cité, qu'il administrait à une époque si difficile.

En 1795, lorsque la tourmente révolutionnaire commençait à se calmer, le gouvernement institua dans chaque département un enseignement public sous le nom d'*École centrale*. Des chaires jusqu'alors inconnues dans les collèges donnaient aux études une grande extension. Les professeurs étaient convenablement rétribués : ils avaient chacun deux mille francs.

Saint-Sever, par la beauté et les conditions hygiéniques très favorables du local scolaire, par la richesse de la contrée et surtout par le précédent d'un collège établi et possesseur d'un mobilier, obtint la préférence sur le chef-lieu du département. Cette école centrale fut très florissante, on y affluait des départements environnants; après six ou sept années d'existence elle fut licenciée à l'époque du Consulat.

Les chaires étaient au nombre de neuf. La *Botanique*, la *Zoologie*, la *Minéralogie*, étaient professées par mon père, qui traitait aussi de l'*Ostéologie humaine*.

Notre école possédait un joli jardin botanique dont l'avait généreusement doté M. de B... Il occupait la moitié

orientale de son grand potager avec tous les bâtiments dé-
pendants. Les plantes y étaient classées d'après les familles
naturelles de Jussieu. On en recevait beaucoup de Paris et
elles prospéraient fort bien.

Les exercices de l'École centrale étaient publics et très
solennels. Il y avait un grand concours de parents et de
curieux; on ne se bornait pas à une distribution de prix;
tout le monde pouvait interroger les élèves sur les matières
comprises dans le programme.

.Le premier préfet qu'ait eu le département, M. Méchin,
homme fort instruit et lettré, maniant parfaitement la parole, ne manquait jamais d'y assister; il y brillait par ses
questions et ses compliments d'encouragement.

Je comptais parmi les bons élèves de notre école; c'est
là que je m'épris d'une vive passion pour la botanique.
Linné et Lamarck à la main, j'étudiais, je classais, je nom-
mais les plantes soit du jardin botanique, soit des environs de Saint-Sever. Notre professeur de physique et
de chimie, M. de B .., dirigeait avec la plus généreuse
bienveillance nos excursions, et nous étions sûrs de
trouver à la station de quoi réparer nos forces. Je m'atta-
chai à former un herbier, qui s'est successivement accru
depuis et qui a aujourd'hui une grande valeur de science.

Malgré ces heureuses dispositions aux études sérieuses,
il y avait dans ma fibre comme dans mon caractère une
singulière tendance à primer sur mes camarades par les
exercices du corps et les entraînements aventureux. Mon
agilité et une intrépidité qui ne calculait pas les difficultés
me poussèrent pour ainsi dire irrésistiblement à me mettre
en scène dans les courses de taureaux alors si en vogue
dans le pays de Gascogne. Je m'élançai dans l'arène, j'af-

frontai ces redoutables animaux et j'acquis bientôt une célébrité d'*écarteur*. Deux fois je fus terrassé en pleine place, ce qui ne me corrigea point, quoique cette dangereuse gymnastique fît le tourment de ma famille.

Fallait-il courir, sauter, grimper, marcher en équilibre sur l'étroit garde-fou d'un pont, boxer, se battre, nager, plonger : on me voyait constamment au premier rang.

Un soir de l'été de 1795, mes deux frères et moi nous étions à nous baigner dans l'Adour, au bas du coteau de la *May de Diou* avec un ami, fils unique de bonne famille. Pendant que nous prenions au loin nos ébats de natation, notre ami, qui ne savait point nager, était demeuré au bord du fleuve. A notre retour sur la rive, nous ne pouvions pas nous expliquer sa disparition, lorsque la vue d'un pied, qui parut et disparut à la surface de l'eau, vint nous donner l'affreuse certitude qu'il s'était noyé. Je plongeai aussitôt pour le sauver et je m'engageai sous une souche dans la profondeur de l'eau. Un homme avec un bateau s'occupait déjà de venir à mon secours, lorsque je parvins à surnager ; que l'on juge de notre désespoir et de nos pleurs lorsque nous rentrâmes en ville avec cette triste nouvelle ! Le cadavre ne fut retrouvé que dans la nuit. Quelque temps après, mon frère puîné, âgé de quinze ans, fut atteint, après des imprudences aux bains de l'Adour, d'une grave pleurésie qui se termina par un empyème. L'opération de la thoracentèse fut très bien pratiquée par le chirurgien, M. D..., mais mon frère succomba.

En 1796, je fis avec mon ami C... mon premier voyage botanique aux Pyrénées. M. de B..., qui favorisait mon goût pour l'histoire naturelle, fit les frais de ce voyage.

J'escaladai le Pic du Midi, qui alors était peu accessible.

J'explorai les monts de Saint-Sauveur, Gavarnie, Cauterets, Barèges. En sortant de Luz pour monter à Barèges,
où mon père m'avait chargé de faire visite au célèbre
Ramond, professeur à l'École centrale de Tarbes, un bel
insecte, le *Cerambyx alpinus,* vint se poser sur moi; je le
pris assez négligemment, je le traversai d'une épingle et
je le piquai sur mon chapeau. Après les compliments d'u-
sage, Ramond, à la vue de cet insecte, témoigna le désir de
l'avoir: je m'empressai de le lui offrir. L'intérêt qu'il manifesta, le soin qu'il mit à le repiquer et à le placer dans une
boîte où, pour la première fois, je voyais réunis de nombreux insectes, tout cela me fit une vive et profonde impression. J'étais surpris qu'un savant que je croyais exclusivement adonné aux hautes considérations géologiques et à
l'étude des plantes attachât une sérieuse importance à ces
petits animaux. Les quelques notes instructives dont ce
Cerambyx devint l'occasion me donnèrent tellement à ré-
fléchir que, dès ce moment, je me livrai sans relâche à la
recherche et à l'étude des insectes, et cet attelage de bes-
tioles m'a conduit à l'Institut.

Au début de ce même premier voyage, à Bagnères-de-
Bigorre, nous fîmes l'excursion de la *Pene de l'Hiéris,* véritable
jardin de Flore. Je me vois encore, au village d'*Aste,* dans
le petit enclos de *Jacou,* notre guide. Le grand-père de ce
brave montagnard avait accompagné le célèbre Tournefort
dans ses courses botaniques aux Pyrénées. En nous promenant dans son jardin, où le grand botaniste s'était promené, Jacou racontait, avec un orgueil que je partageais
aussi, qu'un pied de *Napel,* qui était sous nos yeux, avait
été planté par son aïeul au retour de sa dernière excursion
avec Tournefort et que depuis on l'avait toujours propagé;

j'étais transporté et attendri au narré de cette tradition. En suivant Jacou, il me semblait fouler la trace parfumée de Tournefort. Arrivés au *puits des Choucas*, j'aperçus sur son limbe intérieur un magnifique échantillon de *muguet verticillé* (*Convallaria verticillata*) dont les fleurs se balançaient sur le gouffre; je brûlais de le posséder. Je me mis à plat ventre et je rampai jusqu'au bord, tandis que C... me retenait par la jambe; j'accrochai le muguet et la victoire fut proclamée. Jacou, qui voyait ma manœuvre en frémissant et sans oser élever la voix de crainte de me troubler, me gronda sévèrement de ma témérité et déclara que jamais il ne m'accompagnerait plus.

Dans cette excursion, je fus aussi témoin d'un fait qui est demeuré gravé dans mon souvenir. Lorsqu'à une certaine distance de ce puits on se tourne en face de la grande voûte du rocher de l'Hiéris, voûte assez vaste pour abriter un escadron de cavalerie, et si l'on crie à haute voix le mot *Constantinopolitanorum*, l'écho vous le rend intégralement : vous entendez les dernières syllabes, puis il articule distinctement toutes les syllabes du mot; je n'ai jamais connu d'écho de cette force.

Les impressions de ce premier voyage pyrénéen fait à l'âge de seize ans, à l'aurore d'une ardente passion pour la botanique, ces impressions furent en moi si profondes et si vives que, malgré l'éternité de plus de soixante ans, elles se retracent pures à mon souvenir. Quel admirable privilège, quelle insigne faveur de la Providence de pouvoir, après un pareil délai, exhumer des cases de son cerveau des faits et des pensées qui n'ont rien perdu de leur fraîcheur native ou originelle! On en demeure étonné et fier.

En 1797, je renouvelai ce voyage avec mon ami S...;

nous le fîmes à pied, herborisant en route et conduisant un cheval porteur de notre attirail botanique et de nos bagages. Cette excursion fut encore une libéralité de M. de B...; indépendamment des richesses botaniques que j'en rapportai, je commençai à m'adonner aux recherches entomologiques.

Enfin, en 1799, je fis ma troisième et dernière excursion pyrénéenne de ce siècle. J'eus le bonheur et l'honneur de revoir à Barèges l'illustre savant auquel je dois mon goût, ma passion pour l'entomologie.

Je n'ai jamais oublié avec quel intérêt Ramond m'accueillit d'abord comme fils d'un collègue des écoles centrales, pour lequel il professait une grande estime, et ensuite pour ma qualité de jeune et ardent botanophile. Il me proposa, et je m'empressai d'accepter, de l'accompagner dans la dernière excursion qu'il fit aux Pyrénées. Nous explorâmes ensemble la *Piquette d'Ereslits* et le lac d'*Escoubous*, qui est vers sa base. J'avais alors dix-neuf ans et lui approchait, je crois, de la cinquantaine. J'admirais son ardeur à la recherche des plantes, son agilité à gravir les rochers, son habileté à se servir du long bâton ferré dans les descentes rapides et escarpées. Quoique sans bâton et avec un fagot de plantes dans les mains, je le suivais partout, je me précipitais sur ses traces et je conservais mon aplomb. Je me souviendrai toujours qu'étant tous deux assis au bord du lac où nous dévorions une croûte de pain, il fut saisi d'étonnement à la vue d'un *Ranunculus aquatilis* en pleine floraison au fond de l'eau. Il dissimula faiblement le vif intérêt qu'il attachait à la constatation de ce fait; je le compris : me déshabiller, plonger, apporter tout triomphant et transi la touffe entière de la plante si convoitée fut l'affaire de quelques minutes. Je crois que, dans la même année, il lut à l'Institut un mémoire à ce sujet et plus tard il eut la bonté de me dire à Paris qu'il n'avait pas omis de citer le plongeur; à vingt ans, j'étais bien fier d'une pareille mention honorable. Je rentrai à Saint-Sever tout plein de Ramond et des beautés naturelles des Pyrénées.

Mais déjà les dons de Flore ne suffisaient plus à satisfaire mon ambition, à alimenter mon amour des recherches. L'entomologie vint s'associer à sa sœur la botanique et, sans faire d'infidélité à celle-ci, j'accordais de larges faveurs aux insectes.

Avec le seul livre de Lamarck et quelques volumes de l'encyclopédie d'Olivier, je parvins à débrouiller le chaos de la nomenclature de la populeuse nation des insectes. Avant mon départ pour Paris, je laissai à mon père, pour ses démonstrations de zoologie, un immense cadre d'un millier d'insectes de tous les ordres bien classés et nommés.

CHAPITRE III

MES ÉTUDES EN MÉDECINE A PARIS

(1799-1806)

’AVAIS mes dix-neuf ans et demi lorsque mon père se décida à m’envoyer à Paris. Fils et petit-fils de médecin (et plus tard père de deux médecins), je fus destiné à cette noble carrière et, dans l’automne de 1799, je partis pour la capitale avec mon ami D... Aujourd’hui ce trajet se fait en vingt-quatre heures par le chemin de fer ; il nous fallut alors huit jours par les lentes diligences. Comme j’avais acquis à l’École centrale de Saint-Sever de suffisantes notions sur la physique, la chimie, la botanique, la zoologie, la minéralogie, je pus, dès mon arrivée à Paris, me livrer immédiatement aux études médicales.

Je n’ai séjourné à Paris que cinq ans et demi, mais d’une manière continue, c’est-à-dire sans vacances.

Mon ami J. D..., de Mont-de-Marsan, dont le père était

l'ami du mien et qui avait été mon condisciple à l'École centrale de Saint-Sever, suivait avec moi les divers cours de médecine. Logés ensemble et vivant à frais communs, nous étions, par la régularité de notre passage dans certains quartiers, une horloge vivante.

Pendant deux hivers j'ai disséqué à l'amphithéâtre du docteur Maigrier, qui fournissait des sujets en payant. Cauvière était son prosecteur, le même Cauvière qui devint depuis la notabilité médicale de Marseille et professeur à l'École de médecine de cette ville ; je le revis, ainsi qu'il sera dit plus tard, en 1852.

Je suivais très régulièrement les cours de l'école et ceux de clinique tant chirurgicale que médicale. Je rédigeais la plupart de ces leçons.

Le règne de Bichat jetait tout son éclat dans les premières années de mon séjour à Paris ; mais hélas ! ce règne fut celui d'un météore lumineux dont la trace toutefois s'est perpétuée. Je ne tardai pas à assister comme tant d'étudiants aux obsèques de cette célébrité médicale, qui descendit dans la tombe à trente et un ans (1802). Bichat, dans cette courte apparition, avait fondé une école qui enthousiasmait, qui électrisait toute la jeunesse studieuse ; c'est là un des privilèges du véritable génie. Il était le Boerhaave de nos jours. Son livre *Sur la vie et sur la mort* avait produit une vive et profonde sensation ; ce fut le trait précurseur d'une lumière progressive. L'*Anatomie générale* de Bichat, son plus beau titre à la gloire, fut le premier jet de cette lumière. Cet ouvrage hors ligne fourmillait d'idées neuves et grandioses accueillies avec une surprenante avidité, et devint la source de nombreuses réputations médicales, parmi lesquelles je citerai Broussais,

Laennec, Roux, Blaud, Bayle, Bréchet, Marjolin, Dubuisson.

Ma passion pour l'étude des sciences naturelles, particulièrement de la botanique et de l'entomologie, devint mon palladium contre tant d'autres passions qui assiégeaient les jeunes gens de mon âge. Je lui consacrais tous les loisirs que me laissait l'étude de la médecine ; ce goût m'a préservé de beaucoup d'écueils ; je ne connus jamais la lèpre de l'oisiveté et de l'ennui.

Parmi les nombreuses excursions que j'ai faites aux environs de Paris avec des camarades des hôpitaux, je transcris de mon petit carnet-journal une course à Fontainebleau, le 24 thermidor an XIII, avec D..., de Tarbes.

Les naturalistes de Paris parlent de Fontainebleau comme nous parlons, dans nos Pyrénées, du riche coteau de l'*Hiéris*, des belles cascades de *Tremesaigues;* ils regardent ce lieu comme le boudoir le plus chéri de Flore, comme un magasin inépuisable de richesses entomologiques; il était donc bien essentiel pour moi de connaître cette localité si vantée.

Nous partîmes de Paris à six heures du matin, munis de tout l'attirail nécessaire à un naturaliste qui a de grands projets de récolte. Le ciel était sans nuages et tout semblait présager une superbe journée. Après avoir déjeuné frugalement au port Saint-Bernard, nous nous embarquâmes dans la *galiote* ou *coche* jusqu'à Corbeil moyennant 28 sols de port chacun. Le coche était tiré contre le courant de la rivière par treize chevaux placés sur la rive gauche et attelés à un train de cordages qui se réunissent tous à un gros câble fixé au sommet du mât; pour passer sous le pont du Jardin des Plantes, on est obligé d'abaisser le mât, l'action des rames remplace la traction des chevaux.

Vis-à-vis le port de Charenton on voit les *Iles de la Seine*
près de l'embouchure de la Marne dans cette dernière ;
ces îles, peuplées de saules, sont riches pour les botanistes
et me rappellent des excursions intéressantes : c'est là que
se trouvent abondamment l'*Erysimum cheiranthoides*, le
Sysymbrium supinum, le *Senecio palustris* et, dans les mares
voisines, le *Menyanthes nymphoides*, l'honneur de la flore
parisienne.

A l'endroit de la jonction de la Marne avec la Seine,
celle-ci forme un coude et n'offre ni maison ni village sur
sa rive gauche ; mais bientôt on aperçoit un groupe de
maisons connu sous le nom de *Port-à-l'Anglais*, distant
d'une demi-lieue de Charenton. Un quart de lieue après
on voit au loin sur la droite un village, Vitry ; de l'autre
côté de la rivière, *Maisons ;* vient ensuite, sur la droite,
Choisy, et enfin sur la gauche, Villeneuve-Saint-Georges,
lieu charmant paré de la plus belle verdure ; on y remarque
le ruisseau d'Yerres qui se jette dans la Seine.

A quatre heures, nous abordâmes à Corbeil où nous
restâmes jusqu'à six, puis nous nous mîmes en marche,
dans l'intention d'aller coucher à *Chailly,* distant de cinq
lieues.

Je cueillis sur les murs de Chailly quelques lichens,
notamment le *L. griseus* Lamarck, que je trouvais pour la
première fois en scutelles sur les murailles, et une *Patel-
laria,* qui me paraît nouvelle et que je nomme provisoirement *platycarpa* à cause de ses scutelles planes et sans
rebords. Bientôt la pluie se déclara sans qu'elle nous
empêchât d'herboriser ; nous nous enfonçâmes dans la partie
de la forêt qui est à gauche de la route ; nous ne tardâmes
pas à trouver des rochers ou mieux des blocs de grès épars

çà et là. Le temps humide était favorable pour récolter des *lichens* et des *mousses :* aussi nous dirigeâmes nos recherches vers ces végétaux. Parmi les lichens je remarquai : 1° le *pustulatus*, excessivement commun, qui est vert lorsqu'il est mouillé, tandis que sa couleur est d'un gris cendré lorsqu'il est sec ; 2° le *murinus* Ach., que ses scutelles nous ont bien prouvé ne devoir pas être rangé parmi les *Endocarpon*, comme l'a fait cet auteur ; 3° le *deustus*, que je crois une espèce entièrement distincte du *saxatilis*, dont quelques auteurs ne font qu'une variété ; 4° le *corallinus*, qui est assez fréquent et sur lequel j'ai remarqué des espèces de sachets farineux comme dans les *Variolaria ;* ces sachets, le plus souvent blanchâtres, mais ayant quelquefois le disque légèrement rosé, sont tantôt épars et solitaires, tantôt agglomérés ; 5° un autre lichen, appartenant comme le précédent au genre *Isidium*, mais qui en est bien distinct, je lui donne provisoirement le nom spécifique de *stalactites* à cause de la disposition et de la forme de ses papilles ; 6° le *physodes*, que je n'avais jamais rencontré en scutelles ; 7° les variétés innombrables du *pyxidatus* et du *rangiferinus ;* 8° sur un seul rocher, beaucoup de *L. sterilis* dont les touffes très garnies avaient les extrémités comme farineuses. Parmi les *mousses* la plus commune est le *Trichostomum canescens ;* elle occupe quelquefois des espaces considérables sur les rochers ; nous en avons trouvé des touffes qui avaient au moins huit ou dix pieds carrés et que l'on pourrait enlever tout d'une pièce, c'est une sorte de matelas que la nature offre tout fait et sur lequel on serait couché très mollement ; ces touffes sont épaisses de six à huit pouces, ce qui dépend de l'âge de la mousse dont les rejets surmontent annuellement les autres ;

elles n'ont besoin que de très peu de terre pour végéter ; cette mousse forme des tapis blanchâtres lorsque le temps est sec à cause de la soie qui termine les petites feuilles ; nous ne pûmes la rencontrer avec des urnes.

Dès notre entrée dans la forêt de Fontainebleau, nous trouvâmes dans un lieu en forme de crique l'*Anthericum ramosum* et la *Scilla autumnalis*, l'un et l'autre très communs. Un poteau nous indiqua bientôt que nous étions au *Rocher du cuvier*, lieu que l'on dit être fertile en plantes et que je désirais beaucoup visiter ; ce n'est point un rocher comme l'indique son nom, il y a même très peu de blocs de grès aux environs, c'est une sorte de petit coteau où nous trouvâmes le *Chrysocoma linosyris*. Lorsqu'on monte ce coteau, on arrive à une plaine un peu stérile que nous traversâmes et qui nous offrit une *ronce* à feuilles blanches très tomenteuses en dessus et en dessous et qui me paraît différer du *framboisier*, quoique les caractères botaniques semblent s'en rapprocher ; nous en cueillîmes plusieurs échantillons. Je cherchai des *Vipères* partout, le temps était même très favorable pour les trouver, puisque le soleil était vif ; mais nous n'aperçûmes aucun de ces reptiles.

Nous quittâmes bientôt les rochers pour entrer dans une forêt composée de vieux hêtres, de chênes et de bouleaux. Sous les écorces des hêtres je trouvai : 1º un beau *Bostrichus* de la grandeur du *capucinus*, d'une tournure vraiment exotique et absolument nouveau : Latreille lui a donné le nom de *B. Dufourii* ; 2º plusieurs individus d'une *Eledone* nouvelle appelée *spinosula* par Latreille ; cet insecte est appliqué contre le bois sous l'écorce, il est facile à saisir parce qu'il ne bouge pas ; 3º la *Phalène du hêtre* ; 4º une nouvelle espèce de *Dacné* que je nomme *pubescens*. Nous arrivâmes à six heures à Fontainebleau.

Le 26, à cinq heures du matin, nous endossâmes nos boîtes, nos cartons et nos provisions, et nous partîmes par un temps superbe pour visiter l'autre partie de la forêt. Nous prîmes la route de Moret pour visiter une forêt de pins que je croyais devoir m'offrir quelque chose d'intéressant.

En nous dirigeant vers la forêt de pins, nous traversâmes une petite lande qui nous offrit le *Lichen icmadophile* que je rencontrais pour la première fois ; les pins qui appartiennent au *Pinus sylvestris* croissent sur une pente assez rapide au milieu des blocs de grès. Le sol ombragé par leur triste feuillage est frappé d'une stérilité complète ; quelques lichens et des *Agarics* peu variés, voilà les seuls végétaux qu'on y rencontre. Lorsqu'on est parvenu à la crête du côteau, on distingue d'une part à ses pieds la route de Moret à Fontainebleau et une plaine immense qui s'étend jusqu'à cette dernière ville ; de l'autre, une vaste lande vers laquelle nous trouvâmes quelques lichens sur les rochers, et nous observâmes un moment la manœuvre des *Formicaleo* qui avaient établi leurs nombreux entonnoirs dans le sable au pied des rochers. Arrivés à la lande, nous essuyâmes une assez forte averse qui heureusement ne se renouvela pas ; ce lieu stérile ne nous offrit d'autre plante que l'*Anthericum ramosum*. Nous aperçûmes au loin, sur la droite, un monticule, vers lequel nous nous dirigeâmes ; à la base de ce monticule nous trouvâmes une touffe de l'*Epilobium antonianum*, et cet endroit nous rappela quelques sites pyrénéens ; du sommet on jouit d'une vue assez étendue ; nous descendîmes par la pente opposée, et, après avoir traversé un terrain sablonneux où je cherchai vainement la *Cicindela sylvatica*, nous arrivâmes sur une espèce de crête élevée, formée d'un sable très blanc ; la chaleur y était assez forte, j'y pris la *Scolia bicincta*, hyménoptère que l'on trouve particulièrement dans les provinces méridionales, et nous cueillîmes le *Cistus apenninus*. Après une heure et demie de marche, nous gagnâmes la route de Nemours à Fontainebleau et, avant d'y arriver, nous découvrîmes dans une lande l'*Allium flavum*, la seule plante nouvelle que m'ait procuré ce voyage.

Dans une forêt de vieux chênes dont j'écorçai quelques-uns pour chercher des insectes, je rencontrai l'*Uleiota flavipes* et le *Prionus coriarius* ; je découvris aussi sous l'écorce des hêtres deux beaux individus de mon *Bostrichus*, plusieurs *Eledone spinosula*, un *Colydium filiforme*.

Le 28, dès cinq heures, nous nous mîmes en route afin d'arriver à Corbeil avant le départ du coche, nous y arrivâmes vers neuf heures. La galiote ne se fit pas longtemps attendre, il n'y avait que quatre chevaux pour la tirer en aval de la Seine ; à quatre heures, nous rentrions au port Saint-Bernard.

Mes excursions botanico-entomologiques aux environs de Paris (Bondy, Marly, Bellevue, Meudon, Sèvres, Saint-Cloud, Versailles, Saint-Germain, Saint-Maur, Villeneuve-Saint-Georges, Longjumeau) étaient pour moi une préservation hygiénique contre les conditions peu salubres de la scolarité médicale en même temps qu'une récompense bien agréable de mon assiduité au stage hospitalier et aux cours de l'école. Parmi les hôpitaux ou hospices où je remplissais les fonctions d'élève, assistant chaque matin et souvent le soir, je citerai :

1° La Salpêtrière, dans les salles du professeur de clinique médicale, M. Landré-Bauvais. Dans ce vaste établissement, j'assistais aussi quelquefois à la visite du service des aliénés dirigé par le professeur Pinel ;

2° La Charité, l'hopital où Boyer, le célèbre auteur du *Traité des maladies chirurgicales*, le chirurgien de l'Empereur, attirait la foule des étudiants; il m'honorait de sa bienveillance, il fut le président de mon premier examen et de ma thèse inaugurale;

3° L'hospice de l'École, créé par Dubois ;

4° L'hôpital Saint-Louis, dont le chirurgien en chef était Richerand, professeur de physiologie à l'École.

Mes condisciples intimes en médecine étaient en 1805 :

J. Dufau, de Mont-de-Marsan, mon ami d'enfance; Blaud, de Beaucaire, auteur d'un poème sur la médecine (*l'Art médical*), mort en 1859, âgé de quatre-vingt-huit ans;

Rullier, d'Angoulême, devenu médecin à la Charité;

Bréchet, devenu professeur ;

Marjolin, devenu une illustration chirurgicale;

Roux, gendre de Boyer, devenu professeur, membre de l'Institut ;

Pariset, plus littérateur que médecin ;

Capuron, de Larroque-St-Sernin (Gers), qui s'est fait une réputation dans l'obstétrique;

Payen, père du célèbre chimiste de ce nom ;

Magendie, grand cynicide ;

Beaulac, d'Aire, mon condisciple et ami, qui devint médecin militaire, eut les pieds gelés à la campagne de Moscou, et mourut aveugle.

Quelques mois avant la soutenance de ma thèse, je fus présenté et admis comme membre de la Société d'instruction médicale organisée par le professeur de clinique médicale, M. Le Roux.

Je ne sais rien de plus heureux pour un homme qui a vu plus de trois cents saisons et qui s'est adonné toute sa vie à la culture des sciences que d'avoir la faculté de ressusciter dans ses souvenirs et d'inscrire dans son carnet intime les noms des savants qu'il a vus ou qu'il a connus, ou avec lesquels il a entretenu des relations. Je suivais régulièrement les séances de l'Académie des sciences, où je voyais, dans les cinq premières années du siècle actuel, les célébrités scientifiques de l'époque. Que j'étais loin de penser qu'un jour j'aurais l'insigne honneur d'y siéger !

Les noms de ces savants étaient :

Chaptal. — Lagrange. — Laplace. — Legendre. — Delambre. — Monge. — Prony. — Bonaparte. — Biot. Gay-Lussac. — Carnot. — Lalande. — Cassini. — Brisson. — Charles. — Coulomb. — Lefebvre-Gineau. — Duméril. — Tenon. — Brongniart. — Desmarest. — Geoffroy Saint-Hilaire. — Cuvier. — Ramond. — Lacépède. — Fourcroy. — Vauquelin. — Bosc-Dantic. — Deyeux. — Haüy. — Lelièvre. — Sage. — Hallé. — Portal. — Lassus. — Pelletan. — Coquebert. — Tessier. — Cels. — Huzard. — Ventenat. — Parmentier. — Dupetit-Thouars. — Lamarck. — Latreille. — Jussieu. — Desfontaines. — Adanson. — Labillardière. — Humboldt. — Richard. — Broussonet. — Olivier. — Sabatier. — Thouin. Guyton-Morvaud.

De cette série de cinquante-six savants que j'ai tous connus et dont je me rappelle encore les traits physiques de manière à pouvoir en faire une monographie, trois seulement survivent aujourd'hui (fin 1856), Humboldt, Biot et

Duméril. Voyez tout ce qu'un demi-siècle a dévoré d'illustrations dans cette enceinte si restreinte de la science !

Dès la première année de mon séjour à Paris, je me liai d'une amitié qui devint intime avec le législateur de l'entomologie, l'illustre Latreille. Il ne tarda point à s'apercevoir de mon goût prononcé pour l'étude et la recherche des insectes ; il s'empressa de le seconder et il mettait une bienveillance extrême à m'en aplanir les difficultés. Je devins son disciple chéri et il fut toujours pour moi un maître aimé et vénéré. Pendant plus de trente ans, nous avons conservé des relations de science que n'obscurcit jamais le moindre nuage. A Paris, comme dans le midi de la France, et pendant mon séjour septennal en Espagne, quand je découvrais un insecte ou nouveau ou rare, je mettais mon bonheur à le lui offrir ; mon amitié pour lui et mon culte pour la science l'emportaient sur ce qu'a de séduisant pour l'amour-propre la possession d'un objet dont on apprécie toute la valeur ; je ne balançais jamais dans ce sacrifice, et jamais non plus il n'oublia dans ses publications d'indiquer la source où il avait puisé : c'est ainsi que l'amitié s'acquittait de part et d'autre.

Latreille était essentiellement bienveillant, d'une simplicité antique, d'un accès facile, d'une complaisance à toute épreuve envers la jeunesse, d'une humeur égale et aimable dans l'intimité. Il avait de l'esprit naturel, de la finesse dans la répartie, beaucoup d'instruction, un tact exquis, un coup d'œil sûr pour la classification des insectes. La science demeure encore veuve d'un entomologiste de cette trempe qui avait embrassé avec un égal savoir tous les ordres de l'immense classe des animaux articulés. Le principal titre à sa gloire est sans contredit son *Genera*, dont la publication commença quand j'étais encore à Paris. Ce cadre admirable est empreint du génie de la classification porté à son apogée : c'est le code de la législation entomologique.

J'ai reçu de l'auteur lui-même tous les ouvrages qu'il a publiés. En 1814, à mon retour de l'armée d'Espagne, j'avais à m'occuper sérieusement de mon établissement médical à Saint-Sever : ma vénération pour le prince de la science et mon amour de celle-ci me déterminèrent à lui envoyer, sans aucune réserve, tous les insectes recueillis pendant sept années en Espagne et constituant avec mes plantes la seule conquête de mes campagnes dans la péninsule.

Latreille était fils naturel d'un seigneur de la cour de Louis XV, qui le fit élever à Brives, dans un séminaire. Au temps où Latreille était obligé de se cacher dans Paris, un étudiant en médecine, M. M. de Tartas, qui logeait dans une rue obscure du quartier Saint-Jacques, l'avait souvent recueilli chez lui. N'ayant pas de famille et sachant que sa succession tomberait dans les mains du fisc, Latreille vendit une première fois sa collection à un prix modéré, ainsi que sa bibliothèque, au comte Dejean : c'est ainsi que mes insectes passèrent dans la possession de celui-ci, qui a souvent cité mes dénominations des espèces nouvelles.

Latreille avait soixante-douze ans, lorsqu'en 1833 il succomba aux atteintes d'une affection vésicale.

A cette même époque, je me liai d'affection avec l'excellent Bosc-Dantic, de l'Institut, auteur de plusieurs écrits sur la botanique, l'agriculture et les insectes. Il favorisait mon penchant pour l'histoire naturelle par le don généreux d'un grand nombre d'insectes et de plantes. Bosc-Dantic était de la société de la célèbre madame Roland, femme d'un Girondin, et c'est lui qu'elle reconnut et salua dans la foule lorsqu'elle était conduite sur la fatale charrette à la guillotine.

A deux reprises, en 1804 et en 1805, j'eus l'honneur inespéré de connaître à Paris l'illustre Fabricius, de Kiel en Danemarck. Il avait été disciple de Linné; ses nombreux ouvrages d'entomologie descriptive avaient une réputation européenne; sa nomenclature était la plus universellement accréditée et elle l'est encore. Ce professeur avait à cette époque la soixantaine, une taille moyenne, une figure pâle, peu expressive, une forte constitution. Je le, vis souvent chez Latreille et Bosc, dont il visitait les collections dans l'intérêt de la publication de son dernier ouvrage.

J'ai entrevu deux fois à l'Institut le savant entomologiste Savigny, peu de temps avant qu'il fût complètement aveugle. Ses belles recherches sur les insectes d'Égypte au temps de la célèbre expédition de Bonaparte l'avaient illustré au plus haut degré. Si on excepte Latreille, personne n'a traité cette étude avec autant de supériorité et de philosophie; personne n'a mis une aussi habile sagacité dans l'anatomie et la représentation des organes buccaux; on est effrayé des innombrables détails consignés dans l'atlas du grand ouvrage sur l'Égypte... *Monumentum ære perennius!* Les larmes me viennent aux yeux quand j'envisage ces sublimes planches privées et du texte et de l'explication de l'auteur, livrées au pillage d'interprètes ou aventureux ou mal renseignés; quel entomologiste ne déplore pas le sort d'un trésor de science si habilement préparé et si chèrement payé!

Savigny fut le Bichat de l'entomologie : comme ce dernier, il fut arrêté dans son élan sinon par la perte de la vie, du moins par celle plus cruelle encore de la vue. La cécité de Savigny a duré quarante ans en s'accompagnant de douleurs atroces. Dans le courant de l'année qui précéda la mort de Savigny, j'avais chargé mes deux fils d'aller lui faire en mon nom une visite à Versailles. Je tenais à ce qu'il sût qu'au milieu des admirateurs de ses œuvres, j'étais un de ceux qui leur portaient un culte profondément senti. Hélas ! il se trouvait en ce moment très souffrant et il ne put pas les recevoir : j'en conserve un grand regret.

Anselme Desmarest était de mon âge, mon camarade habituel des excursions entomologiques, mon ami de science et de cœur. Fils d'un membre de l'Institut, il devint plus tard professeur de zoologie de l'École d'Alfort et bientôt après correspondant de l'Institut. Il a publié dans divers recueils des observations sur plusieurs branches de l'histoire naturelle et un ouvrage monographique sur les *Crustacés*, ouvrage dont il a enrichi ma bibliothèque. Il n'avait pas cinquante ans quand il est mort à la suite de plusieurs atteintes de goutte ; il a laissé un fils qui est un membre très distingué de la Société entomologique de France.

Au commencement du siècle, Constant Duméril, qui partageait avec Latreille et Olivier le trône entomologique de la capitale, m'honora aussi de sa bienveillance et de ses conseils. Il n'avait que vingt-huit ans, ainsi que son ami Cuvier, lorsqu'il devint membre de l'Institut. Il a publié plusieurs ouvrages sur les insectes, puis il a embrassé, en un seul volume, toute la zoologie en tableaux synoptiques et, dans ces derniers temps, il s'est adonné à l'erpétologie ou à l'étude des reptiles, déjà commencée par Lacépède ; il a publié un grand ouvrage sur ce sujet. Duméril, natif d'Amiens, était grand, maigre, sec, brun, l'œil vif ;

il avait une petite tête, un front étroit et pourtant une grande intelligence. En 1804, il me donna un témoignage de confiance dont j'étais fier. Chargé par le gouvernement de partir pour Cadix afin d'y observer la fièvre jaune, il me pria de corriger les épreuves de sa *Zoologie analytique* qu'il publiait alors. Pendant cinquante-quatre ans je conservai avec Duméril des relations scientifiques.

Cuvier, l'Aristote de nos jours, inaugurait en quelque sorte sa célébrité au commencement du siècle et j'en suivais le mouvement ascensionnel. Membre de l'Institut à vingt-huit ans, il devint bientôt le secrétaire perpétuel de la savante compagnie ; il fixait tous les regards, il frappait tous les esprits par sa vaste capacité intellectuelle. Cuvier avait commencé sa carrière de naturaliste par l'étude des insectes, puis par celle des crustacés, et il finit par embrasser l'ensemble des trois règnes ; il se faisait remarquer surtout par son génie de généralisation. Je suivais avec exactitude et un intérêt passionné son cours d'anatomie comparée au Jardin des Plantes, et ce professeur remarqua mon assiduité au milieu d'un auditoire toujours fort nombreux. J'ai soigné la rédaction de ce cours qui forme dans ma bibliothèque un volume relié. Bien plus tard, en 1830, je portai à Paris mon manuscrit des recherches anatomiques et physiologiques sur les insectes hémiptères ; je le présentai à Cuvier comme l'ouvrage d'un de ses anciens élèves et il me fit le plus favorable accueil ; il fut frappé de son étendue et du grand nombre de dessins qui en exprimaient les détails. Je n'ai pas oublié, et je me complais à me le redire avec la plume, que Cuvier me témoigna son étonnement d'avoir su concilier de si difficultueuses dissections avec l'exercice de la médecine Je lui expliquai ce fait en lui faisant remarquer que, dans une petite ville de province, on était bien plus maître de son temps qu'à Paris et qu'on en avait davantage ; on pouvait s'y procurer plus aisément, plus promptement surtout, les sujets pour de semblables anatomies. Je ne me fais aucun scrupule de me redire en ce moment que Cuvier fit, en ma présence, à Audouin qui m'accompagnait, l'éloge de mon travail ; non seulement Cuvier m'engagea à présenter tout aussitôt cet ouvrage à l'Institut, en demandant de l'admettre au concours d'un prix Montyon, mais encore, la mort récente de Sœmmering laissant une place vacante dans la section d'anatomie, il me décida à me mettre sur les rangs, me promettant son suffrage et son influence : on verra plus tard que j'obtins le double succès. Cuvier avait une taille moyenne, le corps maigre au commencement du siècle, mais il prit plus tard de l'embonpoint ; cheveux blonds, plats, peu fournis, nez long, bouche grande, vue basse, figure ovale, allongée, grave, parole facile. En 1832, Cuvier succomba en peu de jours à la première invasion du choléra ; la science fut alors en deuil et elle est demeurée veuve. L'autopsie constata un cerveau d'un volume énorme : je tiens de Valenciennes, de l'Institut, qui assista à la nécropsie de Cuvier, qu'on ne reconnut aucune lésion appréciable dans les divers organes ; l'intoxication cholérique avait causé la mort rapide.

Pendant ma carrière d'étudiant, j'avais des rapports bien plus nombreux avec les botanistes de la capitale ; l'entomologie était alors une science au berceau, tandis que la botanique est aussi vieille que l'homme. Dans mes herborisations circumparisiennes, je me liai avec des hommes qui avaient déjà un nom dans la science et avec d'autres qui l'acquirent plus tard. Je veux rappeler quelques-uns de leurs noms en témoignage de pieux souvenir et pour ma satisfaction personnelle de vieillard : le culte de l'amitié est inhérent à mon existence.

Le célèbre botaniste Adanson vivait encore au commencement du siècle, et je me souviens de l'étonnement que j'éprouvai lorsqu'on me le désigna sur un siège de l'Académie des sciences ; je le croyais mort, en même temps que Linné, tant ses *familles naturelles* des plantes et ses idées originales en botanique me semblaient surannées. Je fus confus de cette ignorance chronologique à l'aspect d'un tout petit vieillard, qui devait approcher de quatre-vingts ans, maigre, chétif, ridé, à cheveux gris assez longs et rares, à l'œil vif et spirituel ; je me rappelais, par contraste, l'*Adansonia baobab*, l'arbre le plus colossal, le plus pérenne du globe, puisque, d'après le nombre de ses couches ligneuses, on lui supposait une longévité de six mille ans.

Claude Richard, professeur de botanique à l'École de médecine et membre de l'Institut, me recevait avec bonté dans son cabinet ; je lui communiquais des plantes du Midi et de Paris. Richard était un homme de petite taille, âgé de cinquante ans, fort instruit en botanique, ayant voyagé en Amérique, à Cayenne, dessinateur et infatigable travailleur. J'ai souvent admiré ses études carpologiques qui rappelaient et surpassaient celles de Gærtner ; il avait une somptueuse collection de coquilles, acquise à grands frais ; on assurait à cette époque qu'un jour il avait vendu son argenterie pour acheter une espèce rare qu'il ne possédait pas : sa fortune était loin d'être exprimée par son nom. Son fils, Achille Richard, lui succéda dans la chaire de botanique et à l'Institut ; mais il mourut jeune, en 1852, du diabète.

J'ai fait deux fois visite à Lamarck, l'illustre auteur de la première *Flore française,* ouvrage qui était, dans mes jeunes ans, mon bréviaire botanique ; il me fit un accueil d'autant plus empressé que je lui apportais trois plantes de nos Landes qui ne figuraient pas dans sa flore, les *Sibthorpia europæa, Anagallis crassifolia, Viola lancifolia ;* il avait alors soixante ans. Peu de temps après il devint aveugle; il n'en continua pas moins ses travaux, aidé dans ses recherches par Latreille; il mourut en 1829.

La réputation du célèbre botaniste De Candolle date du commencement du siècle, de l'époque où nous étions ensemble à Paris et nous nous voyions fréquemment. Il débuta dans le monde savant par la publication d'une nouvelle édition de la *Flore française* où, par une spéculation de libraire, il s'associa le nom de Lamarck qui n'y coopéra en rien. Cet ouvrage et ses principes de physiologie végétale lui ouvrirent les portes de l'Institut. De Candolle était alors à peu près de mon âge ; il était petit, brun, à barbe et cheveux noirs très fournis, à facies méridional et hâve quoique de Genève, physionomie sérieuse, froide et même un peu rude, à bonnes manières et d'excellente éducation. Pour la composition de sa Flore, il eut recours à mon herbier au sujet des plantes du Sud-Ouest de la France ; je lui confiai, pour la partie cryptogamique, toute ma collection de *Licens* et de *Fungilli* que j'avais classés avec soin ; il eut la délicatesse de me citer souvent dans son ouvrage ; je tiens de lui-même l'exemplaire de sa Flore qui est dans ma bibliothèque. En 1807, l'année qui suivit mon départ de Paris, De Candolle vint à Saint-Sever me faire une visite en se rendant aux Pyrénées ; je n'ai point oublié sa surprise lorsque je lui servis des ortolans au dîner ; il avait toujours cru jusqu'alors que l'ortolan était un oiseau fabuleux comme le phénix.

A mon retour d'Espagne, en 1814, je revis à Montpellier De Candolle qui avait succédé à Broussonet dans la chaire de botanique et dans la direction du Jardin des Plantes. J'arrivai à Montpellier avec deux célèbres botanistes espagnols, Zea et Mocigno, rentrés en France avec le parti du roi Joseph. De Candolle nous réunit dans un grand dîner chez lui ; Mocigno avait un magnifique atlas colorié d'une flore inédite du Mexique, qu'il confia généreusement à De Candolle, l'autorisant à l'utiliser pour le grand ouvrage, *Prodromus*, qu'il préparait alors. A la Restauration, De Candolle devint, comme protestant, l'objet d'une indigne persécution : il quitta donc l'école qu'il avait tant illustrée et se retira dans sa patrie, à Genève ; il y est mort dans un âge peu avancé, victime d'une médication exagérée d'iode contre un commencement de goître : notre ancien préfet des Landes, M. d'Haussez, qui, dans son exil à Genève, voyait souvent De Candolle, m'a raconté cette circonstance. Une amitié et une estime réciproques nous unissaient, De Candolle et moi ; indépendamment de nos relations épistolaires, je le consultais souvent pour la détermination de mes plantes, et je lui ai transmis sans réserve, dans l'intérêt de la science, mes nombreuses espèces recueillies en Espagne ; il n'a pas négligé de me citer dans son *Prodromus* en adoptant mes dénominations.

Ramond, savant de premier ordre, que j'avais connu aux Pyrénées à la fin du siècle dernier et qu'au commencement de celui-ci j'ai retrouvé à Paris, ne cessa point de m'accueillir avec un intérêt dont j'étais fier ; il avait, en 1802, cinquante-deux ans, une taille au-dessous de la moyenne, un corps agile, une physionomie mobile, éminemment spirituelle, une conversation aimable et instructive. Ramond fut à cette époque nommé à l'Académie des sciences, et il se maria avec Mlle Dacier, fille du traducteur de ce nom, femme de beaucoup d'esprit ; il en eut un fils unique, que j'ai connu aussi, longtemps après la mort du père. Cet académicien était d'une telle susceptibilité lorsqu'il lisait ses mémoires à l'Institut, que je l'ai souvent vu s'arrêter tout court lorsqu'on ne lui prêtait pas une entière attention. Sous l'Empire, il devint préfet du Puy-de-Dôme, puis conseiller d'État ; il éprouva des désagréments à la Restauration. Dans la période de la Révolution, Ramond de Carbonnière figura comme représentant à la Législative ; il était orateur et de l'opinion modérée. Les orages politiques de ce temps l'obligèrent à se réfugier dans les Pyrénées, avec sa sœur, qui se maria à Barèges avec M. Bourgelat, et dont la fille est aujourd'hui Mme Cordier, femme d'un géologue, membre de l'Institut. Ramond, auteur de plusieurs ouvrages sur les Pyrénées, avait été professeur à l'École centrale de Tarbes.

Labillardière, savant botaniste, avait fait partie de l'expédition de d'Entrecasteaux à la recherche de Lapérouse (1791).

Dupetit-Thouars, botaniste distingué, frère du capitaine de vaisseau qui périt glorieusement au combat d'Aboukir (1798), venait d'arriver d'un voyage scientifique dans l'Océanie avec le capitaine Baudin, lorsque je fis sa connaissance à Paris. Il lut à l'Institut plusieurs mémoires importants sur la flore de l'île de France et de Madagascar ; il ne tarda pas à être nommé membre de l'Institut; nous nous voyions souvent et nous avons fait ensemble plusieurs herborisations : il mourut en 1831.

Bory de Saint-Vincent fut mon ami pendant quarante ans ; du même âge, nés sous le même ciel, lui à Agen, moi à Saint-Sever, tous deux amants passionnés de Flore, nos sympathies s'établirent vite et durèrent toujours, ainsi que le témoigne notre correspondance active; j'ai suivi toutes les phases de sa vie si accidentée.

Ce fut en 1802 que je fis connaissance de Bory au retour de son voyage à l'ile Bourbon et à l'île de France, où il s'était séparé, par un coup de tête, de l'expédition scientifique commandée par le capitaine Baudin ; nous passâmes plusieurs mois à arranger, à classer ses nouvelles conquêtes botaniques.

Pendant que Bory s'occupait de l'impression de son *Voyage dans les quatre principales îles des mers d'Afrique,* il fut obligé d'en abandonner inopinément la direction pour se rendre comme militaire d'abord au camp de Boulogne, puis en Allemagne; il me confia ses manuscrits et me chargea de surveiller cette publication, ainsi qu'il le dit dans sa préface.

Lorsqu'au commencement de 1806, j'obtins mon titre de docteur et je quittai Paris, Bory était encore à la grande armée de Napoléon, et nous sommes demeurés vingt-cinq ans sans nous revoir, mais nos relations épistolaires se continuèrent très actives. En 1809, Bory suivit le mouvement de la grande armée vers l'Espagne, où je me trouvais moi-même depuis un an : il était alors capitaine dans un régiment de dragons; puis il entra dans l'état-major du maréchal Soult, qui était en Andalousie et principalement à Séville ; en 1812, il obtint une mission pour se rendre auprès du maréchal Suchet à Valence, dans l'espoir de m'y voir ; à la même date, une mission médicale me porta loin du quartier général de l'armée d'Aragon et nous ne pûmes nous serrer la main : ce fut là une déception vivement sentie de part et d'autre. Les revers de nos armées sur les divers points de la péninsule et la défaite de Vittoria ramenèrent Bory en France ; il assista à la bataille d'Orthez, et, suivant avec Soult le mouvement rétrograde, il vint faire une courte visite à ma famille à Saint-Sever, lorsque j'étais encore à Girone.

Après la bataille de Toulouse, Bory se sépara de l'armée et organisa avec un nommé Florian une bande de partisans (*guerilla*) contre les troupes anglo-espagnoles et tint la campagne pendant quelque temps dans les départements du Lot-et-Garonne et du Gers ; puis, à la dislocation des armées, il gagna Paris.

Il y dirigea un journal antilégitimiste, le *Nain Jaune*, où l'esprit et l'épigramme pleuvaient comme la grêle sur les partisans des Bourbons : bientôt il fut compris dans les trente-huit de la liste des proscrits ; il se réfugia en Belgique, où toutes les polices le traquèrent comme une bête fauve dans les célèbres souterrains de Maestricht. Son activité d'esprit et de corps redoublait devant les obstacles de toutes sortes ; durant cet exil si tourmenté, il mit au jour plusieurs publications : entre autres, *Voyage souterrain dans les cryptes de Mæstricht*, où il annexa, pour grossir son livre, mes *Lettres sur les Montagnes maudites des Pyrénées*. Il me dédia cet ouvrage, et sa dédicace est pleine d'esprit et d'originalité. Enfin, Bory, Drapiez et Van Mons entreprirent de publier à Bruxelles, sous le titre d'*Annales des sciences physiques*, un journal scientifique dont huit volumes furent successivement imprimés ; par intérêt pour mon ami, je fournis à ce recueil un fort grand nombre d'articles d'histoire naturelle.

En 1819, une amnistie ouvrit aux exilés de 1815 les portes de France : Bory rentra à Paris, il se calma sous le rapport politique, reprit ses occupations scientifiques et se livra à diverses publications. En 1823, il fit paraître, sous le titre de *Guide du voyageur en Espagne*, un gros volume et, peu après, l'*Itinéraire de Don Quichotte;* il prit la direction d'un *Dictionnaire classique d'histoire naturelle* en douze volumes, où il se chargea d'un nombre prodigieux d'articles sur des sujets variés.

En 1828, sous le Ministère de M. de Martignac, une expédition scientifique en Morée s'organisa, et Bory fut appelé à diriger la section d'histoire naturelle ; cette expédition partit en 1829 : la publication de ce grand ouvrage se prolongea jusqu'en 1835.

Un quart de siècle s'était écoulé depuis notre dernière entrevue, lorsqu'au printemps de 1830 je fis un voyage à Paris et j'eus le bonheur d'y retrouver mon ami : je me logeai dans la maison où il avait son appartement, rue de Bussy, et nous demeurâmes deux mois ensemble.

Je revis Bory en 1838, à son retour d'Algérie. Enfin, en 1845, lorsque j'allai conduire mes deux fils auprès de la Faculté de médecine de Paris, je trouvai ce vieil ami en butte à une affection du cœur qui l'emporta l'année suivante. L'habitation de Bory pendant vingt ans à un quatrième étage au-dessus de l'entresol, avec escalier fort rapide qu'il escaladait plusieurs fois par jour, n'a pas peu contribué, je pense, à la production de l'hypertrophie du cœur qui l'a enlevé dans sa soixante-sixième année.

Mon goût prononcé pour l'étude de la cryptogamie fit que je me liai étroitement avec la première notabilité de l'époque dans cette branche de la botanique, le célèbre Persoon. Mon ardeur pour la recherche de ces presqu'invisibles productions végétales ne m'avait pas laissé étranger au nom de l'auteur du *Synopsis fungorum*, ouvrage qui venait de voir le jour, véritable code où tous les champignons, depuis l'*Uredo* jusqu'à l'*Agaricus*, sont méthodiquement classés et décrits ; mais la plupart des botanistes, qui négligeaient cette partie de la science, ignoraient presque le nom de Persoon : je m'empressai donc de mettre à profit, pour ma propre instruction, la connaissance d'un savant si spécial, et je gagnai son affection ; il me fit cadeau d'un exemplaire de son *Synopsis* qu'on trouvera dans ma bibliothèque, ainsi qu'un volume de ses *Observationes de fungis* et son *Enchiridium botanicum*, ouvrage de longue haleine à la rédaction duquel j'assistai alors.

C.-H. Persoon, Hollandais d'origine, était bien le type du savant exclusivement occupé de ses plantes et de ses livres. Il était pauvre et n'avait d'autre ressource pour son entretien que les revenus de ses publications et une modique pension du gouvernement hollandais. Persoon parlait passablement le français, la langue latine lui était très familière ; il avait une grande simplicité de mœurs et beaucoup de science botanique sans la moindre prétention : à cause de la communauté de nos recherches, il n'avait nulle réserve dans ses communications scientifiques avec moi. Dans une publication cryptogamique à laquelle il m'avait associé, il me donnait l'épithète de *oculatissimus* que je méritais alors ; mes visites fréquentes et nos promenades ensemble étaient devenues pour lui une nécessité. Depuis

1806, j'avais conservé avec Persoon des relations épistolaires et je lui ai souvent fait des envois consultatifs de plantes : je le retrouvai à Paris en 1830, en 1835 et en 1838 : nous nous visitâmes souvent. Il mourut, je crois, dans le courant de cette dernière année, au quartier du Val-de-Grâce.

Au commencement du siècle, je fis la connaissance intime de Ventenat, botaniste de grand renom, membre de l'Institut, auteur de plusieurs ouvrages importants, directeur du jardin de la Malmaison. L'intérêt qu'il me portait faillit donner au début de ma carrière scientifique une direction dont il était difficile de calculer les conséquences si elle s'était effectuée. Voici cet épisode de ma vie d'étudiant.

Ventenat, connaissant mon goût pour les voyages et ma passion pour les investigations des productions de la nature, m'appela un jour chez lui pour me communiquer le projet d'un voyage aux Indes-Orientales (Pondichéry, Chandernagor) pour le compte de Joséphine, femme de Bonaparte, premier Consul. Je n'avais alors que vingt-trois ans : j'acceptai avec empressement l'offre de prendre part à cette pérégrination ; à jour donné, il me conduisit à Saint-Cloud et me présenta à Joséphine. Je n'oublierai jamais l'accueil bienveillant et gracieux que me fit la femme du premier Consul : mon entrée, moi simple étudiant, dans les appartements si magnifiques du Palais m'imprima un embarras extrême, une singulière défiance de moi-même ; mais les premières paroles de Joséphine me mirent à l'aise. Son visage, qui ne manquait ni de fraîcheur ni de finesse, respirait la bonté et une grâce charmante ; il n'est pas d'encouragement qu'elle me donnât pour le succès de cette entreprise : elle me recommandait tantôt de lui recueillir des plantes pour son jardin chéri de la Malmaison, tantôt

de lui procurer des papillons, des insectes, des coquilles,
pour son cabinet de curiosités. Je sortis ravi de cette
entrevue et plus bouillant que jamais pour ce grand voyage
d'outre-mer. J'appris bientôt qu'une expédition commandée
par le général Decaen était destinée pour Pondichéry, et
naturellement c'était celle dont je devais faire partie.
J'appris en même temps que l'administration du Jardin des
Plantes avait désigné un jeune botaniste pour cette expédition, M. Godon de Saint-Memin; je fis sa connaissance
et nous nous concertâmes pour nos préparatifs de départ:
livres, instruments de chasse, etc.; j'écrivis à ma famille
qui me donna son consentement; je ne me sentais pas de
joie. Cependant huit jours s'étaient écoulés sans autre
nouvelle, ils me semblaient un siècle. J'allai consulter
Ventenat pour savoir s'il fallait écrire à Joséphine pour lui
rappeler ses promesses et hâter mon entrevue avec le
général Decaen. Il m'approuva, et, dans la même journée,
je lui soumis la lettre suivante qu'il jugea convenable, et je
l'expédiai :

« *A Madame, Madame Bonaparte,*
épouse du premier Consul, au Palais de Saint-Cloud.

« Madame, l'accueil flatteur que vous daignâtes me faire,
lorsque j'eus l'honneur de vous être présenté par M. Ventenat, m'enhardit aujourd'hui à réclamer de nouveau vos
bontés. Vous me fîtes espérer de m'honorer de votre protection auprès du général Decaen pour obtenir d'être
envoyé dans les Indes comme naturaliste : on assure que
l'expédition est sur le point de partir. J'ignore si le général
est instruit de vos bonnes intentions pour moi; l'intérêt

que vous prenez aux sciences naturelles et particulièrement à la botanique me fait espérer que vous voudrez bien continuer de m'accorder une protection trop honorable sans doute, mais dont je m'efforcerai de me rendre digne par un zèle sans bornes et une éternelle reconnaissance.

« Je suis avec un profond respect, Madame, votre serviteur très humble et très obéissant.

« Léon DUFOUR.

« Paris, 1ᵉʳ nivôse an XI. »

Dans ce même temps, pendant une soirée chez le sénateur Roger Ducos, celui-ci, instruit de mon prochain voyage, me remit une bonne lettre de recommandation du général Masséna pour le général Decaen, son ami ; la voici :

« Le citoyen Léon Dufour désire, mon cher général, vous accompagner dans l'Inde. Ce jeune homme est compatriote du sénateur Roger Ducos et très avantageusement connu de lui ; ce jeune savant a le plus grand désir de s'instruire et met un prix infini à faire ce long voyage. Je vous le recommande, mon cher général ; rendez-lui tous les services qui dépendront de vous, je vous en aurai une obligation infinie. Je vous salue d'amitié.

« Gᵃˡ MASSÉNA.

« Paris, 24 frimaire an XI. »

Je reçus enfin la lettre tant désirée de Joséphine et j'en transcris le texte :

« *Au citoyen général Decaen, Commandant aux Indes.*

« Je vous remercie bien sincèrement, citoyen général Decaen, de m'avoir ménagé le plaisir de connaitre

Mme Decaen. Je l'ai trouvée aussi aimable que belle, et il me serait très agréable de la voir souvent. Je désire que vous consentiez à admettre dans votre expédition le citoyen Dufour, que je charge de vous remettre cette lettre. Il a un extrême désir de vous accompagner dans l'Inde, et je verrai avec satisfaction que vous lui donniez quelques témoignages de bienveillance.

« Recevez l'assurance de mes sentiments distingués.

« Jos. BONAPARTE.

« Paris, 3 nivôse an XI. »

M. Ventenat, qui était allé à Saint-Cloud pour mon compte, m'assura que Joséphine m'avait recommandé verbalement au général Decaen.

Ces deux lettres me semblaient devoir amener un résultat définitif pour mon voyage, et j'avais déjà pris mes dispositions ; hélas ! jeune que j'étais, j'avais compté sans mon hôte, comme on va le voir. Fier de mes puissants autographes, que j'aurais bien gardés si j'avais prévu le coup, je me rendis avec Ventenat chez le général Decaen. J'en reçus un excellent accueil, je crus à une solution favorable ; mais, avant de quitter le général, je voulus aborder la question des honoraires, soit pendant la traversée, soit durant le séjour dans l'Inde : le général se refusa net à les régler. Malgré tout ce que mon amour-propre eut à souffrir, je ne balançai pas à renoncer à ce voyage ; Ventenat approuva ma détermination, et Godon de Saint-Memin suivit mon exemple. A mon âge et avec le prestige d'un succès assuré, ce fut, j'en conviens, une cruelle déception ; je persistai dans mon refus de partir sans ce règlement du

temporel d'une mission scientifique, et j'eus à m'en féli-
citer plus tard. En effet, il n'y avait pas un mois que le
général Decaen était parti, que le traité d'Amiens avec
l'Angleterre se rompit ; l'expédition fut obligée de relâcher
à l'Ile de France et de renoncer à Pondichéry. Je me
remis avec ardeur à mes études médicales.

Je me trouvais à une séance de l'Institut, en 1805,
lorsque le célèbre Humboldt, au retour de son grand
voyage scientifique en Amérique, lut son premier
mémoire académique sur la domestication des animaux.
On l'écoutait avec un silence religieux : homme de
quarante ans, blond, taille moyenne, embonpoint modéré,
figure pleine, physionomie distinguée et expressive, parlant
parfaitement le français quoique Prussien. L'auteur du
Cosmos et de tant d'autres ouvrages vivait encore au commencement de 1857 ; il est mort à Berlin en avril 1859,
âgé de quatre-vingt-onze ans.

Dans mes recherches botaniques aux environs de Paris,
je m'étais adonné d'une manière spéciale à l'étude des
lichens ; ma collection dans ce genre le disputait par le
nombre des espèces et l'authenticité des dénominations à
celles de tous les botanistes de la capitale. Aussi De Candolle me pria-t-il de la lui confier pour traiter ce genre
difficile dans la *Flore française.* Elle acquit surtout une
grande valeur de science par mes relations et mes échan-
ges avec le célèbre Acharius de Waldstena, en Suède.
Ce professeur, qui, le premier, a créé la lichénologie, a
publié plusieurs ouvrages importants sur cette matière ; il
était pour les lichens ce que Fabricius était pour les insectes : les *Lichenographia suecica, Methodus lichenum, Lichenographia universalis, Synopsis lichenum,* sont des traités re-

marquables d'Acharius. Je tiens les deux derniers de l'auteur lui-même qui me cite souvent : ma correspondance avec ce lichénographe s'est continuée pendant dix ou douze ans, jusqu'à sa mort. Je lui avais communiqué, soit de Paris, soit de la France ou d'Espagne, plus de 400 espèces dont il avait établi la nomenclature technique et il m'avait envoyé un grand nombre de ses types. M. Wahlberg, secrétaire de l'Académie royale des sciences de Stockholm, que j'ai connu à Paris en 1830, m'a raconté, à l'occasion de la mort d'Acharius, une anecdote que je ne balance pas à consigner ici.

Acharius, qui était jeune encore et passionné pour la botanique, éprouva une si vive émotion en recevant de moi un envoi considérable de plantes d'Espagne qu'il en tomba malade et que, peu de temps après, il mourut. La maladie, si rapidement mortelle, fut-elle produite par l'émotion, comme paraissait le croire M. Wahlberg, ou bien ne fut-elle qu'une coïncidence avec le fait de la réception des plantes ? J'aime beaucoup mieux croire à cette coïncidence, et elle offre plus de probabilité.

Indépendamment des savants spéciaux, médecins, naturalistes, que j'avais vus ou connus à Paris, au commencement du siècle, durant mes études médicales, j'eus occasion de voir quelques personnages célèbres ou des hommes haut placés auxquels je dois de la reconnaissance.

J'ai vu deux fois, aux séances de l'Institut, le *Grand Napoléon*, lorsqu'il n'était que premier consul : son habit d'académicien, noir avec broderies vertes, semblait rapetisser singulièrement l'illustre guerrier. Un jour, je l'entendis soulever et soutenir une discussion relative à l'usage des draps imperméables pour l'habillement des troupes.

Les médecins et les physiciens, entre autres Portal, Hallé, Lassus, Fourcroy, Berthollet, Laplace, lui opposèrent le grave inconvénient d'empêcher ou de répercuter la transpiration insensible. Napoléon, avec une parole facile mais peu animée, objecta l'usage des athlètes de l'antiquité qui, pour se préparer au combat, pratiquaient sur tout le corps des onctions huileuses ; celles-ci, en bouchant les pores de la peau, devaient nuire à la transpiration, et cependant elles étaient suivies d'un plus grand développement des forces. On répliqua à cette objection spécieuse que la lutte des athlètes n'était qu'un exercice momentané et, qu'après le combat, les lotions parfumées rétablissaient les fonctions de la peau. Bonaparte se rendit à ces raisons sans le moindre signe d'humeur, et la discussion fut fermée.

Ma vue s'est souvent arrêtée, à l'Institut, avec un sentiment d'admiration et de respect, sur Carnot, ancien ministre de la guerre sous la Convention, qui, de son bureau, avait su tracer les célèbres campagnes de nos nombreuses armées envoyées aux frontières de la France envahie. Homme de cinquante ans en 1806, d'une taille au-dessous de la moyenne, maigre, pâle, physionomie grave et noble, bonne tenue, mœurs austères, républicain de conviction : quoique de la même section de l'Institut que Bonaparte, il n'y avait pas de sympathie entre eux. Carnot, que son pur patriotisme rapprocha de Napoléon aux mauvais jours de 1815, termina sa carrière militaire par la glorieuse défense d'Anvers et sa vie politique par l'exil à la Restauration ; il se retira à Varsovie, puis à Magdebourg, où il consacra le reste de ses jours à l'étude ; il mourut en 1823.

J'ai vu plusieurs fois aux séances de l'Institut Bernardin de Saint-Pierre, l'auteur des *Études de la nature* et de

Paul et Virginie : vieillard de taille moyenne, embonpoint assez prononcé, belle et bonne figure, au teint rosé, aux longs cheveux blancs flottant sur les épaules.

Pendant tout mon séjour à Paris, je dînais habituellement tous les dimanches chez l'un de nos sénateurs des Landes, Roger Ducos (de Dax). Il avait eu quelques relations avec ma famille et j'étais l'ami de son fils qui était de mon âge. Il fut collègue de Bonaparte et de Sieyès au Directoire : il conservait au Luxembourg ses appartements de directeur ; sa table était somptueuse. La Restauration le proscrivit comme conventionnel *régicide*. Il périt en s'expatriant (1816), aux environs de Nuremberg : sa voiture fut violemment renversée dans un précipice, il expira sur le coup.

Je me trouvais à Paris, lorsqu'en décembre 1800 (nivôse an IX) eut lieu, à l'entrée de la rue Saint-Nicaise, l'explosion de la fameuse *machine infernale* dirigée contre le premier consul Bonaparte, se rendant à l'Opéra. La voiture consulaire était passée depuis une minute, lorsque l'explosion ébranla une trentaine de maisons et tua ou blessa un grand nombre de personnes. J'accourus le lendemain matin pour voir ces désastres ; plus tard, tout ce quartier fut démoli, rasé, pour créer cette place de si grandes dimensions entre le Louvre et les Tuileries. J'y étais aussi lors de la conspiration des deux frères Aréna, députés corses, qui tentèrent d'assassiner le premier consul, peu après le 18 brumaire. Joseph Aréna fut arrêté à l'Opéra et mis à mort le 31 janvier 1801 ; l'autre s'évada.

J'ai été témoin de la vaste conspiration tramée par Georges Cadoudal, Pichegru, etc., contre Bonaparte en 1804. Les journaux annoncèrent que Pichegru s'était pendu dans la prison du Temple, tandis que l'opinion publique

pensait qu'il avait été étranglé par un mamelouck. J'étais
dans ma chambre, rue du Théâtre-Français, près l'Odéon,
lorsque j'entendis le coup de pistolet que Georges Cadoudal tira sur l'agent de police qui l'arrêta dans son cabriolet
au carrefour de Bussy, dans la soirée. J'eus la patience de
faire queue pendant plusieurs heures au Palais de Justice
pour assister à l'interrogatoire des nombreux accusés. J'ai
vu et entendu le vainqueur de Hohenlinden, général
Moreau, les deux frères Polignac, Jules et Armand, Georges
Cadoudal et vingt autres accusés. Moreau fut banni, on
n'osa pas le condamner à mort ; les Polignac furent enfermés
dans une prison d'Etat; Georges et autres, guillotinés.

A cette même époque (1804), j'assistai aux fêtes du
couronnement et du sacre de l'empereur Napoléon et de
l'impératrice Joséphine par le pape Pie VII, mandé pour
cela et venu à Paris contre son gré; j'ai vu plusieurs fois
le Saint-Père aux croisées des Tuileries.

En 1805, la guerre fit converger avec une incroyable
rapidité les troupes de tous les points de la France vers le
Rhin ; ce fut la première fois, je crois, que l'Empereur fit
voyager en poste ses fantassins; il arriva de Boulogne à
Ulm comme un projectile. C'est alors que parurent les
célèbres bulletins de la *grande armée* qui excitèrent à un si
haut degré l'enthousiasme de Paris ; chaque courrier an-
nonçait d'étonnantes victoires et d'immenses conquêtes ; ce
fut l'apogée de la gloire de Napoléon : il vint, il vit, il
vainquit. Au commencement de 1806, il rentra à Paris ;
j'étais à l'Opéra lorsqu'il y fut accueilli par un tonnerre
d'applaudissements : il avait pris de l'embonpoint.

Ce fut le 14 mars 1806 que je subis à l'École de médecine ma dernière épreuve médicale, celle de ma thèse qui

pendant le quart d'heure du relais, je pus visiter à la hâte la cathédrale dont l'architecture gothique est majestueuse.

Je parcourus à pied la plaine de l'Yonne jusqu'à Joigny ; cette plaine est peu étendue, mais bien cultivée et bornée par des coteaux fort escarpés et plantés de vignobles. J'ai pu visiter les antiquités d'Autun, *Augustodunum* des Romains.

Châlon-sur-Saône est une charmante ville ; je vis ses écluses qui facilitent un commerce très actif sur la Saône.

Mâcon est une jolie ville que sa position sur la Saône et au penchant d'une colline rend très commerçante et fort agréable.

De Mâcon à la petite ville de Villefranche, la campagne est des plus belles et des mieux cultivées : à droite, la vue de la campagne est terminée par des coteaux riants et fertiles ; à gauche est une vaste plaine que fécondent les eaux de la Saône ; les maisons de campagne y sont très multipliées ; les constructions en pisé sont très communes. A peu de distance de Villefranche, on quitte la plaine de la Saône et on aperçoit sur la gauche une montagne boisée que l'on appelle la forêt d'Ars ; la Saône passe derrière cette montagne pour traverser Lyon. De la route tracée sur le revers, on jouit du plus beau point de vue qu'il soit possible d'imaginer ; en face, vers le midi, on aperçoit plusieurs rangées de coteaux successivement plus élevés et tous converts de vignobles ; les montagnes du Bourbonnais terminent le tableau dans le lointain. Lorsqu'on a contourné la base de la forêt d'Ars, on voit à ses pieds, pour ainsi dire, la grande ville de Lyon et le fertile pays qui l'entoure.

Je séjournai trois jours dans cette cité manufacturière avec un aimable officier du génie, qui la connaissait à fond. Nous visitâmes successivement la place Bellecour, l'Hôtel de Ville, la cathédrale Saint-Jean, édifice gothique de la plus grande beauté ; les quais du Rhône très spacieux et supérieurement construits ; le pont de la Guillotière en pierre, formé de trente-deux arches ; l'Hôtel-Dieu, l'un des hôpitaux les plus beaux de France.

Le lendemain, j'employai vainement une partie de la matinée à rechercher, dans un quartier qui m'avait été indiqué, une famille Dufour, dont un membre médecin et notre parent avait accueilli mon père en 1765, lorsqu'il se rendait de Montpellier à Paris pour terminer ses études médicales. J'appris que, lors de la Révolution, ces parents avaient émigré en Suisse et s'y étaient fixés ; il est possible que le général Dufour, qui s'est acquis de la célébrité dans les troubles du Sonderbund, en 1847, soit issu de notre souche.

Je fis une visite plus fructueuse au professeur Gilibert, médecin botaniste ; il me fit l'accueil le plus honnête ; il était possesseur de l'herbier de M. de la Tourette, et comme ce dernier s'était beaucoup occupé de lichénographie et avait eu des relations avec le célèbre lichénologue Hoffman, je m'empressai de parcourir soigneusement les paquets qui renfermaient les lichens ; j'y trouvai des espèces à l'infini et des notes précieuses. Le professeur Gilibert était traducteur et éditeur du *Systema naturæ* de Linné.

Le 5 avril, je quittai Lyon pour descendre, en galiote ou diligence fluviatile, le Rhône jusqu'à Avignon. En suivant le cours majestueux du fleuve, on aperçoit sur les bords tantôt des rochers arides et déchirés, quelquefois des coteaux parés de vignobles, rarement un pays de plaine. Au milieu des montagnes du Forez qui s'élèvent à droite, on distingue le pic sursaillant du mont Pilat, du côté de Givors; on passe devant Vienne et l'on aperçoit dans le lit du Rhône les restes d'un antique pont romain.

Près d'Avignon commence la zone végétale méridionale; elle est inaugurée par la culture de l'olivier; mais, dans l'Avignonais, cet arbre est de petite taille, rabougri; son élévation et son développement sont progressifs jusqu'à Toulon, où l'on voit les plus beaux oliviers, les plus productifs de notre France.

Je parcourus à pied les quatre lieues qui séparent Avignon de Beaucaire.

Je traversai le Rhône sur le double pont de bateaux qui conduit de Tarascon à Beaucaire et j'allai passer quelques jours chez mon excellent ami, condisciple et savant confrère Blaud. J'employai ces heureuses journées à explorer la botanique et l'entomologie du pays avec César Blaud, pharmacien, frère du médecin; nous parcourûmes les montagnes connues sous le nom de *Marguillier* et qui semblent être la patrie de prédilection des lichens; elles sont formées d'un calcaire grisâtre homogène. Nous visitâmes le *Château de Saint-Roman*, vieil édifice implanté sur le roc au sommet d'une montagne boisée et qui était autrefois un monastère; c'est là que, pour la première fois, sous les pierres des décombres qui entourent ce bâtiment ruiné, je trouvai vivants le *Scorpion* (*europæus*) et la gigantesque *Scolopendre* (*morsitans*) : la vue et la prise de ces deux articulés me transportèrent de joie; je cueillis aussi un joli *narcisse* nouveau pour moi (*Narcissus dubius* Gouan) et la *grande pervenche* spontanée.

Le 12 avril, je quittai mes bons hôtes de Beaucaire et, au soleil couchant, j'arrivai au *Mons Pessulanus, Mons puellarum*, Montpellier.

Je m'étais rendu à Montpellier, où m'attendait mon ami Dufau, pour connaître, comme complément de nos études médicales, cette école jadis si célèbre; nous y séjournâmes trente-six jours pour y suivre les cliniques et quelques cours publics; nous fûmes très médiocrement satisfaits de l'enseignement des successeurs de Barthez.

Investigateur zélé de la nature, je fis plusieurs excursions dans les riches localités des environs de Montpellier, et, comme j'étais tout neuf pour les productions du midi oriental de la France, j'y fis une abondante moisson de plantes et d'insectes. J'explorai ou seul ou avec des naturalistes éclairés et pratiques le bois de Grammont souvent cité par le grand Linnæus; les rochers si fertiles de Castelnau, dont la base est baignée par la petite rivière du Lez; Grabels, dont les roches volcaniques offrent au minéralogiste le *shorl noir*, substance luisante, cristallisée; enfin la plage renommée de Maguelonne.

La mer, qui avait été très houleuse l'avant-veille et qui conservait un beau reste de son courroux, avait abandonné sur le rivage une prodigieuse quantité de productions animales, végétales ou minérales, plus curieuses les unes que les autres. Au milieu de ces riches dépouilles, on ne saurait avoir assez de temps, assez d'yeux, assez de mains : ici c'est un paquet de *fucus* et de *conferves* entassés sur un groupe de coquillages fixés eux-mêmes sur quelques racines de *zostère*; pour débrouiller le chaos des espèces qu'il renferme, il faudrait pouvoir disposer d'une journée entière; là, ce sont mille coquilles diversifiées dont la plupart sont émoussées, usées par le frottement continuel des vagues, quelques autres sont d'une intégrité parfaite ; ailleurs des zoophytes sans nombre vous attirent et vous embarrassent par leurs variétés. Les cailloux roulés et polis excitent la curiosité du minéralogiste et mettent son esprit à la torture pour deviner leur origine ; de quelle montagne ce fragment de rocher ou peut-être ce roc entier, usé par la succession des siècles, faisait-il autrefois partie ? Quel phénomène a pu le détacher de sa position ? Quelles substances le composent ? Que de questions difficiles à résoudre ! Un corps arrondi comme une boule et paraissant au premier coup d'œil formé d'un enchevêtrement de poils, comme les *ægagropiles*, fixe mon attention ; ces boules, fort communes sur le rivage, sont évidemment formées par l'agglomération des feuilles d'une plante marine appelée *zostère ;* quelques naturalistes les ont prises pour un produit végétal organisé et lui ont donné le nom de *conferve ægagropile ;* mais ils étaient dans l'erreur. On rencontre aussi d'autres boules velues en dehors, à cavité intérieure, ce sont des animaux marins connus sous le nom de *bourses* (*Alcyonium bursa* Lin.) ; enfin, je récoltai soit dans le sable, soit sous les pierres, plusieurs insectes curieux, la plupart carnassiers, toujours prêts à dévorer les poissons ou autres animaux que la mer dépose sur la plage.

Comme épilogue de mon séjour fort agréable à Montpellier, je me plais à citer les noms des hommes de science dont je fis la connaissance personnelle et avec lesquels j'ai conservé des relations.

GOUAN. — Combien je fus heureux de voir ce Nestor des botanistes européens, l'auteur de l'ouvrage *Flora monspe-*

liaca, cet ancien correspondant du célèbre Linné, dont il me montra, avec un orgueil que je partageais, de vénérables lettres autographes ! Il me fit un excellent accueil. Gouan mourut deux ou trois ans après ma visite.

BROUSSONNET. — Professeur de botanique, membre de l'Institut, que j'avais connu chez Bosc-Dantic. Il eut la complaisance de me faire parcourir en détail le Jardin des Plantes; à mon retour de Marseille, il me donna un pied de *Phormium tenax* (de la Nouvelle-Zélande) que j'apportai à Saint-Sever, où il s'est multiplié jusqu'à ce jour, 1857; je l'ai propagé dans d'autres jardins. Le Jardin des Plantes était parfaitement bien tenu et extrêmement riche; le *Phormium tenax* y prospérait en pleine terre; j'y remarquai un *arbre de Judée* dont le tronc égalait en grosseur celui des plus vieux chênes de notre Gascogne, c'était le doyen des arbres du jardin, il était chargé de fleurs.

DUMAS. — Professeur d'anatomie et de physiologie depuis une dizaine d'années et auteur d'un ouvrage en quatre volumes sur le double objet de ses études.

MARCEL DE SERRES. — N'était alors qu'un entomologiste avec lequel je fis des excursions; il est devenu un célèbre paléontologiste.

BOUCHET. — Bon naturaliste, très excellent homme, auquel sa fortune permettait d'être fort honorable et de posséder de belles collections ; on pouvait à juste titre le surnommer le Banks du midi de la France; on le trouvait toujours empressé à bien accueillir toutes les personnes qui venaient le voir et consulter son cabinet. Je devins son ami intime et nos relations n'ont fini qu'à sa mort.

LAFABERIE. — Professeur de clinique à l'hôpital Saint-Eloi.

GRATELOUP. — Étudiant en médecine à Montpellier,

devenu depuis un naturaliste fort distingué, surtout en paléontologie.

Le 17 mai, nous quittâmes Montpellier, Dufau et moi, pour entreprendre le voyage de Provence que depuis si longtemps je caressais de mes espérances. Nous séjournâmes pendant quinze jours chez notre ami Blaud, de Beaucaire ; la botanique était dans son beau sur les montagnes de Marguillier. Quels changements depuis ma dernière visite ! Elles sont couvertes de jolies plantes australes, l'air est embaumé du parfum de leurs fleurs ; mille insectes qui se jouent au milieu de celles-ci tombent dans mes filets et expirent dans mes boîtes ; je fis d'immenses récoltes.

Le 23 mai, à cinq heures du matin, nous partons pour aller au fameux pont du Gard ; César Dufau et moi nous étions, en observateurs philosophes, montés sur des ânes ; le docteur Blaud, ne voulant pas se compromettre aux yeux de ses concitoyens, nous précédait sur un fort beau cheval. Nous suivîmes la rive droite du Rhône qui est d'une grande largeur et se divise plus haut en deux branches circonscrivant une île où est le village de Villabrègue, c'est-à-dire ville de brigands. Bientôt on perd de vue le fleuve et nous remontons le cours du Gardon en passant près des villages de Comps et de Montfrin, renommés l'un pour ses cerises, l'autre pour son vin. Après deux heures de marche, nous arrivons à Remoulins, situé sur les bords du Gardon ; on y laisse les montures et nous prenons un guide pour aller visiter une grotte fameuse dans toute la contrée par son étendue et la beauté de ses pétrifications. Cette grotte, qu'on appelle dans le pays *Baoume Sertanette* (*bahoume* signifie *grotte*), est creusée sur le penchant d'une montagne boisée et située sur la première gorge que l'on rencontre en sortant du village pour aller au pont du Gard. Nous nous étions munis de torches et de cordes pour exécuter notre descente dans ce souterrain : j'abandonnai à mes compagnons ce dernier moyen et, armé de deux torches, je me mis en tête de la marche avec le guide. Je ne trouvai, du reste, qu'une vaste caverne divisée en deux chambres fort larges mais peu étendues en longueur; le couloir de communication entre les chambres est très resserré et déclive ; aussi faut-il être circonspect pour descendre sur un sol rendu onctueux par la filtration continuelle de l'humidité à travers la voûte. Lorsque nous eûmes dépassé ce détroit, où la lumière ne pénètre plus, nous plantâmes une torche comme fanal : il fallait marcher à tâtons et surtout éviter l'extinction des flambeaux. Les parois intérieures de cette grotte sont formées de stalactites très variées de forme : il y en a qui représentent très bien des draperies disposées autour d'un espace carré que l'on nomme le *lit du roi* ; d'autres ont quelque ressemblance avec un fourneau et une chaudière, c'est la *cuisine* de la grotte. Les paysans, crédules et superstitieux dans ce pays comme ailleurs, racontent sérieusement une foule d'anecdotes de rois, de voleurs, de sorciers qui ont vécu dans ce souterrain ; nous sortîmes noircis de fumée ; cette caverne est le repaire froid et ténébreux d'une légion de chauves-souris. Nous descendons dans la vallée afin de prendre la route du pont du Gard, et, après une demi-heure de marche, nous arrivons en face du fameux monument romain. Le pont formait, devant et tout près de nous, une superbe décoration; les rochers voisins opposaient à ce prodige de l'art leur âpreté sauvage et relevaient sa magnificence. Le Gardon roulait à nos pieds son onde fraîche et limpide; le murmure sourd et profond d'une cascade lointaine faisait seul diversion au silence de ce lieu. J'allai explorer l'histoire naturelle des montagnes environnantes ; mes recherches ne furent point infructeuses, je découvris plusieurs objets nouveaux pour moi, nouveaux même pour la science. Une jolie espèce du genre *Tridactyle*, qu'on n'a encore observée qu'en Afrique, habite ici les bords sablonneux du Gardon; il ressemble en miniature au *taupe-grillon* et saute avec une agilité et une promptitude surprenantes. Je rencontrai aussi un autre insecte sauteur très voisin du genre *Galgule*, découvert par Bosc dans la Caroline : je fis provision de l'un et de l'autre.

Après avoir épluché les plantes et les insectes d'alentour, je me baignai dans le Gardon, que je traversai deux fois à la nage, et nous allâmes ensuite escalader le pont du Gard, édifice antique, aussi étonnant par la hardiesse et la solidité de sa construction que par la noble élégance de son architecture. Nous arrivâmes à Beaucaire vers sept heures du soir.

Le 26 mai, nous partons de Beaucaire à sept heures du matin. Nous traversons Villeneuve, dont on remarque la citadelle située au sommet d'une montagne isolée, puis, dans la barque à traille, les deux branches du Rhône qui entourent la grande île de la *Bertalasse*. Nous arrivons à Avignon vers sept heures du soir; nous y passons la nuit.

27 mai. — Nous continuons notre route, dès sept heures du matin, en suivant les belles allées d'ormeaux *extra muros* qui forment la promenade de la ville, pour prendre le grand chemin qui conduit à Bon-Pas. La plaine est couverte d'une riche moisson en froment et vignobles. Les *mûriers* sont à peu près les seuls arbres qu'on y observe;

leurs rameaux, tout effeuillés pour la nourriture des vers à soie, leur donnent un air de tristesse et de misère particulier. Après deux heures d'une marche assez lente, nous arrivons aux bords de la bourbeuse Durance.

Depuis Bon-Pas jusqu'à Caumont (une demi-lieue), on a sur la gauche un coteau rocailleux où croissent quelques oliviers fort rabougris; à droite, le sol plus déclive et voisin de la Durance est d'une fraîcheur remarquable : c'est là que j'ai vu pour la première fois la *garance* (Rubia tinctorum) cultivée en larges plates-bandes ; on n'en récolte les racines qu'après deux ans de semence. Ce pays est une plaine fertilisée par les eaux limoneuses de la Durance qui s'y répand au moyen de nombreux canaux ; il est borné par des montagnes assez élevées, dont la chaîne, à gauche, appartient au mont Ventoux qui les domine et celle, à droite, dépend de Vaucluse. L'œil sans cesse armé de la lorgnette, je cherchais à découvrir le lieu où pouvait se trouver la célèbre fontaine, mais je demeurai longtemps dans l'incertitude ; cependant, à une lieue de la petite ville appelée Isle, sur la Sorgue, j'aperçus vers le milieu de la hauteur de la chaîne un espace que sa couleur d'un jaune fauve rend très distinct de ce qui l'entoure; des passants interrogés m'apprennent que la Sorgue prend sa source dans ce point de la chaîne. L'imagination se perd en conjectures pour deviner comment cet endroit, si peu de chose en apparence, peut recéler une vallée aussi vantée. Je condamnais même d'avance les tableaux enchanteurs qu'en ont fait les poètes et les voyageurs ; on arrive jusqu'à six cents pas de l'entrée de la gorge sans que le bruit des eaux de la Sorgue soit perceptible. Lorsqu'on a traversé toute la plaine de l'Isle, on suit un ravin à sec pendant l'été, alors on aperçoit et

on entend l'eau de la Sorgue formant une cascade à l'entrée
de la vallée.

De quel étonnement, de quelle admiration me sentis-je
saisi à l'aspect de ce tableau dont la plume la plus habile
ne saurait tracer l'effet si grandiose! La vue est accablée
par la variété des objets; tous les sens sont frappés à la
fois par des impressions si différentes que la confusion des
idées en est le résultat inévitable. Ici, l'œil veut poursuivre
jusqu'à sa source le cristal roulant de la Sorgue; là, il se
repose sur la fraîche verdure des prairies et des arbres qui
accompagnent le cours de la rivière. A gauche, ce sont d'é-
normes rocs feuilletés, arrondis comme des bastions et sous
la voûte desquels l'homme s'est construit des habitations;
à droite, les montagnes, moins décharnées, sont couvertes
du sombre feuillage de l'*yeuse*. Plus loin et devant soi, l'on
aperçoit le village de Vaucluse surmonté du château de
Pétrarque, dont les antiques murailles se confondent avec
les rochers voisins; plus loin encore est l'immense rempart
semi-circulaire qui ferme la vallée et dont la base voûtée
sert de réceptacle à la fameuse fontaine. De celle-ci se précipitent des cascades dont l'écume d'un blanc azuré contraste admirablement avec les mousses noirâtres qui revê-
tent les roches contre lesquelles elles se brisent; partout,
le vallon retentit d'un fracas épouvantable produit par le
choc des vagues et par le roulement des fabriques de papier
installées sur la Sorgue.

Les montagnes que l'observateur a sur sa gauche sont
nues, arides, déchirées; celles à droite sont moins âpres,
moins élevées et couvertes d'un taillis que forme en partie
le *chêne vert* ou *yeuse*. A quatre cents pas du village, à gauche, on voit des rochers dont la forme et la structure sont

très remarquables ; ce sont d'énormes masses arrondies comme des bastions, dégagées de toutes parts et formées de couches horizontales feuilletées. Un de ces rochers ressemble, par sa grandeur colossale et par sa forme circulaire, aux *arênes* de Nîmes ; sous la voûte de ce rocher, on a construit une maison précédée d'un jardin où la végétation jouit, dit-on, d'un printemps éternel. Plus loin, du même côté, les rochers offrent à différentes hauteurs de vastes trous arrondis, creusés sur leur pente de manière que l'ouverture en est très apparente. Quel phénomène a déterminé la formation de ces cavités singulières ? Quand on est arrivé tout près du village de Vaucluse, on tourne à gauche au lieu de traverser le pont qui y conduit, et, après un quart d'heure de chemin dans la vallée qui se rétrécit beaucoup, on arrive à la fontaine. Avant de parler de celle-ci et de la rivière qui en découle, disons un mot des objets qui l'environnent.

Un rocher taillé à pic, et qui se prolonge sur les côtés de manière à présenter la forme d'un fer à cheval, ferme devant soi la vallée, et c'est ce qui a mérité à celle-ci le nom de Vaucluse (*vallis clausa*). Ce rocher ou plutôt cet immense rempart d'une nudité affreuse est teint d'une couleur ocracée et son élévation est d'environ 600 ou 700 pieds au-dessus du bassin : sa base est creusée d'un vaste gouffre qui est le réservoir de la fontaine ; sur la droite, la montagne est inaccessible et se termine par un plateau peu élevé, où l'on cultive des amandiers, et près duquel est un rocher que surmonte un édifice ruiné ; à gauche, elle forme un escarpement fort rapide, mais que l'on peut gravir avec du courage et de la prudence. Le paysage présente ici l'image d'un bouleversement, dont je laisse à l'observateur géologue la détermination de la cause et de l'époque. Les roches entassées dans le lit de la Sorgue, d'énormes blocs de pierre qui paraissent avoir été arrêtés dans leur chute et qui sont suspendus sur la pente de la montagne, d'innombrables débris rocailleux couvrant toute l'étendue de celle-ci, les crevasses, les déchirements irréguliers des rochers supérieurs, voilà sans doute les preuves irréfragables des commotions ou des affaissements qui ont jeté le désordre et le chaos dans ces lieux. A quelques pas de la fontaine, on voit un rocher perpendiculaire et isolé qui forme une pyramide élancée dont la pointe se perd dans la nue; il est resté debout au milieu de la débâcle générale qui a fracassé et culbuté les montagnes avec lesquelles il faisait corps. Ne dirait-on pas que la nature a voulu le laisser, comme monument attestant la hauteur de laquelle se sont écroulés les rocs environnants et la destruction incalculable qui s'est opérée depuis cette catastrophe? Vers la base de ce rocher pyramidal est une grotte où l'on peut grimper assez facilement et que la lumière éclaire de toutes parts; elle fait face à la fontaine; l'intérieur de la grotte est en quelque sorte triloculaire. C'est là, sans doute, que le solitaire de Vaucluse venait se mettre à l'abri des rayons du soleil et composer ses chansons amoureuses en contemplant la source et les cascades de la Sorgue.

La fontaine se présente sous deux aspects très différents, suivant que ses eaux sont très basses ou très hautes; dans le premier cas, le bassin est presque entièrement caché sous la voûte du rempart, de manière que l'on peut pénétrer dans la partie inférieure de ce réservoir; le lit de la Sorgue est presque à sec vers son origine, la vallée est silencieuse. Lors de ma visite, les eaux étaient à leur maximum d'élévation; elles atteignaient, surpassaient même le pied d'un figuier qui, depuis des siècles, végète dans le roc : on ne pourrait soupçonner l'existence d'un antre caverneux que par la profondeur du réservoir vers la base de la montagne.

Le bassin est arrondi et peut avoir une trentaine de pieds de diamètre : son fond représente un cône très évasé dont la partie centrale a une profondeur qui échappe au calcul ; l'eau, transparente comme le plus pur cristal, y est d'une immobilité parfaite; ce n'est, pour ainsi dire, que par regorgement qu'elle s'écoule du bassin. En s'échappant du réservoir, cette énorme masse de liquide se précipite de chute en chute contre les roches qui encombrent le lit de la Sorgue. Elle forme une série de bruyantes cascades d'une blancheur azurée que rehausse encore le jaillissement sur un tapis noirâtre de mousse, en pleine végétation et même fructification, au milieu des pierres humectées; cette mousse, dont je fis une abondante récolte, est la *Hedwigia aquatica*.

Outre le bassin principal, il y a encore plusieurs sources latérales, d'où l'eau s'élance abondamment; on la voit s'infiltrer de toutes parts à travers les débris rocailleux des rives de la Sorgue. Ces sources secondaires et les jaillissements s'observent depuis la fontaine jusqu'au village; on dirait que l'eau est en quelque sorte exprimée par le poids des montagnes sur les voûtes souterraines qui la renferment. On voit rarement une rivière aussi volumineuse à sa source que la Sorgue; son lit, encaissé, est assez profond pour porter bateau dès son origine; ses eaux roulent avec une célérité extrême sur un tapis flottant composé de plantes d'un vert glauque. Cette observation avait inspiré au poète l'opinion que la Sorgue roulait des émeraudes; ce simple végétal, qui est le *Sium berula* de Linné, a, dit-on, la vertu d'engraisser les bœufs qui le recherchent avec avidité. Plusieurs moulins et papeteries sont établis sur le cours de la Sorgue. Après le village, le cours de la rivière s'accompagne de prairies qu'elle fertilise et de plusieurs arbres *hydrophiles* comme les saules, les peupliers.

En attendant mes compagnons de voyage, j'allai à la recherche des productions de Flore ; je gravis le mont escarpé qui est à gauche et dont le terrain mobile est formé de rocailles ; je contournai la base du rocher pyramidal et j'escaladai jusqu'aux deux tiers de sa hauteur. Là je me reposai une demi-heure sur une pelouse avancée qui domine presque toute la vallée, et je contemplai à mon aise les belles horreurs qui m'entouraient ; mais l'ardeur piquante du soleil, un vent impétueux, des nuages noirâtres amoncelés dans l'atmosphère, tous symptômes non équivoques de l'orage et de la pluie, me déterminèrent à quitter mon petit observatoire et à gagner le bas de la montagne. A peine suis-je arrivé près de la fontaine qu'une décharge électrique se fait entendre avec accompagnement d'une averse ; je cours me réfugier dans la grotte et j'y jouis pendant plus d'une heure du spectacle le plus imposant. Le grondement du tonnerre mille fois réfléchi dans les conques nombreuses de la vallée, le tumulte grave des cascades, les coups intermittents des moulins et des papeteries produisaient un concert terrible, majestueux, dont on ne peut apprécier le grand caractère que lorsqu'on en est soi-même le témoin ; j'entendais aussi un roulement profond qui se prolongeait et se perdait dans les entrailles de la montagne par suite de la propagation de l'air ébranlé. Pendant que j'étais sous mon abri rupestre, deux sociétés provençales vinrent payer leur tribut d'admiration aux beautés de la fontaine ; mais j'attendis vainement jusqu'au déclin du jour mes amis, qui n'y parurent point. Je quittai Vaucluse, je subis plusieurs averses avant d'arriver à l'Isle, où je trouvai ma société réfugiée à l'hôtel de Laure et Pétrarque.

28 mai. — Au point du jour, nous nous acheminons vers Vaucluse; dans la plaine de l'Isle on nous fit remarquer le château de la famille de Sade, à laquelle fut alliée la célèbre Laure de Noves. Il est situé sur la gauche, vers la base des montagnes. Lorsque nous pénétrâmes dans la vallée, le village de Vaucluse et le fond de l'enceinte étaient plongés dans une brume blanche qui les rendait invisibles et qui se dissipa aux premiers rayons de soleil. Après avoir dépassé le village, je partis seul pour aller herboriser sur les montagnes voisines; j'y fis une ample moisson. Vers onze heures, nous prîmes la route d'Avignon, où nous arrivâmes à la nuit tombante.

29 mai. — La matinée se passa à parcourir les édifices remarquables d'Avignon.

En quittant Avignon, nous fûmes obligés, à cause du débordement de la Durance, d'aller à Bon-Pas pour passer la rivière en bac. Je fis quelques recherches lithologiques sur les graviers de la Durance; cette rivière roule des quantités innombrables de cailloux. J'y rencontrai abondamment des *variolites* dont j'avais déjà trouvé un échantillon sur la plage de Maguelonne, des *porphyres* verts, rouges, bruns, gris, des *poudings*, des *granits*, des grès, etc. De là, nous allons à Nové, distant d'une demi-lieue, puis à Château-Renard.

Au-dessus du village, il y a un château fort avec tourelles, huché au sommet d'un rocher dont l'accès paraît très difficile; c'est sans doute le château qui a donné le nom

au village. Dans ce pays comme dans la plus grande partie
de la Provence et du Languedoc, on nourrit des *vers à soie*
que l'on désigne vulgairement sous le nom de *magnans*. On
en élevait dans l'auberge où nous étions, et je priai le
maître du logis de me laisser jeter un coup d'œil sur l'appartement destiné à leur éducation et que l'on nomme
magnanerie; je ne fus pas peu surpris du refus obstiné que l'on
fit à ma demande. Par un préjugé singulier et généralement répandu dans le pays, on ne laisse point voir les vers
à soie aux étrangers, sous prétexte qu'on leur porte malheur; nous eûmes toutes les peines du monde à obtenir
qu'il nous en montrât un, encore eut-il l'air de le sacrifier.
L'aubergiste ne fit cependant aucune difficulté pour me
donner des renseignements sur l'éducation et les produits
de ces insectes précieux; il m'apprit qu'une once de graine
de vers à soie (c'est ainsi qu'on appelle leurs œufs) fournit
sept quintaux de cocons, en supposant que tous les vers
viennent à bon terme; pour élever les vers provenant d'une
once de graine et qui peuvent être au nombre de trente à
quarante mille, il faut deux livres de feuilles de mûrier.
Je vis aux environs de Château-Renard des champs bordés
de *roseaux;* on cultive ce végétal dans les lieux humides,
soit pour en faire des claies utiles dans les ateliers de vers à
soie, soit pour former des palissades qui protègent des vents
du Nord les *pois* et les *aubergines;* ces dernières, fruits du
Solanum melongena, forment un mets agréable que l'on sert
sur toutes les bonnes tables. La route jusqu'à Beaucaire fut
très pénible par suite de la boue qui embourbait les roues
du carrosse jusqu'à l'essieu; vers quatre heures, nous
arrivâmes chez mon ami, après cinq jours de voyage.

3 juin. — Nous prîmes à Tarascon la diligence pour

Marseille; deux superbes mules traînaient ce fourgon suspendu. La diligence faisant à Saint-Remy une station de trois heures, suivant mon habitude je pris les devants à pied; j'eus le temps de faire deux grandes lieues avant que le fourgon me rejoignît. Je remarquai, sur les côtés de la route, des champs de *chardon à foulons* (Dipsacus fullonum); cette plante, que je voyais pour la première fois cultivée, acquiert jusqu'à sept et huit pieds de hauteur; ses têtes, armées de paillettes constamment recourbées en hameçon, sont employées par les drapiers à peigner leurs étoffes après qu'elles ont été foulées; elle sert aussi aux bonnetiers, ce qui lui a valu aussi le nom de *chardon à bonnetier;* les pieds de cette cardère sont placés à un grand pas de distance les uns des autres, afin qu'ils aient la facilité d'étendre et de multiplier leurs branches. Je vis encore dans cette campagne le *Fenugrec* ou *foin grec* (Trigonella fœnum græcum), cultivé pour fourrage, alternant souvent avec des pieds de chardon à foulon. De Saint-Remy à Orgon, le pays est limité à droite par une chaîne de rochers nus, fort âpres, très escarpés, dirigée du Nord au Sud et distante d'une demi-lieue au plus de la route; à gauche, c'est une plaine dont le sol maigre et pierreux ne produit que quelques misérables pièces d'avoine; elle forme un contras·e frappant avec la belle plaine de Tarascon; ici l'amandier est fort commun et remplace l'olivier.

4 juin. — Dès trois heures du matin, et par un très beau clair de lune, nous nous remîmes en marche, et nous arrivâmes vers dix heures à Aix, *Aquæ Sextiæ*, l'ancienne capitale de la Provence.

Je ne dois pas oublier de mentionner aux environs d'Aix la montagne de la Sainte-Victoire; elle a son renom botanique, car le grand Linné lui dédia d'Upsal l'*Allium victoriale* et le *Plantago victorialis*.

En approchant, au déclin du jour, de la grande cité des Phocéens, nous aperçûmes la mer dont les vagues se brisaient avec fracas sur les rochers voisins de la route et, à gauche, nous admirions les nombreuses *bastides* (bâtisses, maisons) qui émaillaient les pentes pierreuses du site appelé la *biste* (point de vue). Nous descendîmes à l'hôtel du Pérou, rue Saint-Ferréol, où nous logeâmes pendant notre séjour.

10 juin. — A peine le jour commençait-il à poindre que, muni de tout l'attirail nécessaire au naturaliste qui a de grands projets de récolte, je m'en allai errer à l'aventure sur la plage de Montredon. Montredon est un quartier de la campagne, situé à une petite lieue sud-est de Marseille et peuplé de bastides. Son nom, tout provençal, est dérivé de *mons rotundus*, à cause d'une montagne ou plutôt d'une butte arrondie et isolée au voisinage de la mer. Cette plage est bornée à l'est par une chaîne de rochers, à l'ouest par la mer dont les vagues tantôt se brisent en écume contre des récifs, tantôt s'échappent à plat sur le sable. C'est un des lieux les plus fertiles de la Provence pour les recherches botaniques et entomologiques ; l'ornithologiste peut y faire aussi des captures précieuses, car c'est le rendez-vous des oiseaux émigrants de toute espèce. Les insectes essentiellement méridionaux, plusieurs même de ceux auxquels les naturalistes assignent l'Afrique ou l'Amérique pour patrie, s'y rencontrent en abondance : c'est là que je trouvai pour la première fois le *Myrméléon libelluloïde* que sa grandeur fait presque prendre pour un oiseau, lorsqu'il vole, et qui habite aussi le cap de Bonne-

Espérance ; les *Scarites géants*, insecte carnivore qui, de concert avec la *Phalérie des cadavres* et la *Nébrie des sables*, dépouillent les bords de la mer des poissons et des mollusques qu'elle y dépose ; la *Scolie des jardins* et celle à *front jaune*, grands et beaux hyménoptères qui piquent jusqu'au sang lorsqu'on les saisit sans précaution ; le *Pompile annelé*, qui a une tournure exotique ; la *Pimélie orbiculaire*, insecte de la Barbarie ; le *Bousier sacré*, gros scarabée qui était autrefois en vénération chez les Égyptiens, et que l'on trouve sculpté sur les colonnes antiques ; la *Chrysomèle américaine*, qui habite spécialement sur le romarin, et dont la larve vit peut-être dans les racines de cette plante ; la *Scolopendre mordante*, insecte rampant, long de trois à quatre pouces, muni de vingt paires de pattes, et que j'ai trouvé dans presque toute la Provence sous les pierres, quoique les auteurs lui donnent une origine indienne ; la trop fameuse *Tarentule*, l'une des plus grosses araignées d'Europe, et dont la morsure occasionne, suivant les habitants de Tarente, une maladie appelée *tarentisme*, de cette maladie la curation ne s'obtient, dit-on, que sous l'influence de la musique. J'ai pris plusieurs fois cette araignée dans la main, et je n'ai jamais été mordu ; elle se tient ordinairement à l'affût au fond des trous qu'elle se creuse dans les lieux secs, et, lorsque quelque insecte vient à sa portée, elle s'élance sur lui avec une vitesse prodigieuse, l'emporte avec ses tenailles et le dévore. Je pris aussi des *Sauterelles* d'espèces très variées, des *Bembex*, des *Styzes*, des *Zonites*, des *Ripiphores*, et une infinité d'autres insectes qui ont grossi mes collections. Le règne végétal offre sur la plage de Montredon beaucoup d'objets curieux ; mon herbier s'y enrichit d'une foule d'espèces qui m'étaient inconnues ou dont je ne ne possédais que des échantillons incomplets. Les plus remarquables de ces plantes sont la *Thymélée tartonrayre*, charmant petit arbuste dont la feuille luisante et soyeuse comme celle des *Protea* lui donne une physionomie africaine, très commun surtout vers la base de la butte de Montredon ; la *Passerine velue*, autre arbuscule dont les tiges couvertes d'un duvet blanc sont munies de feuilles courtes, grosses, comme imbriquées, qui produisent dans leurs aisselles de petites fleurs jaunes logées au milieu d'un coton fort blanc ; l'*Astragale épineux*, dont les touffes parfaitement hémisphériques et de plusieurs pieds de diamètre sont hérissées de toutes parts de piquants qui défient les mains des plus intrépides botanistes ; l'*Arrête-bœuf gluant*, qui réjouit l'œil par ses belles et nombreuses fleurs jaunes, mais qui l'attriste par ses feuilles toutes incrustées de sable à cause de leur viscosité ; le *Sucre cylindrique*, superbe graminée que termine un épi fort long dont la couleur soyeuse et luisante comme la nacre contraste admirablement avec les anthères pourpres de ses fleurs ; le *Ciste à feuilles de lavande*, dont la rareté fait tout le prix ; la jolie petite *Statice à feuilles de vipérine* ; l'*Œil de bœuf maritime*, qui croît dans les fentes des rochers et y offre des fleurs sessiles d'un jaune vernissé ; la *Rue de montagne*, qui croît abondamment ici sur le sable et dont les fleurs soufrées abondent en insectes ; l'*Œillet des poètes*, type des *Mignardises* de nos parterres ; la *Germandrée violette*, qui parfume l'air de son arôme ; la *Giroflée maritime*.

Les seuls arbres qui croissent spontanément dans ce pays sont quelques *mûriers* et des *pins* vers la base des montagnes. On rencontre aussi çà et là quelques *genévriers à baies pourpres*. J'en observai un d'une taille vraiment gigantesque ; il s'élevait au moins à une trentaine de pieds, et son tronc, presque aussi gros que mon corps, se divisait, presque dès sa naissance, en énormes branches étalées horizontalement, occupant un fort grand espace.

La plage de Montredon est renommée dans toute la Provence par la prodigieuse quantité de cailles qu'on y prend. C'est dans le mois de mai qu'on leur fait la chasse, et de la manière suivante : pendant la nuit, temps où les cailles arrivent de préférence, on place sur le sol 40 ou 50 appeaux, et, non loin de ces derniers, on tend des filets à poche entre les mûriers ; attirées par le chant des appeaux, ordinairement réunies par fortes volées, elles se précipitent pour la plupart dans les filets et s'y embarrassent. Le lendemain, à la pointe du jour, on se porte aux endroits où l'on présume qu'il y a encore des cailles, on fait subitement beaucoup de bruit, elles se lèvent en masse et tombent dans les pièges. Un ami du docteur Cauvière m'a assuré que dans sa bastide on en prenait jusqu'à quatre ou cinq cents par jour.

Je me souviens aussi d'une intéressante visite faite à un riche cultivateur et botaniste recommandable, M. Gouffé, qui possédait un jardin rempli de végétaux rares et précieux. Son habitation est située à une lieue nord de Marseille, dans une exposition des plus favorables pour y acclimater les plantes équatoriales ; il nous fit l'accueil le plus gracieux, et nous parcourûmes avec lui tout son jardin. Parmi les arbres exotiques qui y sont cultivés, je remarquai avec un grand plaisir trois superbes *caféiers* tous chargés de fruits parvenus à leur parfaite maturité. M. Gouffé en réservait toutes les graines pour semis, parce que celles qui ne sont pas récentes ne lèvent pas. Je suis persuadé que le café, quoique originaire des pays chauds, de l'Asie et de l'Afrique, ne serait pas aussi difficile qu'on le pense à naturaliser dans les régions australes de l'Europe, comme l'Espagne, la Provence orientale, l'Italie ; les lieux montueux exposés au Midi conviennent surtout à cet arbre. Le *franchipanier* (Plumeria) est encore un arbre auquel M. Gouffé attache un grand prix ; il est extrêmement rare en Europe, et celui qu'il possède est peut-être le seul existant en France. Je vis aussi, au milieu d'un bosquet, un arbre dont l'aspect me fit frémir, c'est le *févier de la Chine* (Gleditschia sinensis), dont le tronc est armé d'énormes faisceaux de fortes épines horriblement croisées en tous sens. On serait embroché vivant si l'on avait à traverser pendant la nuit une forêt composée de ces arbres.

15 juin. — Dès trois heures du matin, nous sommes sur la route de Toulon ; nous traversons bientôt le village de Saint-Loup, puis la petite ville d'Aubagne, tout près de laquelle on nous fait remarquer la maison de campagne de l'amiral Ganteaume.

La grotte de la Sainte-Baume (du provençal *bavumo*, grotte), fameuse par le pèlerinage qu'y fait pendant huit jours, au commencement de juin, tout le peuple de vingt lieues à la ronde, est située dans les montagnes à cinq lieues du village de Cuje. Dans cette localité, j'observe pour la première fois le *caprier* cultivé en grand : cette plante paraît se plaire dans une terre aride, rougeâtre, comme celle qui convient aux oliviers ; ses touffes lâches et diffuses sont placées à sept ou huit pieds les unes des autres ; on en voit aussi contre les murs qui servent à appuyer les terres des champs ; ils y sont logés dans des trous semblables à ceux qu'on pratique pour l'écoulement

des eaux. Après quelques instants de sieste et un mince
dîner, nous remontons en voiture ; on passe au Beausset,
village qu'environne un pays riant et fertile, ensuite la
route est miraculeusement tracée parmi des rochers d'une
rudesse, d'une solitude épouvantables : nous sommes aux
gorges sinueuses d'Ollioules. Ici l'on voit se présenter, se
renouveler à chaque instant les accidents les plus extraordinaires de la nature. D'énormes masses calcaires sont sus-
pendues sur nos têtes ; dans ce dédale affreux, le voyageur
étonné cherche sa route : en avant, en arrière, partout, il
se croit au *nec plus ultra*. Nous traversons ensuite un pays
peuplé de figuiers et d'oliviers, et nous arrivons dans la
petite ville d'Ollioules. Ici, je vis, sur la place, des *Mico-
couliers* (Celtis australis) d'une stature vraiment colossale.
Je suis persuadé qu'ils ont de soixante à soixante-dix pieds
de hauteur. Cet arbre, originaire de la France méridionale,
et principalement de la Provence, a, dit-on, un bois dur,
souple, susceptible du plus beau poli, excellent pour la me-
nuiserie. Il produit une espèce de cerises qui n'est bonne
que pour les oiseaux. Nous voyons les premiers orangers
en pleine terre. La température est sensiblement plus élevée qu'à Marseille. Les blés y sont déjà dorés et bons à
être moissonnés. Les oliviers sont infiniment plus hauts,
plus branchus, plus robustes que dans la Provence occidentale, et ils augmentent de développement à mesure qu'on
approche de l'Italie.

18 juin. — Après avoir visité la ville et le port de
Toulon, nous résolûmes d'aller aux îles d'Hyères voir
notre compatriote Lagardère qui en est le gouverneur.
Jamais projet ne fut formé plus à propos et plus heureusement exécuté ; car, à peine descendus à terre, nous appri-

mes que le bateau de service de l'île de Porquerolles était
en rade et allait repartir : nous pûmes nous faire conduire
immédiatement au bateau.

A neuf heures, on lève l'ancre, on part ; le ciel était
sans nuages, le vent soufflait de l'est et se trouvait contraire à notre marche. La barque était munie d'une voile
latine à l'ombre de laquelle mon ami ne manqua pas d'aller
s'étendre pour éviter le soleil ; on louvoya péniblement
pendant deux heures avant de pouvoir sortir de la rade ; le
patron nous dit même que nous risquions de passer la nuit
à la belle étoile si le vent ne changeait pas de direction.
Vers onze heures, nous franchîmes l'entrée de la rade.
Cette entrée est resserrée à droite par le cap Cépé, dont la
crête offre une vigie au pied de laquelle est placé le tombeau de l'amiral La Touche-Tréville ; à gauche, par le cap
Corquerane qui fait suite à des récifs très escarpés sur lesquels les vagues viennent se briser. A peine eûmes-nous
gagné la pleine mer qu'il s'éleva un vent d'ouest bon, frais,
qui s'établit constamment et accéléra singulièrement notre
marche. Bientôt le roulis se fit sentir ; je n'en fus incommodé que par un léger mal de tête. Un brick génois passa
à portée de voix de notre barque, on se souhaita le bon-
jour de part et d'autre ; nous aperçûmes aussi dans le
lointain une frégate et beaucoup de bateaux pêcheurs.
L'oiseau que les marins appellent *oiseau de tempête* (pétrel,
Procellaria pelasgica) passa au-dessus de nos têtes sans que
la mer et l'air en fussent troublés ; je vis aussi un *poisson
volant (Exocetus volitans)* s'élancer du sein des eaux pour
retomber après un vol très court.

Vers cinq heures, nous mouillâmes dans la petite baie
de Porquerolles ; aussitôt que nous fûmes débarqués, nous

courûmes embrasser le brave colonel Lagardère qui était occupé à commander l'exercice aux canonniers de la petite garnison. Notre visite, tout à fait imprévue, lui causa la plus agréable surprise ; il nous fit l'accueil le plus amical, le plus franc, le plus compatriotique. A la chute du jour, il nous ramena sur le bord de la mer pour nous procurer le plaisir de la pêche ; nous arrivâmes fort à propos pour cela : on tirait le filet ; il y avait fort peu de chose. J'eus a satisfaction d'examiner de près l'exocet volant, remarquable par les reflets azurés et argentins qui rehaussent la teinte bleu foncé des nageoires. Nous projetons d'aller demain à Hyères pour visiter ses bois d'orangers.

19 juin. — Nous nous embarquons avant le lever du soleil pour descendre sur le continent. La mer était calme, l'air frais et à peine agité, l'horizon superbe ; on aborde, à force de rames, près de la *Tour fondue,* espèce de vieux château-fort situé sur la presqu'île de Giens ; à ma grande satisfaction, on met pied à terre et nous marchons jusqu'à la ville, distante de deux bonnes lieues. Je laissai mes compagnons suivre tout simplement le sentier étroit et solitaire qui traverse ce pays aussi inhabité qu'inhabitable : j'étais trop désireux de faire connaissance avec la nature maritime de ces lieux pour en suivre la route vulgaire. Les richesses naturelles que je moissonnai abondamment sur la plage me firent bientôt perdre de vue mes compagnons, et je me serais volontiers oublié dans ce fertile désert si la voix du colonel que j'entendis dans le lointain ne m'eût averti que l'on m'attendait. Je les rejoignis au *Pesquier,* vaste étang salé renommé par la grande quantité de poissons qu'on y pêche. On traversa une plaine moitié cultivée, moitié sauvage, et, vers huit heures, nous arrivâmes à

Hyères. Cette petite ville, renommée par la grande douceur de son climat, est située, comme Toulon, au pied d'une chaîne de montagnes qui la préserve des influences du Nord. Après le déjeuner, le colonel nous conduisit chez M. Filhe, propriétaire de la plus riche plantation d'orangers de tout le pays ; nous parcourûmes son immense jardin qui renferme quinze mille pieds d'orangers en pleine terre et qui donne un produit annuel de trente à trente-cinq mille francs. La récolte des oranges était faite, ce qui nous priva de l'admirable coup d'œil que doivent produire ces myriades de pommes d'or ; mais les arbres étaient chargés de jeunes fruits, et l'air était embaumé par le parfum suave des fleurs.

Lorsque la floraison est dans toute sa force, on ramasse par jour jusqu'à douze quintaux de fleurs tombées. Ces fleurs passent dans les alambics des confiseurs et des distillateurs, qui en composent ces essences si agréables à tous les nez et à tous les palais. Au-devant de la belle maison de M. Filhe, il y a une jolie terrasse et un parterre charmant. J'y remarquai, entre autres végétaux, un superbe pied d'*hortensia* sur lequel je comptai vingt-cinq bouquets tous fleuris, des *dattiers* chargés de fruits, un grand *bananier*, le *parasol chinois* ou *Sterculia*, bel arbre couvert de fleurs, un *Andrachne* haut de vingt-cinq pieds et dont l'écorce, d'un rouge presque carmin, est si unie, si lisse que, lorsqu'on y promène la main, on croit toucher de l'ivoire ; plusieurs plantes exotiques que l'on conserve partout ailleurs dans les serres végètent ici en pleine terre, fleurissent et fructifient à merveille.

Après une heure d'agréable promenade dans ce jardin des Hespérides, mes compagnons jugèrent à propos de retourner à l'auberge pour y faire la sieste; Flore et les insectes me rappelaient à la plage que je n'avais fait que traverser le matin et où j'avais entrevu de quoi faire une précieuse récolte en histoire naturelle. J'achetai donc une rame de papier gris, et, armé de mon filet, je pris seul la route de Pesquier, où il était convenu que la barque viendrait nous prendre. J'eus le loisir d'errer pendant trois heures sur ce théâtre varié de la nature; j'enrichis mon herbier et ceux de mes amis d'une foule de plantes rares, et ma boîte fut bientôt garnie d'insectes, la plupart nouveaux; jamais je n'avais fait en aussi peu de temps une récolte aussi abondante et aussi précieuse. Que d'objets n'eus-je pas le regret d'abandonner parce que je ne pouvais me charger de tout mon butin !

Au déclin du jour, on voulut mettre à la voile, mais un vent des plus violents rendit la mer impraticable : on craignit même d'être obligé de passer la nuit au Pesquier ou à Hyères. J'étais déjà tout consolé du contretemps qui m'aurait permis de parcourir encore la plage et d'y faire de nouvelles découvertes. Après le coucher du soleil, la houle se calma un peu et nous nous embarquâmes.

Après deux heures de navigation par sauts et par bonds, on toucha enfin la rive de Porquerolles.

20 juin. — J'employai toute la journée à parcourir l'île de Porquerolles et à en étudier l'histoire naturelle. Les hauteurs montagneuses sont composées d'une roche schisteuse traversée de veines d'un beau quartz blanc, et couvertes jusqu'à leur crête peu élevée de nombreux arbrisseaux qui forment un fourré presque impénétrable : ces arbrisseaux sont la *Bruyère en arbre*, la *Busserolle*, le *Myrte*, qui était alors en fleur, le *Pistachier sauvage*, le *Térébinth*, le *Genévrier à baies pourpres*, le *Ciste de Montpellier*, le *Ciste à grandes fleurs roses*, un *Genêt* très épineux et, sur la plage, l'*Euphorbe pityuse*, le *Tamarisc* et le *Pin maritime*, qui est le seul arbre de haute futaie. J'y récoltai aussi un grand nombre de plantes rares et beaucoup d'insectes qui m'étaient inconnus. On dit cette île fort abondante en reptiles, et elle est renommée par la grande quantité de *puces* qu'on y trouve non seulement dans l'intérieur des maisons, mais encore aux bords de la mer, comme j'ai pu le constater. Cette particularité a valu à Porquerolles le surnom d'*île des Puces*. Au reste, la puce maritime ne diffère en rien de la puce des maisons : celle-ci, à la loupe, est moins petite, moins maigre en quelque sorte que la puce de la plage qui jeûne beaucoup plus longtemps. J'aurais été désireux de visiter les salines des îles d'Hyères et l'île du Levant, qui est la plus curieuse des trois pour le naturaliste, mais je dus me résigner à regagner Toulon et Marseille.

28 juin, à l'île de Rotono. — Dès trois heures du matin, un batelier, auquel j'avais proposé la veille de me faire déporter pour toute la journée dans l'île de Rotono, vint frapper à la porte de l'hôtel, et nous nous embarquons pour les îles par un temps superbe. Deux rameurs composaient mon équipage : notre traversée dura cent vingt minutes et fut des plus heureuses. Rotono forme, avec If et Pomègue, les trois îlots situés en pleine mer, vis-à-vis le port de Marseille ; il n'y a d'autre habitation qu'un fort situé sur sa crête ; sa côte est très fréquentée par les pêcheurs et conséquemment par les poissons. Je m'étais figuré que j'y ferais des découvertes en histoire naturelle, mais j'errai pendant plus de deux brûlantes heures sur son sol aride, inculte et rocailleux, pour ne trouver qu'un petit nombre de plantes maritimes communes sur presque toutes les autres côtes, presque point d'insectes. Je m'en allai au bord de la mer pêcher des *Fucus* et des *Conferves*. Combien les botanistes *urbicoles* qui n'étudient la nature que sur les cadavres mutilés des herbiers doivent avoir des idées erronées sur ces productions marines encore bien problématiques même pour l'observateur maritime! Voyez une algue marine desséchée et voyez-la vivante dans la mer, quelle énorme différence! Fixez surtout avec attention vos regards sur l'*Ulva pavonia* submergée, vous observerez que tout son limbe est garni de poils extrêmement fins ou de cils, de radicules, peut-être de *tentacules* ou de *suçoirs* qui disparaissent ou deviennent invisibles lorsqu'elle est desséchée ; l'*Ulva pavonia* est-elle réellement une plante, ou n'est-ce qu'un zoophyte folioforme ? Pour moi, *adhuc sub judice lis est*. Un insecte tout à fait singulier vint me distraire de mes réflexions sur l'animalité ou la végétabilité des ulves et m'épargna un plus long article sur une matière qu'obscurcissent depuis longtemps les plus épaisses ténèbres.

Cet insecte est une espèce de *cloporte* qui me paraît avoir de l'affinité avec le genre *Idotée ;* on les voit courir en grand nombre sur les rochers baignés par la mer. Je m'empressai d'en piquer un pour l'observer de plus près avec la loupe. Quel fut mon étonnement, quand je l'eus percé avec une épingle, de voir sortir de son corps une myriade de petits qui prirent aussitôt la fuite! Ce fait était si nouveau pour moi et me parut si piquant que je renouvelai bien vite l'expérience : celle-ci me démontra que les femelles seules étaient vivipares. Le dessous de leur abdomen est garni d'écailles mobiles qui se réunissent pour former une cavité où sont renfermés les petits. Les insectes comme les mammifères ont donc aussi leurs sarigues. J'étais curieux de savoir si les petits, après être sortis du sein maternel, venaient s'y placer de nouveau ; en conséquence, je fis accoucher plusieurs femelles en les pressant sans les blesser ; mais les uns et les autres s'enfuirent dans les crevasses des rochers et je ne pus les observer. La prestesse avec laquelle les petits courent en sortant du sac abdominal semble témoigner que la marche n'est pas un exercice nouveau pour eux et m'affermit dans l'idée où je suis qu'ils reviennent dans l'espèce de capsule sous-abdominale. Cet insecte se nourrit sans doute des animalcules abandonnés par les vagues.

Mon dessein était de faire une visite à Pomègue, mais les conducteurs de ma barque m'assurèrent que les récifs escarpés qui l'entourent la rendent inabordable. Je renonçai donc à ce projet et j'ordonnai de faire voile vers la plage de Montredon, distante d'une petite lieue. J'aperçus pendant la traversée plusieurs *marsouins*, qui se jouaient à la surface de l'eau, en émergeant de temps en temps la partie supérieure de leur corps ; les *dauphins* ne sont pas rares dans ces parages. Nous abordâmes tout près d'un fort situé sur la côte, et, malgré l'embrasement de l'air, je partis aussitôt pour parcourir la plage si intéressante pour le naturaliste ; à peine eus-je fait cinq cents pas, qu'un canonnier armé de son grand sabre vint me signifier l'ordre de comparaître devant le commandant du fort, afin de déclarer qui j'étais et ce que je venais faire en ces lieux ; à la force point de résistance, je m'empressai d'obéir à l'ordre du militaire. Le lieutenant, après avoir lu d'un bout à l'autre et à haute et intelligible voix mon passeport, afin sans doute de prouver qu'il savait lire, me demanda dans quel dessein je

venais prendre le plan de la côte. — Moi prendre le plan
de la côte ! lui répondis-je. Qui donc a pu faire naître ce
soupçon ? — Le batelier qui vous a débarqué, répliqua-t-il,
m'en a informé : vous êtes sans doute un espion anglais
et vous serez détenu ici jusqu'à ce que je sois convaincu
du contraire.

J'affirmai au lieutenant que je n'avais, en parcourant la
plage, d'autre projet que de prendre, non des *plans*, mais
des *plantes*, des simples, des herbes ; je lui ouvris en conséquence mon carton pour le convaincre : le mot *plantes* ,
dont il ignorait la signification, avait occasionné un singulier quiproquo dont heureusement on finit par rire ; je fus
donc relaxé sur-le-champ et je circulai librement pendant
trois heures. La soirée fut employée aux préparatifs de
départ pour le lendemain.

Le 29 juin, au lieu de reprendre la route d'Aix pour
revenir à Beaucaire, nous préférâmes passer par Salon. De
Salon à Arles, nous traversâmes la vaste plaine de la Crau :
c'est un bassin de quatre ou cinq lieues de largeur sur six
ou sept de longueur, environné de montagnes peu élevées ;
elle est formée d'un sol graveleux qui atteste le séjour anté-
rieur des eaux ; malgré son état inculte, elle est renommée
pour le pacage des brebis qui, pendant l'hiver, y descendent
des montagnes au nombre de trente à quarante mille. On
prétend que ces animaux, pendant les frimas, soulèvent
les pierres avec leur museau et trouvent une plante dont ils
sont très friands. D'après les renseignements que j'ai pris
auprès d'un indigène, il paraîtrait que cette plante est une
espèce de *scabieuse*, peut-être la *Scabieuse colombaire*. Nous
passâmes la journée du 1er juillet à Arles. M. Artaud, botaniste instruit, homme de cinquante ans, m'accueillit avec

cet empressement, cette honnêteté simple, franche et loyale qui, pour l'ordinaire, caractérise les personnes adonnées à l'étude attrayante de la nature. Nous allâmes ensemble faire une visite au vieux M. Amoreux, entomologiste instruit, mais ignoré, qui a publié un livre sur les insectes venimeux.

La ville, située sur la rive gauche du Rhône, est en général fort mal bâtie. Nous visitâmes les édifices et les monuments remarquables, l'*amphithéâtre* ou les *arènes*, édifice construit sur le même plan que celui de Nîmes, beaucoup plus vaste, plus dégradé ; nous descendîmes, armés de torches, dans les souterrains où l'on nous fit remarquer les loges qui, du temps des Romains, servaient à enfermer les animaux féroces destinés aux combats dans l'arène — (*arena*, sable).

Le lendemain matin, avant le départ pour Beaucaire, je fis avec M. Artaud une fructueuse excursion de botanique sur une montagne à une lieue de la ville. Nous traversons une partie des vastes marais d'Arles peuplés de plantes aquatiques fort curieuses. J'eus le plaisir de cueillir, pour la première et la dernière fois de ma vie, l'*Aldrovanda vesiculosa*, plante singulière, qui, au moyen de petites vessies remplies d'air, flotte à la surface de l'eau, fleurit et fructifie quoiqu'elle ne communique avec la terre par aucune racine. La *Gratiole*, le *Sonchus maritimus*, un *Cyperus* gigantesque, y étaient en pleine floraison. Au retour de l'excursion, nous visitâmes, avec M. le docteur Ferrière, notre condisciple à Paris, l'hôpital d'Arles qui est petit mais fort bien tenu ; puis nous reprîmes le fourgon pour aller à Beaucaire avec accompagnement d'un vent violent mêlé de tourbillons de sable.

J'explorai encore la botanique des montagnes des environs de Beaucaire, en particulier le *palus de Jounquère*, c'est-à-dire le marais des joncs, à une petite lieue sud de Beaucaire. Quel changement s'est opéré dans la végétation depuis notre premier séjour ! Que de plantes en fleurs dont les feuilles ne paraissaient même pas alors ! combien d'insectes nouveaux viennent voltiger autour de leurs corolles ! quelle abondante récolte j'ai pu moissonner en un seul jour ! Au palus de Jounquère, je n'ai, du reste, rencontré qu'une seule plante digne d'être citée, c'est le *Sida abutilon*, qui n'a, je crois, jamais été signalé à l'état spontané en France ; elle y est commune, mais sa végétation est beaucoup moins vigoureuse que dans les jardins ; les troupeaux la broutent volontiers, car elle est toute effeuillée, et les sommités des tiges étaient dévorées. Tout près de ce marais, au pied d'une montagne, on observe un trou qui se prolonge en une caverne dont on ne connaît pas le fond : on le désigne, dans le pays, sous le nom de *Traouc de l'Orgue*. Lorsque les eaux du marais sont abondantes, elles refluent vers ce trou et y produisent un bruit qu'on a comparé aux sons de l'orgue.

7 juillet, à Nîmes. — Notre ami Blaud, qui connaît parfaitement les antiquités de Nîmes, sa patrie, se décida à nous accompagner jusqu'à cette dernière ville. Mon ami me fit remarquer d'abord sur la droite le village de Redessan (c'est-à-dire rue de sang), où il se livra du temps des Romains une bataille fort sanglante. Une demi-lieue après Courbousseau, nous nous détournâmes sur la droite pour voir un *noyer* renommé dans toute la contrée par sa floraison tardive, qui a lieu le lendemain de la Saint-Jean (25 juin). Cet arbre, âgé d'une trentaine d'années, n'avait, au moment où je le vis, que des feuilles naissantes, et venait de passer fleur. A peu de distance du noyer fameux, on remarque cinq colonnes antiques, ou plutôt cinq demi-colonnes, dont quatre debout et une couchée. Nous nous amusâmes à faire la chasse aux *cigales*. Les cigales les plus communes dans la Provence et le Languedoc sont celles de l'*orme* et la *plébéienne*. Lorsqu'on traverse, pendant une journée chaude, un pays peuplé d'oliviers, on a le tympan brisé par le chant criailleur et monotone de ces insectes. Elles sont infiniment plus nombreuses ici que dans les pignadas de nos landes, où déjà elles sont assourdissantes. On en fait lever jusqu'à quinze et vingt du même tronc d'olivier. Vers midi, nous arrivâmes à Nîmes.

Nous allâmes visiter en détail les curiosités antiques et particulièrement les *Arènes*.

Le lendemain, 8 juillet, Dufau et moi nous reprenons, en voiture, par une chaleur tropicale, la route de Montpellier ; nous arrivâmes vers six heures du soir dans la patrie de Barthez et nous y séjournâmes quatre jours. Le professeur Dumas nous réunit à sa table avec plusieurs amis. Je revis le vénérable Gouan, Bouchet, Broussonnet, Marcel de Serres. M. Broussonnet eut la complaisance de me donner un superbe pied de *Phormium tenax*, plante extrêmement rare et qui peut devenir fort précieuse pour la France ; je fis enfermer le vase dans une caisse afin de la joindre à mon bagage. Ce Phormium a été apporté de Londres par M. Broussonnet.

Le 13 juillet, une voiture nous transféra de Montpellier à Pézénas en passant par le village de Gigean, Mèze, Montagnac ; le lendemain, nous étions à Béziers. Pendant ce trajet, j'observe que les oliviers diminuent insensiblement

de nombre et de grandeur; la patrie des oliviers commence du côté du nord, à Avignon, et du côté de l'ouest,
aux environs de Béziers; de ces deux points extrêmes, ces
arbres deviennent plus nombreux et plus élevés à mesure
qu'on approche des côtes de la Méditerranée et surtout de
l'Italie; c'est aussi vers ces deux points que commence la
température essentiellement méridionale : il est probable
qu'on ne pourra jamais naturaliser l'olivier en dehors de
ces limites topographiques. Les cultivateurs languedociens
et provençaux distinguent un grand nombre d'espèces ou
plutôt de variétés d'oliviers, soit relativement à la hauteur
de l'arbre et à la disposition de ses branches, soit eu égard
à la grosseur et à la qualité des olives. Dans les localités du
bas Languedoc et de la Provence occidentale, les oliviers
sont de petite stature; ils sont beaucoup plus élevés et garnis de branches aux environs de Toulon et d'Hyères : on
dit qu'ils sont encore plus forts du côté de Nice; quant aux
olives, il y en a de la grosseur d'une noix médiocre; d'autres beaucoup plus petites : celles-ci fournissent une huile
délicate. L'huile d'Aix est renommée par son excellence, les
olives de cette localité de même que les arbres qui les donnent sont de fort petite taille : il y a des olives noires et
d'autres plus ou moins vertes; les olivettes ou champs
plantés en oliviers sont d'autant plus favorables à la fécon-
dité de ces arbres qu'elles sont dans une exposition plus
méridionale et que leur sol est plus sec, plus caillouteux
ou rocailleux; presque toutes celles que j'ai observées sont
d'un terrain rougeâtre, aride comme à Beaucaire, Aix,
Montpellier. L'olivier réussit très bien dans les plaines abritées du vent du nord et où les rochers environnants con-
centrent la chaleur; à Beaucaire, on voit des olivettes en

plaine ainsi disposées et très productives ; ce même sol est favorable à la vigne, mais on n'y voit guère d'autre arbre ou arbrisseau. L'olivier est très impressionnable au froid : l'hiver de 1709 fit périr tous ceux du pays de Béziers : il n'est productif qu'au bout de douze ou quinze ans, il croît jusqu'à trente ou quarante ans. Aux environs de Béziers, les arbres à huile commencent à disparaître; on voit la campagne se couvrir de vigne et de maïs.

Les environs du Saumail m'offrirent le *Galium maritimum*, qui croît abondamment sur les bords du canal et a souvent des tiges de deux pieds, l'*Euphorbia Gerardi*, l'*Euphorbia pubescens* Wahl., qui n'est pas rare, l'*Ephedia monostachya*, etc.

Le 16 juillet, dans la soirée, nous entrons par un fort joli bassin en forme de port dans la cité de Castelnaudary.

Le 17 juillet, dans la soirée, nous débarquons à Toulouse.

Le 21 juillet, nous partons en diligence pour Auch. Le premier village que nous traversons est Léguevin, où se termine le Languedoc et où commence la Gascogne ou plutôt l'Armagnac. Nous passons à l'Ile-en-Jourdain qu'environne une campagne admirable par sa riche culture. Ce pays est sans contredit le plus beau de tous ceux que nous avons vus dans le courant de notre voyage. Il est impossible d'imaginer un terrain plus varié dans ses productions que ce magnifique bassin arrosé par la Save. Combien l'aride patrie du triste olivier est loin d'offrir les charmes de ce pays ! Ici tout est agrément pour l'œil de l'observateur, tout est richesse pour l'agriculteur : de vastes prairies bordées de saules et où l'on voit de loin en loin briller l'onde de quelques ruisseaux, des champs de froment et de maïs forment la plaine au centre de laquelle est la petite cité de l'Ile-en-Jourdain ; des coteaux d'une pente douce, garnis de vignobles, couronnés de bosquets, couverts à leur base de bois très épais, souvent interrompus, limitent l'horizon de tous côtés.

Entre Toulouse et Gimont, je retrouvai, sur les bords de la route, le *Lotus hirsutus*, qui n'est pas moins abondant ici que sur les montagnes de Porquerolles où je l'avais rencontré pour la première fois ; les *Xeranthemum inapertum, Spartium junceum, Centaurea galactites*, y croissent aussi communément qu'en Provence.

Nous arrivons à Auch vers sept heures du soir. A l'entrée de la ville nous passons, sur un pont, le Gers, petite rivière qui donne son nom au département et qui actuellement est à sec. Le 23 juillet, en attendant ma valise et la précieuse caisse au Phormium, je me promène dans les champs patrimoniaux de Cremens.

Le lendemain, au lever du soleil, je monte à cheval, je traverse le bourg de Cazères, puis Grenade ; enfin, après quatre mois de pérégrinations, j'arrivai dans mes pénates, à Saint-Sever. Dans mon manuscrit de 1806, où j'ai revivifié mes impressions semi-séculaires, pour la connaissance détaillée des insectes et des plantes observés et recueillis dans le voyage, il y est fait mention de 326 insectes et 394 plantes.

Dès ma rentrée à Saint-Sever, je m'empressai d'organiser ma pratique médicale sous les auspices et d'après les conseils de mon père qui exerçait la médecine depuis plus de trente ans. Je consignai journellement, à son exemple, dans des cahiers particuliers, l'histoire abrégée de mes malades ; je continuai la statistique des observations météorologiques tenues par mon père et je donnai aux sciences naturelles, surtout à la botanique et à l'entomologie, les loisirs que me laissait la pratique de la médecine. En septembre 1807, je reçus la visite de mon illustre ami De Candolle, je fis avec lui plusieurs excursions botaniques : il vit pour la première fois le *Chêne cyprès* (Quercus fastigiata) : il en cueillit de nombreux échantillons, et, plus tard, je lui en expédiai des glands à Genève. Dans cette même année, un compagnon de mes excursions circumparisiennes, l'ami Régley, de Paris, vint aussi me voir : il se rendait comme minéralogiste aux *bituminières* de Gaujac et Bastennes sur les indications du directeur de la manufacture de porcelaine de Sèvres, Alexandre Brongniart ; il devait ensuite parcourir les Pyrénées qu'il n'avait jamais vues. Je n'ai pas oublié son étonnement à l'aspect de la chaîne de ces monts ; il ne pouvait pas croire à la réalité du spectacle si nouveau pour lui de cet immense barrière rocheuse qui ferme l'horizon au Midi et sépare la France de l'Espagne.

CHAPITRE V

MA CAMPAGNE MÉDICO-MILITAIRE

'EST au commencement de 1808, que mon ami, le docteur Bardol, médecin principal du corps d'observation des côtes de l'Océan, qui entrait en Espagne sous les ordres du maréchal Moncey, m'offrit de me faire obtenir l'emploi de médecin ordinaire au quartier général de ce corps d'armée.

J'étais loin de soupçonner alors que, sous le prétexte d'une expédition contre la citadelle anglaise de Gibraltar, nous allions allumer dans la péninsule une guerre aussi injuste que désastreuse. Mon âge, mon inclination particulière pour les voyages, le désir de parcourir un pays que sa position géographique rend un des plus intéressants de l'Europe, et dont l'histoire naturelle devait piquer vivement ma curiosité, l'espoir d'acquérir de nouvelles connaissances, enfin l'adhésion de ma famille à mon projet

7

me décidèrent à accepter l'offre de mon confrère militaire.

Mon intention fut d'abord de ne m'absenter que pour un an, mais une série de circonstances imprévues et inhérentes à la guerre, la tendance alors générale des esprits vers l'état militaire, l'habitude que je contractai d'observer et d'écrire malgré le bruit et l'instabilité des armes, l'amitié de quelques personnes haut placées qui favorisaient mes recherches, les succès constants de l'armée dans laquelle je servais, et, je l'avoue, une sorte d'indépendance m'enchaînèrent de plus en plus dans cette carrière tumultueuse que j'ai suivie pendant près de sept ans.

Dans la prévision que ma collection d'insectes, fruit de constantes recherches pendant plusieurs années, serait inévitablement condamnée à se détériorer et à se perdre durant une absence dont il était difficile de calculer la durée, je résolus de proposer à mon correspondant Jockisch, de Nuremberg, l'échange de cette collection contre des livres d'entomologie. Le naturaliste allemand accepta mon offre, c'est alors que ma bibliothèque s'enrichit du bel ouvrage, les *Fascicules de Panzer*, et des principaux livres descriptifs de Fabricius, de Duffschmith, etc.

Je pris aussi la résolution d'écrire chaque jour les observations de toutes sortes qui me paraîtraient intéressantes durant le cours de mes voyages, et j'adoptai, à cet effet, un plan que j'ai constamment suivi. Ces observations devant être de nature différente, je consignai dans des cahiers séparés celles qui concernaient en particulier l'histoire naturelle et la médecine. On trouvera dans ma bibliothèque un livre manuscrit relié, assez compact (480 pages), et rédigé avec soin, c'est le journal de cette sexennale pérégrination ; j'y ai consciencieusement inscrit et les circonstances qui me sont personnelles et les événements de l'armée où je servais, et la topographie des contrées parcourues : ce livre-journal a mérité la mention officieuse que j'inscris ici. Le général en chef de l'armée d'Aragon, Suchet, duc d'Albuféra, m'a demandé en communication ce manuscrit et l'a conservé pendant plusieurs mois pour la rédaction du rapport général de la campagne de son corps d'armée. Ce livre-journal est pour ainsi dire la deuxième édition de petits cahiers isolés ou réunis, dans lesquels je consignais jour par jour les faits historiques et les impressions premières, dans l'ordre de leur succession, des observations médicales, des descriptions d'hôpitaux, des missions officielles de service, etc. Tous ces matériaux ne sauraient être reproduits intégralement dans mon mémorial actuel. Mais, dans ma licence sénile qui m'invite à retracer les souvenirs d'antan, je me complais à y insérer de nombreux extraits de mon itinéraire.

Ces écrits, avec quelques paquets de plantes et des boîtes d'insectes, sont les seuls trophées de mes conquêtes espagnoles durant cette mémorable campagne ; ils n'ont coûté à qui que ce soit ni un reproche, ni une plainte, ni une larme. Comme le travailleur de la Bible, je les ai acquis à la sueur de mon front ; ni la rudesse du sol, ni l'inclémence du ciel, ni les dangers de tous les instants dans un pays où l'assassinat d'un Français était une œuvre patriotique, ni les sacrifices pécuniaires, rien n'a pu ébranler ma passion pour la science et ma fermeté dans l'accomplissement simultané de mes devoirs professionnels. Jeune, fortement trempé pour résister et à la fatigue des marches et à la chaleur du climat, j'étais d'une activité qui ne se démentit jamais et qui me préserva toujours de l'oisiveté et de l'ennui.

J'ai su braver, dans l'intérêt de mes convictions de science, les quolibets et le dédaigneux *Cui bono* de nos braves guerriers, mes amis. Mon poste au quartier général de l'armée me mettait en relations plus ou moins intimes avec les notabilités de nos hommes d'épée. Dans mes entretiens ou mes discussions avec Bugeaud, d'Esclaibes, Raffron, Valée, Suchet, Rogniat, Haxo, Henri, Harispe, Robert, Saint-Cyr Nugues, etc., tous officiers d'un mérite éminent, je défendais pied à pied ma thèse de médecin et de naturaliste ; je l'opposais avec quelque avantage à leur gymnastique militaire, à cette science belliqueuse consistant à tuer plus ou moins méthodiquement son semblable inconnu, en renversant par d'habiles manœuvres les murailles, les remparts pour les reconstruire sitôt après, à creuser d'infernales mines pour faire sauter des maisons et leurs innocents habitants, à porter le fer et le feu, le sac et le meurtre dans les villes et les villages, à tout détruire pour la rage de détruire, à devenir en définitive les instruments vulnérants, les catapultes vivantes de la politique ou de l'ambition d'un homme.

Le 22 mars 1808, je dis adieu à ma famille et je pars à cheval pour toutes les Espagnes. A peine eus-je franchi la frontière, au pont de la Bidassoa, qu'entraîné par le beau temps, par mon âge, par ma passion pour les recherches d'histoire naturelle, et par le mode de voyager à journées d'étape, je fis à pied les deux tiers de la route d'Irun à Madrid. Quel changement brusque et étonnant se fait remarquer à l'observateur expatrié ! A partir d'Irun, la première ville espagnole, il n'y a rien, absolument rien, ni au physique, ni au moral, qui ait le caractère français. Me voici dans la province basque la plus rude du Guipuscoa. Le premier objet qui frappe mes yeux en écorchant mes oreilles, ce sont les charrettes biscaïennes où l'art du charron est dans l'enfance. Ces charrettes sont extrêmement basses ; les roues sont des disques plats et minces qui ont à peine deux pieds et demi de diamètre ; leur contour est muni d'une virole de fer, point de moyeu, elles sont fixées à un axe transversal en bois qui passe sous la caisse de la charrette, et qui exécute les mouvements de rotation avec autant de lenteur que de difficulté. Les frottements produisent un bruit aigu, perçant, déchirant, comparable au son des clairons en désaccord, surtout lorsque plusieurs charrettes cheminent ensemble.

L'art de l'agriculteur est au niveau du charronnage. L'instrument du labourage n'est point une charrue, c'est tout simplement une fourche de fer appelée *laia*, dont le laboureur arme chacune de ses mains. Cette fourche est longue d'un pied et demi, tout à fait droite ; les deux branches qui la forment laissent entre elles un espace de quatre à cinq pouces. Ces deux branches se réunissent en haut et l'une d'elles est fléchie à angle droit au-dessous de la poignée. Cette courbure horizontale est destinée à recevoir le pied dont l'effort enfonce la fourche.

Voici comment se fait le labourage : ordinairement, trois ou quatre hommes sont rangés sur la même ligne ; ils sont armés chacun de deux fourches, ils les enfoncent tous en même temps et perpendiculairement dans le sol ; puis chacun d'eux lève une jambe, pose le pied sur la courbure horizontale, pousse la fourche ; ensuite ils se courbent pour enfoncer dans le sens horizontal l'autre fourche (sur laquelle ils n'ont pas mis le pied) sous la motte de terre qui est détachée ; enfin tous, d'un commun accord, font faire un demi-tour à la motte de manière que la surface herbeuse, au lieu de se trouver horizontalement, est dans un sens perpendiculaire et se recouvre de la terre des autres mottes qui la précèdent. Quatre hommes qui travaillent ainsi renversent en dix ou douze secondes une motte de terre qui a de quatre à cinq pieds de longueur sur neuf à dix pouces environ d'épaisseur. Dans la rue principale d'Irun, je remarquai les grillages ou jalousies dont les croisées et les balcons sont pourvus, et derrière lesquelles se tiennent les Espagnoles, pour voir sans être vues, et, dit-on aussi, pour tamiser leurs soupirs amoureux.

Je remarque aussi le changement de costume pour les hommes et pour les femmes. La coiffure des jeunes filles du peuple est originale ; leurs cheveux sont tout à fait redressés autour de la tête, comme dans la coiffure grecque, et se réunissent au sinciput d'où ils retombent en une longue tresse noire, onctueuse, qui se prolonge jusqu'au bas du dos ; toute la face est ainsi à découvert.

Les hommes sont tous vêtus de noir ou de brun, enveloppés jusqu'à la bouche par un manteau de même couleur ; leur tête est coiffée d'une espèce de casquette noire ou brune, se relevant sur le devant : on dirait une colonie de ramoneurs expatriés et nostalgiques. Ce sont d'assez beaux hommes s'ils avaient meilleure tenue.

On commence aussi à voir nombre de prêtres dont le chapeau est à vastes bords retroussés, et des femmes sortant de l'église enveloppées de la *mantille* nationale. Je visitai l'église, dont l'autel me parut un monceau d'or. Laissant sur la droite Fontarabie et Hendaye, nous passons à Oyarzun et Astigarraga et nous arrivons de nuit à Ernani, notre premier gîte d'étape, où je couche dans un grand sac de toile dont je me suis muni pour me mettre à l'abri des puces et des punaises qui infestent les habitations espagnoles.

Le Guipuscoa, dont nous traversons successivement les localités de Villabùena, Villafranca, Tolosa, Villaréal, Ansuela, Mondragon, Salinas, commence à Irun et finit à quelque distance de Vitoria. C'est un pays entièrement montueux : les vallées sont bien cultivées et assez populeuses ; les villages sont bien bâtis, en pierre : dans chacun d'eux, il y a un édifice affecté au jeu de paume et souvent d'une architecture élégante. La route qui traverse toute cette contrée est très remarquable, elle est digne des voies romaines, très solide, pourvue de chaque côté d'un trottoir formé par de larges pierres de taille : il y a aussi, d'espace en espace, des bornes, surtout au voisinage des précipices ; les ponts sont nombreux, tous construits solidement, en pierre. Dans les maisons, l'hygiène est complètement négligée ; l'écurie est ordinairement le premier appartement de la maison : il n'y a qu'une seule cheminée, c'est celle de la cuisine, elle mérite une description. Le foyer est un très grand carré élevé d'un pied au-dessus du sol ; le feu est établi au centre et on s'assied sur les bords ; la cheminée est une pyramide immense en bois faite dans le genre de celles de nos forgerons : elle reçoit toute la fumée qui ne se répand point dans la cuisine et les appartements adjacents ; la cuisine est vraiment inhabitable pour un Français, on est asphyxié par la fumée et nos estomacs sont révoltés par la manière dont on y prépare les mets. Le bétail y est en général de petite taille. Après la jolie ville de Vitoria, nous entrons dans la Vieille-Castille : à Miranda, nous traversons l'Ebro sur un beau pont en pierre et nous passons la nuit au triste village de Pancorvo qui est encaissé au milieu des rochers les plus affreusement déchirés. Là, mon palefroi me donna les plus vives inquiétudes, qui heureusement diminuèrent par la substitution de l'avoine à l'orge qui, avec la paille hachée, est la seule nourriture des chevaux en Espagne. A Briviesca, nous fûmes témoins d'un commencement d'émeute populaire. Dans la soirée du 4 avril, j'arrive à Burgos, capitale de la Vieille-Castille : toute la contrée de cette province est formée de collines généralement bien cultivées ; la plaine est absolument rase, sans arbres ni maisons, ce qui lui donne la ressemblance avec quelques parties de la Provence ; il n'y a guère que du froment et de l'orge, presque pas de vignes, malgré les conditions topographiques qui favoriseraient leur culture ; on laboure avec la charrue et des bœufs. La neige paraît encore sur la chaîne des monts Cantabres. L'ancienne capitale de la monarchie castillane est précédée d'une plaine immense comparable à la Crau de Provence, unie comme une glace, inculte, graveleuse, herbeuse, offrant quelques *chênes verts* épars çà et là et le *ciste à feuilles de laurier* : cette plaine est peuplée d'une si grande quantité de lapins qu'il suffit d'aller à la chasse au bâton pour en tuer plusieurs en quelques heures ; je rencontrai des soldats de la garnison de Burgos qui en rapportaient trois ou quatre chacun. Le vin, dans les localités parcourues jusqu'à présent, était noir avec un retour amer et nauséabond : on le conserve dans des outres en peau de chèvre : c'est par la combinaison des principes organiques de la peau avec le goudron qui la revêt que cette boisson contracte sa détestable saveur.

Burgos, où je séjournai vingt-quatre heures, m'a paru être une fort jolie ville, fort gaie, quoique place forte. La cathédrale gothique est surmontée de vingt-quatre

aiguilles très ornementées : l'intérieur de l'église est d'une
grande magnificence, les autels sont tous étincelants d'or
et d'argent. La ville est dominée par une forteresse située
au sommet d'un monticule. Le 6 avril, au lieu de suivre
la grande route qui conduit à Madrid par Valladolid, je
pris celle plus directe qui passe à Aranda de Duero : ce
chemin de traverse parcourt un pays en général désert,
inculte et des plus arides; cependant les environs de
Lerma, arrosés par la rivière de l'Arlanza, offrent un bassin
assez fertile, de même que les bords du Duero, près
d'Aranda. Les défilés montueux où l'on s'engage après
avoir quitté les vignobles qui avoisinent Aranda sont, en
quelques endroits, peuplés de *genévriers phéniciens* (Juniperus
phœnicea) dont la taille gigantesque m'en imposa d'abord
pour des *cyprès* ou des *thuyas de la Chine :* j'en ai vu dont
la cime pyramidale s'élevait à 15 ou 20 pieds et dont le
tronc avait 12 à 15 pouces de diamètre. On ne saurait se
faire une idée de l'extrême âpreté de tout ce pays ; les bour-
gades rares qu'on y rencontre présentent l'aspect le plus
pauvre, le plus sinistre ; on traverse par le col ou Puerto
de Somo-Sierra la grande chaîne granitique de ce nom qui
sépare les deux Castilles. Je frémis quand je songe à combien de malheureux Français a été fatale cette gorge longue
et étroite que termine un village des plus sombres. Lors
de mon passage dans ces lieux sauvages, la guerre n'avait
pas encore éclaté : je fus logé chez un pauvre laboureur
qui me fit bon accueil.

Aussitôt qu'on a franchi Somo-Sierra, on entre dans la
Nouvelle-Castille; une végétation plus avancée y annonce
une température plus élevée que dans les pays déjà parcourus : ce changement d'aspect est pleinement expliqué

par la direction de la Sierra Guadarrama qui réfléchit de ce côté les influences australes. Au village de Buytrago, je rencontrai les équipages du roi d'Espagne; S. M. C. arriva deux heures après moi, venant de Madrid : je me trouvai logé tout à côté de la maison fort bourgeoise qui lui servit de palais ; sa voiture, fort mesquine, était attelée de mules blanches. Le roi alla à l'église après son dîner : il était vêtu en uniforme des gardes du corps, taille moyenne, barbe noire, regard triste, physionomie de bonté. Entre Buytrago et Cavanilla, il y a des montagnes granitiques qui me parurent fort remarquables par des amas de blocs énormes entassés pêle-mêle et très souvent arrondis. Les environs de Saint-Augustin offrent des coteaux assez riches de culture; mais, au delà, toute la campagne jusqu'à Madrid est absolument rase, monticuleuse, sans arbres ni arbrisseaux, presque sans habitations: je suis surtout surpris de ne pas rencontrer des oliviers sur un sol qui serait très favorable à leur culture. Quand on aperçoit Madrid, on est frappé de la multitude de ses clochers : j'en comptai soixante-huit bien distincts. A Chammartin, tout près de la ville, il y avait un camp français de 8,000 à 10,000 hommes; aux portes de la ville et dans plusieurs rues je rencontre des sentinelles françaises : on se croirait moins en Espagne qu'en France. C'était le 12 avril, j'étais harassé lorsqu'après ma visite officielle au commandant de la place et au commissaire des guerres, j'aboutis à un logement très convenable calle Angosta San-Bernardo, n° 52. J'y fus très bien accueilli par mes hôtes et j'y demeurai les quatre mois de mon séjour dans la capitale de l'Espagne.

Le 14 avril, malgré ma lassitude extrême et un peu de fièvre, je ne pouvais pas laisser passer un jeudi saint à Madrid sans aller visiter quelques églises, et en particulier celle de San-Basilio; elle est d'une élégance extraordinaire; j'admirai surtout la musique à grand orchestre, vocal et instrumental, et, parmi les voix des chanteurs, je distinguai un timbre clair et argentin que je croyais appartenir à des voix féminines; j'appris que ces voix étaient celles d'individus qu'on a mutilés dans leur enfance. Le jeudi saint on ne voit circuler aucune voiture dans les rues, ni dans les promenades; la famille royale elle-même marche à pied ce jour-là, et la foule est partout prodigieuse.

Mon chef et ami M. Bardol m'avait attaché à son bureau comme secrétaire, et je lui reprochais souvent de faire de moi un *homme d'état;* j'étais chargé en même temps, au grand hôpital d'Atocha, du service journalier de la salle des officiers; malgré ces occupations et ces devoirs, je trouvais encore du temps pour faire de fréquentes excursions soit pour la botanique avec le célèbre professeur Don Marino Lagasca qui devint mon ami, soit pour l'entomologie avec M. Moncarel, secrétaire du général Humbert Dumolar.

Le 17, je me rendis au Prado, pour voir passer la revue des troupes françaises, par Murat, grand-duc de Berg, au milieu d'un affluence considérable des Espagnols. Le Prado, ainsi nommé parce que c'était autrefois une prairie, est une grande et belle promenade qui occupe tout le côté oriental de Madrid et où aboutissent les trois principales rues; il y a plusieurs allées d'ormeaux et, dans le milieu, une espace fort large appelé *salon*, dont l'entrée est interdite aux chevaux; on y remarque trois belles fontaines avec bassins, Cybèle, Apollon et Neptune; ces bassins fournissent l'eau pour l'arrosage du pied des ormeaux.

Le 21, j'allai faire visite à deux notabilités botaniques de Madrid, Ruiz et Pavon, les savants auteurs de la *Flora peruviana*, à laquelle ils travaillent avec ardeur et dont ils me montrèrent les riches dessins coloriés, ainsi que ceux d'une monographie des quinquinas renfermant des espèces nouvelles.

Ce même jour, je passai plusieurs heures chez le professeur Lagasca. Pendant que nous étions occupés à feuilleter ensemble son herbier, un militaire de ses amis entre comme un fou, et, animé de la plus vive indignation, il annonce que, pendant la nuit dernière, Godoy, le prince de la Paix, a été enlevé de sa prison par des émissaires français et qu'il s'achemine vers la France. Cette nouvelle jeta d'abord Lagasca dans la stupéfaction ; mais bientôt cet homme de science se transforme en un énergumène furieux ; jamais je ne vis un changement de manière d'être aussi subit et aussi extraordinaire ; il n'est pas d'imprécations, pas d'insultes, même les plus grossières, qu'il ne vomît contre Murat et contre Napoléon, s'exprimant tantôt en latin, tantôt en espagnol ; il pronostiquait les événements les plus funestes pour les Français, et je songeais *in pe'to* que s'il fallait juger des autres Espagnols par ces deux patriotes, nous aurions réellement tout à craindre. Malgré sa fureur, il n'oublia point que j'étais botaniste : il m'offrit un asile chez lui en cas d'événement et vint m'accompagner à mon domicile. La nouvelle se confirme, les esprits s'échauffent, des groupes nombreux se forment à la Puerta del Sol ; on a triplé les patrouilles, toutes les troupes françaises sont sous les armes, le grand-duc a trois compagnies devant la porte de son hôtel ; ce même jour, on affiche partout l'entrevue amicale de Ferdinand et de

Napoléon à Bayonne; aucun Espagnol ne croit à la sincérité de cette entrevue ; on croit généralement que le roi Ferdinand est prisonnier de l'Empereur et que l'on veut soustraire Godoy à la vengeance nationale. Le capitaine Ferrero m'a raconté en détail les événements de cette révolution du palais à Aranjuez. Voici le récit que j'ai consigné dans mon journal itinéraire :

« Depuis longtemps Godoy était abhorré des Espagnols ; sa conduite antipatriotique avait excité l'indignation universelle : usurpateur de l'autorité monarchique sous la faveur du faible roi Charles IV et de la reine Marie-Louise, il avait ruiné le royaume et fait une fortune colossale. Le bruit se répandit que le Roi avec toute sa famille allait se rendre à Cadix et s'embarquer pour l'Amérique d'après le conseil de Godoy qui leur disait que Madrid était en insurrection. Les gardes du corps formèrent le projet de s'opposer à ce départ; ils convinrent d'investir le palais et de se réunir en un lieu désigné, au signal donné par des trompettes se correspondant de l'intérieur du palais. Au quatrième jour de la convention, un garde annonce par la fenêtre que la Reine était sortie avec Godoy (ce qui était faux) ; les signaux sont donnés, on se porte en foule au point de railliement; la garde de la maison de Godoy est forcée ; le capitaine général s'enfuit et se cache dans un galetas ; on le cherche longtemps, on le trouve, on s'en empare; il eût été promptement mis en pièces, si la Reine, prévenue à temps de cet événement, n'eût aussitôt déterminé le Roi à envoyer le prince des Asturies pour arrêter la fureur du peuple et sauver les jours de son favori. Ferdinand accourt, refuse au peuple la victime qu'il demande à grands cris et promet sur sa tête que Godoy sera maintenu en prison et qu'on instruira son procès. Le Roi avait assemblé son conseil et les ministres d'État; il déclare qu'il veut abandonner les rênes du gouvernement et il abdique la couronne en faveur de son fils, le prince des Asturies. Celui-ci fut donc proclamé roi d'Espagne, à la grande satisfaction du peuple (18 mars 1808). Ferdinand fit son entrée à Madrid le lendemain de l'arrivée de nos troupes; il se hâta d'envoyer des ambassadeurs en France et il ne tarda pas à partir lui-même pour aller à la rencontre de Napoléon. Ce voyage est regardé par la politique de la capitale comme fort imprudent et inconséquent. A Vitoria, au moment où Ferdinand partait pour continuer sa route vers la France, il se vit obligé d'user d'autorité pour quitter cette ville. On dit aujourd'hui que Charles IV et Marie-Louise sont partis pour aller au-devant de l'Empereur; l'opinion publique à Madrid est fort inquiète. »

27 avril. — Je monte à cheval et je vais visiter les camps qui sont aux environs de Madrid. Il y en a trois : 1° le *camp de Casa del Campo*, à l'ouest de la ville, sur le revers nord-est d'un coteau dont la base est presque baignée par le Manzanarès, pays absolument inculte, destiné autrefois aux chasses royales et formé d'un terrain mêlé de sable et de cailloux; ce camp est abrité du sud-ouest par le coteau sur lequel il est établi; les tentes en toile sont divisées en plusieurs groupes, il contient sept à huit mille hommes. La chaîne de Guadarrama termine l'horizon au nord, à sept ou huit lieues de distance; son exposition aux émanations des marais placés dans le voisinage du Manzanarès justifie la réputation d'insalubrité que lui attribuent les habitants de Madrid; les fièvres intermittentes y sont fréquentes. 2° Le *camp du Pardo*, à une lieue nord-nord-ouest de la

ville, près de la route qui mène à la résidence royale du
Pardo, sur le revers occidental d'un coteau; son voisinage
est peuplé de chênes verts, tout près du Manzanarès; les
tentes sont construites avec des branchages de chênes verts
et de genêts; elles sont disposées sur deux rangs et paraissent trop rapprochées les unes des autres; l'effectif de ce
camp est de quatre mille hommes. 3° Le *camp de Chammartin*, à une lieue est de Madrid, au milieu d'une plaine
cultivée absolument rase, près du village dont il porte le
nom; pas de rivière dans le voisinage; le sol est sec et graveleux, les tentes en toile sont suffisamment espacées,
effectif dix mille hommes. Aujourd'hui un aide de camp
du grand-duc a passé son épée au travers du corps d'un
Espagnol qui menaçait de le poignarder; il y a deux jours,
un savetier, que les Espagnols disent être fou, a poignardé
en plein jour et sur la rue un officier et deux soldats français. Notre position devient plus critique de jour en jour; les
Madritains nous voient de très mauvais œil; la Puerta del
Sol est du matin au soir obstruée par des groupes de politiques inquiets que la cocarde française offusque singulièrement.

2 mai. — Jour de l'émeute contre les Français.

Vers dix heures du matin, j'étais chez M. Bardol avec
mon collègue Dupetit, lorsqu'on vient nous annoncer qu'il
y a un soulèvement général de la populace de Madrid et
qu'on se bat dans les rues; bientôt des explosions répétées
d'armes à feu ne confirment que trop cette grave nouvelle.
On entend dans la rue les portes se fermer, tout le monde
fuir, une cohue épouvantable. Notre confrère Roch arrive
et nous raconte que, passant par une rue, deux Espagnols
ont fondu sur lui un poignard à la main et que, sans la

menace défensive de son grand sabre et l'aide d'une patrouille française, il aurait été victime de ces assassins. Nous n'avions d'autres armes qu'un sabre, une épée, un couteau et une paire de mauvais pistolets; notre position était d'autant plus fâcheuse que nous avions à nous méfier du maître de la maison, et surtout de la *senora* qui détestait les Français et dont les vociférations étaient féroces. Ils faisaient dépaver l'écurie dans l'intention probable d'assommer les Français avec les cailloux.

Après trois heures de pénible incertitude, nous sommes informés par notre hôte que tout est calme et que nous pouvons gagner sans crainte nos logements respectifs. J'ai souvent pensé que ce rude patriote voulait nous perdre; j'étais en bourgeois et j'avais le chapeau rond; espérant que je pourrais passer pour un Espagnol, je me hasarde à sortir et je me sépare de mes confrères qui allaient dans un quartier opposé au mien. Quel fut mon étonnement de trouver les rues absolument désertes! Toutes les portes et fenêtres des maisons étaient fermées. On voyait quelques personnes aux balcons, les unes attirées par une curiosité féroce, les autres par la malveillance, car elles jetaient des pierres et des tuiles sur les Français.

J'entre dans la rue Funcaral, une des plus populeuses : je regarde à droite et à gauche, elle est aussi déserte que les autres. Sur la place Saint-Louis, que j'avais laissée le matin encombrée de marchands et dont les boutiques étaient fermées, ma position devint très critique. Je vois, devant et derrière moi, des troupes françaises qui me crient : *Entrez*, et, en même temps, me tirent des coups de fusil. Le ronflement des balles vint pour la première fois frapper de fort près mon tympan; où entrer, lorsque toutes les portes sont fermées? Je me tapis un moment derrière une baraque et je maudis mon chapeau rond qui devait me préserver des projectiles espagnols. Je courus au hasard me réfugier dans un corps de garde, fort incertain si je devais garder l'incognito ; après un quart d'heure de silence, j'échangeai quelques mots avec l'officier qui n'était pas plus tranquille que moi ; en attendant les événements, je parcourus quelques pages d'un volume des *Pensées de madame Necker* qui se trouvait sur la table du corps de garde.

Vers deux heures, les troupes françaises affluèrent de toutes parts en tiraillant dans les rues et bientôt le calme se rétablit ; j'en profitai pour me rendre à mon logis. En passant à la rue Montera, je vis plusieurs morts sur le pavé ; j'étais arrivé à cinquante pas de ma maison, lorsque j'entends encore le cri « Entrez ! » et j'aperçois en même temps des soldats qui me couchent en joue ; je me colle promptement dans l'embrasure d'une porte et, fatigué de ma position extraordinairement verticale, je crie aux soldats que je suis Français ; j'appelle mon hôte Guillerme, qui heureusement me reconnut, m'ouvrit la porte de sa maison et la referma aussitôt. Vers six heures, je sortis avec G... : des postes français étaient placés de distance en distance pour exercer la police et maintenir l'ordre ; ils obligeaient tous les Espagnols à quitter leurs manteaux et à les porter sur le bras ; ils les fouillent et arrêtent ceux qui ont des armes. La Puerta del Sol, qui avait été le principal centre de l'émeute, est maintenant occupée par des troupes françaises et trois pièces d'artillerie.

Cette insurrection avait été fomentée par la plus basse classe du peuple, avec complicité de paysans des environs ; elle avait commencé à la porte Santa-Barbara, à l'occasion

du départ de la reine d'Étrurie et de l'Infant. Le peuple se
porta ensuite devant le Palais, à la place Mayor et à la Puerta
del Sol, s'empara de l'arsenal, traîna quatre canons dans la
rue et fit feu plusieurs fois. Le général Lefranc débusqua
les insurgés de l'arsenal après avoir été repoussé deux fois
et légèrement blessé ; il s'en rendit maître en tuant de son
épée un officier espagnol qui voulait lui en défendre l'entrée ; de la Puerta del Sol, les Français tirèrent à mitraille
dans la rue Alcala qui était pleine de révoltés. Les militaires espagnols ne prirent pas part à l'émeute ; les prêtres
ont beaucoup contribué à exciter la populace.

Les mamelouks se sont conduits avec une férocité épouvantable ; ils sont entrés dans plusieurs maisons, où ils ont
pillé, massacré... Le lendemain de l'émeute, on a fusillé
beaucoup d'Espagnols au Prado, parmi lesquels dix-huit
prêtres : on porte à 1,500 le nombre des morts et des
fusillés. Un ordre du jour, signé par le grand-duc, condamne
à être passés par les armes tous les Espagnols non militaires
que l'on trouverait armés ; les maîtres sont rendus respon-
sables de leurs valets, les supérieurs de couvents de leurs
moines ; tout rassemblement de plus de huit hommes sera
dissipé à coups de fusil, tout village où l'on assassinera un
Français sera livré aux flammes.

Dès ce moment, la situation respective des Espagnols et
des Français devint de jour en jour plus difficile, plus péril-
leuse. Le grand-duc de Berg, proclamé lieutenant général
de l'Espagne, auquel on eut l'imprudence de confier provisoirement la direction des affaires politiques, et dont le
véritable poste était à la tête d'une division de cavalerie sur
les champs de bataille, Murat fit preuve d'une incapacité
notoire dont nous eûmes bientôt à subir les déplorables

conséquences. Plus occupé de ses plaisirs et du faste de ses
revues militaires au Prado que de la situation volcanique
qu'il ne soupçonnait point, il eut le tort immense de blesser l'amour-propre des grands d'Espagne et des hommes
recommandables qui détenaient les fonctions de la haute
administration ; il les traitait si cavalièrement qu'il osait leur
faire faire antichambre au palais qu'il habitait : aussi, tous
ces fiers Castillans désertèrent-ils Madrid pour gagner les
provinces méridionales, où ils organisèrent l'insurrection
et appelèrent à eux les forces militaires nationales. La capitale ne tarda pas à être inondée d'écrits qui provoquaient
l'émigration et la guerre contre les Français ; ces écrits
atteignirent leur but et Madrid se dépeuplait sous nos yeux
du soir au lendemain ; les postes espagnols désertaient.
Avant cette émigration, le maréchal Moncey, à la tête
d'une forte division, était parti pour réprimer l'insurrection
à Valence ; les bruits les plus sinistres couraient sur son
compte. A Madrid, l'autorité militaire prenait d'énergiques
mesures pour la défense; on fortifiait à la hâte le Retiro
pour y cantonner nos troupes; de toutes parts, auprès
comme au loin, éclataient les symptômes d'une conflagra-
tion.

28 mai. — J'assiste avec tout le corps médical de l'armée
aux funérailles du chirurgien principal, Talavere, mort au
dixième jour d'une fièvre d'hôpital (ataxique).

19 juin. — Nous recevons à l'hôpital général des blessés
évacués de l'armée d'Andalousie ; ils disent avoir rencontré
beaucoup de soldats et des officiers assassinés sur la route.
Le général René, d'une division opérant dans la Manche
(Nouvelle-Castille), a été massacré et horriblement mutilé :
un commissaire des guerres aurait été scié entre deux plan-

ches. Tous les courriers envoyés à l'armée de Valence sont arrêtés et tués.

10 juillet. — Le feu a pris dans un magasin de bois, au voisinage de l'hôpital ; malgré l'extension alarmante de l'incendie vers les maisons du quartier, les Espagnols restaient spectateurs inertes ; à soixante pas d'un magasin embrasé, ils étaient tranquillement assis devant leurs portes, et il fallut employer la force pour les contraindre au service des pompes ; le feu a duré toute la journée.

20 juillet. — J'assiste à l'entrée de Joseph Napoléon, nommé *ex abrupto* roi d'Espagne et des Indes. Depuis la porte des Recoletos jusqu'au Palais-Royal, nos troupes sont sous les armes ; des canonniers sont à leurs pièces, mèche allumée ; les boutiques, portes et fenêtres des rues par lesquelles le cortège doit passer sont hermétiquement fermées ; il n'y a de tentures de tapisseries qu'aux édifices publics. A six heures, une salve de coups de canon annonce l'arrivée du Roi : un brillant état-major précède la voiture dans laquelle il était seul, une cavalerie superbe l'escortait ; quelques voix françaises ont crié : « Vive le roi ! » Il n'y eut pas un seul « *Viva el rey !* »

23 juillet. — Depuis l'arrivée du Roi, l'émigration des habitants a encore augmenté ; les moines font courir le bruit que les insurgés vont entrer dans Madrid et que les patriotes doivent se rendre dans les provinces pour s'armer contre l'étranger qui veut détruire la religion. Le soir, comme je me promenais au Prado avec mon hôte, le maréchal Moncey, avec son état-major, fit sa rentrée à la tête de la cavalerie ; G... venait de m'assurer que le maréchal était prisonnier dans Valence avec son armée.

27 juillet.—Une course de taureaux à Madrid. Ce spectacle véritablement barbare devrait disparaître de l'Europe. Tous les Français qui l'ont vu en ont eu horreur; mais il est goûté avec une telle avidité par les Espagnols, que les gens du peuple vendraient jusqu'à leur chemise pour y assister; la preuve de cette passion, c'est leur affluence au Cirque dans les circonstances politiques actuelles. Hier et avant-hier, à l'occasion de la proclamation du nouveau Roi, il y a eu des représentations gratuites sur tous les théâtres de la ville : aucun Espagnol ne s'y est présenté; aujourd'hui on paye pour voir la course, ils y accourent tous. Le Roi Charles III avait aboli ce genre de spectacle, bien convaincu de l'influence funeste qu'exercent sur le moral du peuple ces combats sanglants.

L'édifice destiné à la course, Coliseo de los Toros, est situé hors ville, tout près de la magnifique porte Alcala; il est circulaire et construit sur le modèle des arènes antiques; il peut contenir 10,000 spectateurs. Autour de l'arène, une palissade en bois, haute de cinq pieds, interrompue d'espace en espace par des ouvertures étroites, constitue un refuge pour les toréadors, qui peuvent poser un pied sur un rebord saillant à dix-huit pouces du sol et franchir la palissade, derrière laquelle est un étroit corridor. Le premier amphithéâtre, qui est découvert, est suffisamment élevé au-dessus de l'arène pour que les spectateurs n'aient rien à craindre; là sont les places dont le tarif est le moins cher; il est en bois. L'étable pour les taureaux et les écuries pour les chevaux sont placés sous cet amphithéâtre, en divers points de l'arène. Un second amphithéâtre couvert est destiné aux spectateurs de la classe bourgeoise et dominé par une galerie circulaire réservée à la famille royale et aux grands personnages. L'exécution de ce divertissement national comprend plusieurs phases.

L'*alguazil mayor*, accompagné de six sergents de ville, montés sur des chevaux élégamment harnachés, entre dans l'arène, ordonne à tout le monde d'en sortir pour n'y laisser que les *toreadors* ou *toreros;* il sort avec sa suite, et les portes de l'arène se ferment. Les trompettes jouent une courte fanfare ; un taureau, que l'on a préalablement aiguillonné dans l'étable, s'élance dans le cirque : ces animaux sont grands, noirs, vigoureux, presque lourds, armés de longues cornes peu recourbées ; ils sont entièrement libres dans l'enceinte, dont ils ne peuvent pas sortir. Trois hommes à cheval, les *picadores*, se présentent; leur costume est particulier : un chapeau blanchâtre, plat et rond, est posé sur leur tête et maintenu au moyen d'un ruban qui passe sous le menton; leur tronc est enveloppé d'une veste ou plutôt d'un gilet boutonné en forme d'armure ; ils ont des culottes de peau, et leurs jambes sont revêtues de plaques de fer qui les protègent contre les coups de corne ; ils sont pour ainsi dire enchâssés dans la selle, dont le pommeau et le troussequin sont très élevés au-dessus du siège ; les étriers sont en forme de sabots. Les chevaux sont de véritables rossinantes condamnées à mort; on leur bande souvent les yeux parce qu'ils reculent à l'aspect du taureau. Le picador est armé d'une lance dite *garocha*, longue de plus de neuf pieds ; son adresse consiste, lorsque le taureau fond sur le cheval, à le détourner en appuyant fortement le fer de la lance sur le cou de l'animal; s'il manque son coup et si le taureau revient à la charge, la pauvre rossinante en devient ordinairement la victime, et bientôt ses boyaux font saillie hors du ventre jusqu'à terre. Cet accident, horrible à voir, ne suffit pas pour que le cheval soit mis hors de combat : le picador continue à courir dans l'arène pour piquer le taureau, jusqu'à ce que le cheval tombe de douleur et périsse. Lorsque le taureau a été lardé de blessures qui font ruisseler le sang, la trompette sonne; les picadors sont remplacés par de nombreux *banderilleros* qui entrent en scène.

Ceux-ci, ainsi nommés parce qu'ils tiennent un drapeau à la main droite, correspondent à nos *écarteurs* landais; leur costume, tout en soie, est fort élégant; leurs cheveux, relevés sur le front, sont réunis par derrière en une longue tresse retroussée et fixée sur le milieu de la tête au moyen d'une rosette de ruban noir. Ces hommes sont en général fort bien pris et très lestes; leur drapeau est rouge; ils le déploient pour exciter le taureau à les poursuivre, et le lui jettent sur les yeux lorsqu'ils se sentent suivis de trop près; ils font des écarts et évitent les cornes en franchissant les palissades ou en s'esquivant par les ouvertures que j'ai mentionnées. Après ce jeu de drapeau, les banderilleros arment leurs mains de courtes lances ornées de papier frisé et tâchent de les fixer sur le cou de l'animal. Irrité par la présence de ces traits, qui sont quelquefois au nombre de huit ou dix, le taureau galope, bondit dans l'arène pour s'en débarrasser : ces lances sont parfois munies de fusées et de pétards au phosphore; elles prennent feu en pénétrant dans la peau de l'animal, qui devient furieux. On augmente encore sa fureur et ses tourments en lâchant des dogues qui s'accrochent à ses oreilles. Enfin, la trompette sonne le signal de la mort; le *matador* ou *espada*, vêtu d'un riche costume brodé en or sur toutes les coutures, s'avance seul dans l'enceinte : de la main gauche il tient le drapeau rouge;

varre : honneur et gratitude à la foi castillane qui était
bien méritoire, car il y avait peine de mort contre les recé-
leurs d'objets français. Mes collègues, Dupetit, Roch, et
moi, nous avions acheté en commun une vieille mule, ma-
crodonte au suprême degré ; au troisième jour de marche,
elle s'abattit pour ne plus se relever. Je mis ma valise sur
la charrette d'un cantinier ou d'un juif et je repris toute
mon indépendance. Je voyageais philosophiquement et
gaiement à pied, passant la nuit à la belle étoile sur et sous
les gerbes qui étaient alors entassées dans les champs, re-
nonçant aux rations à cause de l'embarras d'aller les prendre, achetant par-ci par-là quelques vivres que je dévorais
résolument, heureux d'avoir, en cette occurrence, jeunesse,
santé et amour des recherches d'histoire naturelle. Un por-
tefeuille pectoral recevait des bouts de plantes destinées à
devenir historiques ; le fond de mon chapeau était doublé
d'une rondelle de liège où je piquais les insectes, et mon
crayon, toujours actif, inscrivait sur un carnet mes impressions à chaque gîte d'étape.

Cette retraite si précipitée, si désordonnée, était un spectacle bien nouveau pour l'observateur ; cette étrange procession hétérogène, hétéromorphe, hétéroclite, hétérodoxe
de fuyards de tous les âges, de tous les sexes, de tous les
costumes, de toutes les conditions, offrait bien son côté
plaisant, sérieux et pittoresque. Ces voitures d'espèces si
dissemblables, dont quelques-unes n'avaient pas servi depuis des années et ne tardèrent pas à subir des avaries ; ces
chevaux, dignes descendants de Rossinante, que l'on voyait
tomber en syncope et y rester comme notre mule ; des
bagages mal assujettis, valises, corbeilles, cages à poules,
paquets de linge, ustensiles de cuisine, tout cela se balan-

çant sur les points d'attache et faisant présager leur instabilité et leur chute ; et ces soldats à la débandade, convalescents des hôpitaux, en proie à l'épidémie de pillage, de sac et de rapine qu'on ne cherche point à réprimer ; ces physionomies tristes, épouvantées, contractées, rarement gaies ou inexpressives ; ces scènes originales s'improvisant aux haltes entre acteurs inconnus auxquels la communauté d'infortune donnait le droit de narrer, à feux croisés, aventures, impressions, cancans, mensonges ou broderies ; ces groupes bigarrés où le froid observateur pouvait démêler des modistes à l'œil vif et quêteur, des négociants au regard sombre, de pauvres ouvriers pelés, des bourgeois aux habits étriqués et poudreux, des valets dissimulant leur condition, des Israélites à l'affût de tout brocantage, des cantinières offrant à tous la goutte d'eau-de-vie ; en un mot, c'était une macédoine humaine pouvant fournir une étude de mœurs à qui aurait patience et verbe. Vicissitudes humaines ! Il y a quatre mois, le 10 avril, j'étais à Buytrago, lorsque Ferdinand VII, roi d'Espagne et des Indes depuis quelques semaines, y fit halte, se rendant à Bayonne, amorcé, attiré par l'aimant de la politique napoléonienne ; aujourd'hui, 2 août, les hasards d'une retraite précipitée me ramènent à Buytrago et je vois, à la même heure, au même balcon, Joseph Napoléon, roi d'Espagne et des Indes depuis moins d'un mois, tout couvert, ainsi que son escorte, d'une poussière qui était loin de mériter l'épithète de noble, puisqu'on était en fuite vers Bayonne.

Nos soldats, malgré la marche de retraite, brisent, pillent, tuent sans pitié ; l'épouvante les précède, la destruction les accompagne, la haine et le désir de la vengeance les suivent. Les paysans ruinés et maltraités vont se réfugier dans les montagnes et se vengent sur les soldats isolés ; dans une gorge de Somo-Sierra, on a trouvé sur la route cinq cuirasses et plus bas les cadavres des cuirassiers. La chaleur est étouffante, le pays que nous traversons est d'une sécheresse, d'une aridité affreuse : pas un seul ruisseau, pas une fontaine ; au bivouac de Somo-Sierra, je passai la nuit sur la dure avec le général Humbert Dumolar qui me régala d'un morceau de pain et de fromage. A Aranda del Duero, nous fûmes obligés de laisser à l'hôpital civil notre chirurgien principal, M. Laugier, atteint d'un typhus grave auquel il succomba peu de jours après.

Le 9 août, par une belle matinée, étant à Lerma, je me hasardai à explorer tout seul les monticules voisins de la ville. Dans un instant de halte, j'aperçus des paysans qui me regardaient et suivaient mes mouvements ; quoique peu rassuré de cette rencontre, je ne perdis point contenance et, après mûre réflexion, je poursuivis mes recherches, un paquet de plantes à la main, et je me dirigeai vers eux. Je les abordai avec franchise et je me déclarai médecin français cherchant des plantes comme remèdes : je savais qu'en général les Espagnols estiment les médecins. Ils me firent beaucoup de questions sur les événements du jour ; je mis de la prudence et de la diplomatie dans mes réponses ; je dissipai les mauvaises pensées qu'ils auraient pu avoir à l'aspect d'un Français isolé. Occupés à moissonner de l'orge, ils m'offrirent de partager leur rustique déjeuner ; je refusai sans les blesser et je revins à Lerma où je fus, non sans raison, bien grondé par mes confrères.

Dans les souvenirs de cette retraite aux épisodes si variés, je me plais à rappeler une rencontre qui fut pour moi le commencement de relations amicales avec un officier devenu cèlèbre dans nos fastes militaires. Aux approches de Burgos, je cheminais isolément sur un côté de la route, tandis que, de l'autre côté, marchait parallèlement à moi un jeune lieutenant d'infanterie, bien planté, d'un blond roux vif, figure gravelée ; nous nous rapprochâmes et, mus par un sentiment de curiosité bien naturelle, nous nous demandâmes réciproquement notre lieu de naissance. Sa patrie était Excideuil ; il s'appelait Bugeaud. Quand je prononçai le nom de Saint-Sever, il me dit qu'une de ses sœurs s'y était mariée avec un officier de hussards, M. D'Orthez. Dès ce moment, la connaissance mutuelle fut cimentée ; et chaque jour nous nous retrouvions avec plaisir. Je parlerai ailleurs de cet illustre guerrier.

A Pancorvo, je rencontre M. Gorcy et le payeur général de l'armée, M. Crochard, qui voulurent escalader avec moi les rochers lacérés de ce lieu inexploré par les botanistes. J'atteignis seul le sommet culminant d'où la vue s'étend au loin sur des vallons cultivés et encaissés au milieu de chaînes rocheuses remarquables par leurs découpures.

Le 14 août, j'arrivai à Vitoria où un séjour d'une semaine me permit de me restaurer et de m'habiller de pied en cap. M. Bardol nous quitte pour rentrer en France provisoirement. L'expédition de Valence et la retraite de Madrid l'ont fortement ébranlé au physique et au moral ; notre corps médical se trouve ainsi réduit à la trinité de Roch, Dupetit et moi, sous la direction du doyen du service Dupetit.

Le 23 août, ordre de départ pour la Navarre, où notre corps d'armée doit se concentrer pour y attendre une nouvelle destination. Après Lapuebla et Larminon, nous quittons la route royale pour courir un peu les aventures ;

nous faisons halte à Estavilla, et, dès l'aurore du 24, je suivis une colonne qui se rendait à Haro ; on traverse une plaine bien cultivée jusqu'à Sembrana ; on longe des montagnes, couvertes de chênes verts, et dont l'une est dominée par l'ermitage de San-Fermero. On se rapproche des rives de l'Èbre, on traverse le défilé dit la *Concha ;* une demi-heure avant d'arriver à Haro, on traverse l'Èbre sur le beau pont de Brignes. Le 29, je rejoins enfin le quartier général et le roi à Logrono. J'y séjourne par ordre jusqu'au 14 septembre, pour assurer le service de l'hôpital provisoire que j'organisai sous la direction du célèbre chirurgien Larrey, que j'avais déjà connu à Madrid, et d'un commissaire des guerres.

Logrono est une ville de 7 à 8,000 âmes, située sur la rive droite de l'Èbre, dans la petite province de la Rioja, aux confins de la Navarre et du Guipuscoa ; elle est entourée de beaucoup de jardins, la campagne abonde en grains et en fruits ; pont en pierre sur l'Èbre.

Ayant remis à un médecin civil le service de l'hôpital, dont les malades ont beaucoup diminué par suite d'évacuations successives sur Pampelune, je pars pour Lodosa où je suis logé, bien traité, chez l'apothicaire. De ce gros bourg où il y a des jardins, un beau moulin sur l'Èbre, un aqueduc, nous gagnons le village d'Andocilla en traversant un pays montueux, sec, stérile, inhabité : toutes les maisons de ce village sont en terre, à l'exception de l'église, qui est en briques ; les habitants ont mauvaise mine ; les fièvres intermittentes y sont endémiques.

A Peralta, je rejoins le quartier général de mon corps d'armée, le 16 septembre. C'est la patrie des vins dits de *Rancio ;* séjour jusqu'au 23. Je visitai, à Funes, une mine de sel assez abondante pour pourvoir à la consommation d'une grande partie de la Navarre. A Taalla, on attendit jusqu'au 14 novembre les renforts de la grande armée et les ordres de l'Empereur; j'y suis en relation de service médical avec un de mes condisciples à Paris, auquel la ville alloue un traitement annuel de 2,400 piécettes : c'est un usage fréquent dans les villes d'Espagne et que l'on devrait adopter en France. Il y a, paraît-il, dans la Navarre, comme dans d'autres provinces, un tribunal médical où se jugent les affaires litigieuses qui ont trait à l'art de guérir; le président (*proto medico*) a le droit de destituer et même de condamner à des peines celui des gens de l'art qui est reconnu coupable ; tous les ans, il fait une tournée d'inspection dans la province, a des conférences avec ses confrères afin d'être à même d'apprécier leur mérite ; il voyage avec un pharmacien qui est chargé de contrôler les approvisionnements des officines.

Le 26 octobre, nous entendons la canonnade et la fusillade du côté de Lérin, à cinq lieues d'ici ; le lendemain, on conduisit à Tafalla cinq cents prisonniers appartenant au bataillon des tirailleurs de Cadix avec leur commandant et tous leurs officiers. Ces soldats sont des galériens et des hommes bien déterminés ; réfugiés dans le château de Lérin, ils ont fait une vigoureuse résistance, sans artillerie, contre six mille Français.

Le 4 novembre, le maréchal Ney vint se concerter avec le maréchal Moncey et le général Harispe, pour un mouvement à opérer vers Saragosse. L'Empereur venait d'entrer en Espagne avec des troupes de la grande armée, et se disposait à marcher sur Madrid. La nouvelle de l'arrivée de l'Empereur enflamme le courage des troupes.

Le 14 novembre, je reçois l'ordre de suivre les mouvements du quartier général. Après sept heures de marche à travers un pays monticuleux d'une affreuse nudité, on arrive à Lérin, la misérable ville qui a été mutilée tout récemment par nos projectiles ; il y a trois cents ans (en 1507), ce même château, où les tirailleurs de Cadix ont fait une belle résistance avant de capituler, fut attaqué et pris par le roi de Navarre sur son vassal révolté, le comte de Lérin, qui s'y était enfermé.

L'ordre du jour porte que Soult et Bessières se sont emparés de Burgos, que l'on a fait dix mille prisonniers à l'ennemi et capturé son artillerie.

Le 20, nous revenons à Lodosa, malheureux bourg pillé déjà deux ou trois fois, et dont les habitants étaient presque tous partis ; je pus, à défaut du logement chez le brave apothicaire, qui s'était enfui, partager la table et le lit d'un employé supérieur des subsistances, M. Chevassieu d'Audebert.

Le surlendemain, toute l'armée, au nombre de dix mille hommes, passe l'Èbre sur le pont de Lodosa. La joie bruyante de nos soldats courant au combat était un spectacle des plus saisissants ; on eût dit qu'ils se rendaient à une fête. Nous arrivons au déclin du jour à Calahorra, ville saccagée de fond en comble, et l'on alla bivouaquer dans une forêt d'oliviers, en face de Milagro. La nuit était froide ; quelle cruelle guerre on fit à cet arbre, symbole de la paix ! Vingt minutes suffirent pour détruire cent oliviers qui demandent vingt ans d'intelligente culture pour arriver à leur apogée. A la guerre, les sentiments d'humanité et de respect pour la propriété ne sont qu'une vaine théorie. Devant la rigueur du froid, le jardin des Hespérides serait fatalement condamné à devenir la proie des flammes; et moi aussi j'allais, de foyer en foyer, prendre ma part de ce délit de vandalisme; puis, je me blottis contre un tronc encore respecté de cet arbre alors chargé d'olives : quelles grimaces faisaient nos soldats inexpérimentés lorsqu'ils portaient la dent sur ces fruits immangeables! A l'aube du jour, combattants et pacifiques étaient sur pieds : malheur aux retardataires isolés! le poignard vindicatif les attend aux embuscades. Je n'ai pas oublié le singulier et grave aspect de cette colonne, artillerie, cavalerie, infanterie, équipages, formant une chaîne silencieuse s'étendant sur une lieue de longueur. On traverse la misérable petite ville d'Alfaro pillée, repillée, inhabitée (*Graccuris* des Romains), et on entend bientôt le canon de Tudela, devant nous.

La troupe électrisée double aussitôt le pas; l'impatience me gagne aussi, le magnétisme belliqueux accroît ma puissance locomotrice, je dépasse les premiers rangs. Après deux heures d'un pas accéléré bien soutenu, j'atteignis le bord d'un plateau d'où la vue s'étendait sur le théâtre des manœuvres de combat, à une demi-lieue de distance. Le général espagnol de Castagnos était venu à notre rencontre avec une armée forte, disait-on, de cinquante mille hommes; la nôtre ne dépassait pas quinze mille. A notre approche, l'ennemi abandonna les hauteurs de Tudela : il cherchait à se maintenir sur une butte entourée de ravins et armée de canons. Je fus témoin fort émotionné de l'assaut livré par nos soldats, et de la défaite des Espagnols : une vive mousqueterie, avec accompagnement du canon, s'engagea dans les oliviers de Cascante, mais elle dura peu, et, au soleil couchant, on n'entendait plus que des détonations isolées et s'éloignant de plus en plus. Ce combat fut appelé plus

tard bataille de Tudela, mais, d'après ce que j'ai vu et entendu, d'après les récits des officiers, et vu le petit nombre
de blessés entrés à l'ambulance et l'absence de prisonniers,
je crois que le nom d'engagement est plus approprié à la
vérité historique; une seule de nos divisions fut engagée,
le général Lagrange fut blessé peu grièvement. L'ennemi
s'enfuit vers Saragosse; nous occupâmes Tudela le 23
novembre. J'entrai à Tudela quelques instants avant la nuit;
presque tous les habitants s'étaient enfuis dans les montagnes, au delà de l'Èbre. Sachant d'avance que j'étais
destiné à demeurer dans cette cité pour l'organisation et
le service des hôpitaux, le pillage étant commencé, je m'empressai de pourvoir militairement à mon logement. Je choisis, dans une large rue, une maison de bonne apparence,
et je frappai à la porte; les domestiques vinrent ouvrir en
tremblant, mais mon titre de médecin les rassura. Les
maîtres du logis étaient deux chanoines qui s'étaient réfugiés à l'évêché; je les fis avertir qu'ils pouvaient retourner
en toute sécurité dans leur maison, mais ils n'y rentrèrent
que le lendemain. Un officier qui passa la nuit avec moi me
prêta son appui pour défendre ce logis contre les pillards
qui, à chaque instant, se présentaient pour enfoncer la porte.
Pendant dix-huit mois, j'ai été l'hôte de la maison Marzal,
calle de las Herrerias, et j'ai toujours été en parfaite intelligence soit avec ces honorables ecclésiastiques, soit avec
les principales familles de la cité.

Le pillage de Tudela dura deux jours sous les yeux d'un
maréchal de France et de plusieurs généraux. Si, le lendemain de la prise de la ville, nos troupes, au lieu de s'attar-
der à piller, avaient poursuivi Castagnos, elles seraient
entrées à Saragosse sans coup férir : on aurait ainsi évité ce

terrible siège qui a eu de si épouvantables conséquences, tant pour les assiégés que pour les assiégeants.

Que de difficultés pour créer des hôpitaux dans un pays aussi horriblement saccagé! Jaloux de remplir la mission qui m'était dévolue, je dus harceler avec une tenace persévérance le malheureux alcade de Tudela, soit pour visiter avec lui les couvents susceptibles d'être appropriés à la destination hospitalière, soit pour le solliciter de requérir, dans la ville et les villages de l'arrondissement, les fournitures les plus urgentes, lits, effets de couchage, etc. Enfin, après une semaine de démarches faites de concert avec le commissaire des guerres, je fais installer, j'installe moi-même les lits mis à ma disposition, et l'hôpital du couvent des Carmes est à peu près en mesure de recevoir 400 malades fiévreux, etc.

L'investissement de Saragosse par une armée de 25,000 hommes, les préparatifs d'un siège long et actif qui acquit une grande célébrité, l'encombrement, la mauvaise saison, une résistance inattendue devinrent les causes inévitables de maladies de toutes sortes, d'épidémies désastreuses et de blessures très nombreuses. Par sa position géographique entre Saragosse et Pampelune, comme par ses ressources locales, Tudela devint l'entrepôt naturel de tous les malades et de tous les approvisionnements de guerre. Les évacuations multipliées n'empêchèrent point le développement du typhus nosocomial, sa propagation par contagion et par infection et une effrayante mortalité : je ne fus point épargné.

Du 11 décembre 1808 au 1er mars 1809, une lacune existe dans le journal de ma campagne : j'étais malade ou convalescent. Le 11 décembre, dans la soirée, je ressentis une fièvre des plus violentes suivie d'une céphalalgie atroce : c'était le début de la fièvre d'hôpital ou ataxo-adynamique. N'ayant du reste comme trouble des voies digestives que de l'anorexie, je me mis tout simplement à l'usage de la limonade : au dixième jour, le médecin espagnol me fit pratiquer une saignée copieuse dont le résultat immédiat fut une prostration complète, accompagnée bientôt de délire tantôt loquace, tantôt muet; j'eus une diminution progressive de la température du corps; pendant une nuit, le refroidissement de la peau fut tel, le ralentissement du pouls si extrême, que mon domestique me crut *in extremis* et alla prévenir le commissaire des guerres, qui, dans la matinée, vint apposer les scellés sur mes effets : mon fidèle Simon souleva le linceul et s'aperçut que j'avais encore le souffle.

Je me rappelle très bien que j'avais le sentiment d'une destruction prochaine, que, dans mon délire, j'étais attentif à saisir l'instant du passage de la vie à la mort et que parfois j'avais l'illusion de n'être plus. Dans les moments un peu lucides du délire, je me surprenais regrettant mon départ du sein d'une famille aimée et déplorant de laisser mon cadavre sur la terre étrangère. Simon m'a raconté que, dans le paroxysme du délire, je commandais l'exercice du soldat; je répétais très souvent : « Mon Dieu, est-il possible de tant souffrir! » Malgré toute la médication ordonnée par mon confrère espagnol, purgatifs, toniques, révulsifs, la maladie suivit son cours, d'abord progressif, puis décroissant. J'attribue ma guérison à ma bonne organisation, aux efforts salutaires de la nature, secondés par les soins assidus de mes hôtes, et surtout ceux particuliers de Simon qui m'a constamment assisté de jour et de nuit. Pendant les premiers jours de ma convalescence, j'éprouvai des troubles de la vue et de l'ouïe, une exagération singulière de la sensibilité ; un jour, en voulant me regarder dans une glace suspendue à la croisée, je tombai à la renverse avec perte momentanée de la connaisance.

1809. — Pendant que j'étais malade ou convalescent, le siège de Saragosse, qui était le deuxième héroïquement soutenu par les habitants, se poursuivit avec la plus vigoureuse énergie de part et d'autre, et nos hôpitaux furent toujours encombrés de malades. Dès les premiers jours de mars, je reprends mon service professionnel, et, n'ayant plus la ressource des médecins espagnols, dont deux ou trois ont succombé à l'épidémie, je me charge du soin de 250 malades.

Le 9 mars, le défenseur de Saragosse, Palafox, triste, pâle, défiguré, honteux et mort de peur, passe à Tudela pour se rendre en France comme prisonnier : homme de 32 à 34 ans, issu d'une des principales familles de l'Aragon, n'ayant servi que dans les gardes du corps, d'un caractère doux et agréable, d'un esprit médiocre, incapable d'occuper la place où l'enthousiasme du peuple l'avait élevé, manquant absolument de cœur et de tête, plein d'une vaine jactance, devenu ensuite si poltron et si pusillanime que, pendant le siège, il ne sortait pas de la cave où il faisait sa résidence ; incapable de prendre la moindre détermination pour la gloire ou le salut des troupes dont il était le général inactif ; maîtrisé par quelques prêtres fanatiques, il restait sourd aux conseils des hommes prudents et sages. L'opinion est unanime sur sa lâcheté ou plutôt sur son incapacité réelle.

Le 23 mars, le maréchal Lannes passe à Tudela pour se rendre en France.

La constitution météorologique de mars et avril fut remarquable par la fréquence des gelées. Le 15 mai, je quitte le service de l'hôpital de la Miséricorde pour prendre celui de l'hospice Saint-François où nous réunissons tous nos malades.

Le 16, le général Suchet, qui vient prendre le commandement en chef de l'armée d'Aragon, passe à Tudela, et je fais sa connaissance chez la condesita Aperegui.

Les médecins du corps d'armée sont :

M. Rampont, de Chablis, principal, en remplacement de M. Bardol ; M. Dufour Léon, de Saint-Sever, médecin ordinaire ; M. Palhasse, de Figeac ; M. Vedère, de Bagnères-Adour ; M. Roch, de Dôle ; M. Tranier, de Carcassonne.

Depuis longtemps, je désirais aller à Saragosse pour plusieurs motifs : la curiosité de visiter cette ville fameuse par son double siège, et le désir de revoir des amis dont j'étais séparé depuis plusieurs mois.

Je vais m'embarquer au Bocal, sur une barque chargée de poudre à canon et traînée par deux mules efflanquées. Sous les rayons d'un brûlant soleil, nous traversons une plaine parée de riches moissons et terminée, à gauche et à droite, par une chaîne de basses montagnes arides, d'abord grisâtres ou rougeâtres, comme celles de Tudela, puis d'un calcaire blanc qui les ferait prendre de loin pour des monts de craie ; on passe la nuit au village de Gallier où nous occupons la soirée à voir les jeunes indigènes danser le boléro sur le parquet de la rue. Le lendemain, à deux heures du soir, nous débarquons à la *Casa Blanca* ; je continuai la route à pied jusqu'à Saragosse, distante d'une petite lieue.

En voyant les fossés, les retranchements, les édifices ruinés, tous les décombres qui précèdent la ville et en obstruent l'entrée ; en jetant les yeux sur la campagne, qui est entièrement inculte, abandonnée, dévorée par l'herbe, autrefois peuplée d'oliviers; en apercevant sur la route quelques troncs mutilés des ormeaux qui jadis formaient de belles avenues, on est porté aux réflexions les plus tristes sur les événements tumultueux dont ces lieux ont été le théâtre, maintenant silencieux et désert. Après avoir réglé mes affaires et fait ma visite à notre nouveau médecin principal, M. Rampont, homme aussi instruit qu'aimable et bon, j'emploie une demi-journée à parcourir Saragosse et ses ruines. J'entrai dans la grande et belle église de la célèbre Madone del Pilar : la statue, qui est petite, revêtue d'une robe pyramidale, a été dépouillée de sa précieuse couronne de diamants et de pierreries; la chapelle, isolée au milieu de l'église, forme un pavillon élégant orné de colonnes et de piliers en beau marbre; la balustrade devant l'autel est en argent massif.

Au delà du pont de l'Èbre, je parcourus l'Arrabal, le faubourg dont la prise décida de la reddition de la place; il fut ruiné aux deux tiers par les innombrables boulets qu'y lancèrent 50 pièces de gros calibre pendant la journée du 19 février; mêmes décombres aux quartiers Saint-Joseph et Saint-Ingracia, où l'attaque et la défense furent des plus acharnées; je pénétrai dans les chemins couverts, dans les tranchées, étroites et tortueuses (boyaux), que nos sapeurs ont exécutés sous le feu de la mitraille ennemie. Un grand tiers de cette ville, autrefois belle et opulente, est entièrement enseveli sous les décombres, comme par suite d'un tremblement de terre; l'autre tiers est extrêmement maltraité et en grande partie inhabitable; le reste est loin d'être intact; dans toute la cité, on ne compte pas 50 maisons qui aient été entièrement épargnées par les boulets ou par les bombes; sur quelques portes, j'ai compté 200 trous de balle et quelquefois 2,000 sur la façade d'une maison; c'est dans le quartier voisin de la rue du Corso qu'on voit encore béantes les ouvertures pratiquées dans les murs mitoyens et dans les cloisons des chambres dont on était obligé de faire le siège. Quelle opiniâtreté dans l'attaque, quelle obstination dans la défense !

28 novembre. — Une bande de guérillas à Tudela.

Depuis quelque temps, les bandes de guérillas ont jeté la terreur dans toute la province. Des soldats de l'escorte du courrier de Pampelune ont été assassinés; des officiers de santé isolés ont été attaqués et blessés. Informées du départ tout récent de quelques troupes de la garnison avec le général Buget, les bandes réunies de Mina, Écuevilla et Marquisato, fortes de 1200 hommes, fantassins et cavaliers, tombèrent à l'improviste, dès sept heures du matin, sur la ville de Tudela. Aux premiers coups de fusil tirés dans la rue, je quittai mon logis pour me rendre à mon poste, l'hôpital. Mais je trouvai la voie barrée par les brigands, et je ne tardai pas à tomber dans leurs mains. La maison où je m'étais réfugié fut investie et pillée de la cave au galetas. Un officier qui, heureusement pour nous, contint un peu la rage de ses partisans, s'empara de ma personne, et aussi de ma montre et de ma bourse. Il m'emmenait prisonnier, lorsqu'un détachement français parut dans la rue; l'officier et ses bandits se sauvèrent, je suivis la patrouille française, et, au pont de l'Èbre, nous respirâmes sous la protection d'une pièce de canon.

Avant la chute du jour, la ville était débarrassée de cette horde de voleurs et d'assassins. Nous allâmes coucher à l'hôpital, où mon arrivée causa une surprise agréable; on me

croyait prisonnier. Notre garnison était réduite à 130 soldats isolés. Le commandant de la place, M. Berry, capitaine
du 40ᵉ de ligne, montra dans cette journée une activité,
un talent, une bravoure, au-dessus de tous les éloges. Dès
l'irruption de ces 1200 guérillas, il courut au couvent,
dont la cour recélait notre unique pièce de canon, fit traîner à bras celle-ci jusque sur la rue, la braqua contre l'ennemi, qui débouchait par la place. La mitraille jeta la mort
et l'épouvante parmi les agresseurs, et la pièce put être conduite sur le pont, le point le plus important de la ville.
Les brigands s'étaient emparés de la tour Sainte-Barbe, qui
domine la cité. Le capitaine Berry ordonna l'assaut à la
baïonnette par quinze soldats et un sous-officier, qui s'emparèrent de la tour. Les malades de notre hôpital, les officiers de santé, les employés ont rivalisé d'énergie et de
dévouement. Non seulement ils firent de leur couvent une
forteresse dont aucun bandit n'osa s'approcher impunément,
mais encore ils contribuèrent au service des patrouilles qui
parcouraient la ville pour délivrer les Français. Au pont,
avant l'arrivée du canon Berry, trente brigands conduits
par Mina voulaient s'y fortifier; sept de nos soldats eurent
l'audace de les attaquer à la baïonnette, en culbutèrent
plusieurs dans le fleuve, et mirent les autres en fuite.

Les habitants de Tudela se sont très bien conduits à
notre égard ; tous les Français se louent du courage et de
la générosité de leurs hôtes. Plusieurs de nos compatriotes
ont pu rester cachés dans les galetas, malgré l'entrée des
brigands dans les appartements. Un de mes malades, officier
polonais, fut caché dans une jarre et fut sauvé. L'expédition
de Mina et de ses terribles acolytes avait pour but principal l'enlèvement de tous les chevaux et d'un dépôt de

80 000 piécettes appartenant au Trésor royal, et ils réussirent dans ce double projet. Ma maison fut une des plus
maltraitées par les pillards. Quant à moi, depuis l'argent,
la montre et les habits, jusqu'au canif et aux épingles, j'ai
tout perdu, excepté cette philosophie qui fait dire : *Omnia
mecum porto*. Cependant mes livres, mes cahiers d'observations m'ont été laissés par ces vandales, qui n'ont pas fait
la même grâce à deux portefeuilles remplis de papiers officiels, diplômes, commissions, lettres de service, etc. Le
soir même, deux pièces de canon et une partie de la garnison rentrèrent à Tudela, ce qui précipita sans doute la
retraite des guérillas. Nous avons eu dix hommes tant tués
que blessés ; la perte de l'ennemi fut double de la nôtre.
Après les longues formalités de la correspondance officielle,
j'obtins du commissariat des guerres une indemnité de
1200 francs. Dans les *Mémoires* du maréchal Suchet, j'ai
vu avec surprise que l'occupation momentanée d'une ville
par les guérillas de Mina est attribuée par erreur à Tafalla,
au lieu de Tudela.

1810. — La première quinzaine de janvier à Tudela fut
signalée, au point de vue météorologique, par des brouillards très épais, un froid intense et l'absence de soleil, qui
ne parut pas une seule fois à l'horizon, temps tout à fait
exceptionnel ; la gelée, la glace même, se prolongèrent
pendant le mois de février, avec des alternatives de beau
temps et de pluie, et fréquence du vent du nord. Dans ce
pays, durant le mois de février, on prend une très grande
quantité de grives, en leur faisant une chasse nocturne, dont
voici la manœuvre : on tient à la main gauche un cornet
de fer-blanc, contenant des éclats de pin allumés, et dans
la main droite une raquette formée de branches d'osier

entrelacées et munie d'un manche plus ou moins long. On
va dans les bois d'oliviers où ces oiseaux passent la nuit :
on donne des coups de raquette sur les branches où ils sont
perchés et on les ramasse par terre ; le vent est très favorable à cette chasse parce que, dans ce cas, les grives choi-
sissent les branches les plus basses pour s'y percher. On
prend souvent deux douzaines de ce petit gibier en une
heure.

29 juin. — Ordre de départ pour Saragosse.

Après dix-neuf mois de séjour à Tudela, où j'avais acquis,
aux yeux des habitants, le titre de citoyen. et où l'on avait
voulu me marier avec une jeune, riche et jolie demoiselle
aux yeux noirs, je dus quitter définitivement le service de
ces hôpitaux et rentrer en campagne active. J'a'lai reprendre mon poste au quartier général de l'armée d'Aragon
appelée à de hauts faits d'armes ; je me rapprochais ainsi
de mon principal, M. Rampont, devenu mon ami.

Du 30 juin au 8 juillet, je séjournai à Saragosse, et j'eus
le loisir de prendre mes dispositions pour la campagne qui
allait s'ouvrir avec le siège de Tortose comme objectif ; je
cherchai vainement dans les librairies de Saragosse la *Flore
d'Aragon*, par Asso. J'avais appris que ce botaniste s'était
montré, pendant le siège, patriote très ardent. Chargé par
Palafox de rédiger un journal antifrançais, il haranguait la
jeunesse pour l'exciter à la résistance. Peu de jours avant
la reddition de la place, il était parvenu à s'évader ; il s'é-
tait réfugié, dit-on, dans les îles Baléares.

9 juillet. — Nous partons, Roch, Védère et moi, et plusieurs pharmaciens, avec l'ordre de nous rendre à Mora de
Ebro (basse Catalogne), où doit résider notre quartier
général pour les préparatifs du siège de Tortose.

Notre petite caravane, faiblement escortée, prit des chemins de traverse, dans un pays alors peu connu géographiquement : on laisse à gauche la célèbre chartreuse de Saragosse, où les maréchaux se logèrent pendant le siège. Nous passons la nuit à Fuentes. La plaine que nous avons parcourue est presque totalement inculte. J'y cueillis : *Artemisia aragonensis, Salsola vermiculata, Aizoon hispanicum,* et, pour la première fois, la belle *Gypsophila struthium,* remarquable par ses grandes touffes de fleurs blanches.

Le lendemain, on alla coucher à San-Per, à travers un pays horriblement sauvage et désert. La halte se fit à Zeyla, misérable village situé sur un plateau : sur la petite place de ce bourg, nos regards furent attristés par le spectacle d'une potence où était pendu le cadavre d'un Espagnol, en face de la maison du commandement, devenue forteresse. Au village de la Puebla, nous admirons une riche culture en oliviers, mûriers, maïs, orge, vignes ; je vis là des figues fleurs, des *bubas,* qui ont la couleur et la forme des mélongènes violettes. Pour dix sols, nous en achetâmes huit douzaines, qui étaient excellentes. A San-Per, nous passâmes la nuit dans une espèce de château-fort, appartenant à un commandeur de l'ordre de Saint-Jean de Jérusalem. C'est un pays infesté de brigands.

11 juillet. —En partant, avant le jour, de ce village, on fit fausse route, puis un de nos chariots eut une avarie. Je profitai du retard pour explorer en botaniste les environs qui étaient fort riches en plantes rares, parmi lesquelles je découvris une espèce nouvelle, *Campanula fastigiata,* qui conserve encore ce nom dans l'ouvrage de De Candolle. Nous rentrâmes dans la bonne voie, à travers une contrée montueuse de l'aspect le plus sinistre : c'est un immense

chaos de blocs calcaires erratiques, les uns amoncelés, les
autres disséminés comme si une explosion souterraine les
avait soulevés et lancés dans l'espace. Cette terre boule-
versée prend encore une teinte plus rembrunie par la présence de nombreux arbustes au sombre feuillage : genièvre,
lentisque, romarin, alaterne, et un pin de petite stature
qui, de loin, au sommet des crêtes, en impose pour des
guérillas. De San-Per à Caspé, huit heures de marche,
sans rencontrer une seule habitation. On fit une halte sur
le bord d'un étang salé, où je comptai trois espèces de Sou-
des (*Salsola*). Mon ami Bory de Saint-Vincent, qui a cité
ce fait dans son *Itinéraire d'Espagne*, en a exagéré et même
dénaturé l'expression. Une belle plaine d'oliviers précède
la petite ville de Caspé : nous y fîmes séjour; mon confrère Roch y demeura pour organiser un service médical
dans cette localité, qui devint pour les opérations militaires
un entrepôt important.

13 juillet. — Nous partons avec deux bataillons. Une
écorchure au pied m'empêchant de chausser mes bottes, je
suis obligé de subir sur le devant du fourgon les feux du
soleil et la poussière asphyxiante de la route. On traverse
des monticules déserts, stériles, où croissent romarin, genièvre, lentisque, sabine, phyllirea, cistes et pins. On déjeune à Favara, le dernier village de l'Aragon. Près de ce
village, on aperçoit un couvent de trappistes, le seul peut-
être qui existe en Europe et qui avait été fondé par des
moines d'une trappe de la Normandie, au temps de la tourmente révolutionnaire ; un décret récent du roi Joseph
oblige les moines à quitter leur couvent. Les montagnes
diffèrent déjà de celles de l'Aragon : partout où la terre végétale s'est offerte avec quelque apparence de fertilité, l'ac-

tif et industrieux Catalan y a porté le soc avec la bêche.
On y voit, comme en Provence, des champs suspendus sur
les pentes escarpées et maintenues au moyen de murailles
de pierre sèche, qui s'opposent à l'éboulement des terres.
Aux arbrisseaux des jours précédents s'ajoutent : *Daphne
cnidium, Cistus albidus — Erica vagans, Cistus lavandulæ-
folius, Anthyllis cytisoides, Phyllirea, Nerium oleander.*

Le 14 juillet, à trois heures, nous arrivons à Mora de
Ebro : j'y trouvai le quartier général et Rampont; je fus
logé chez de pauvres gens ; dont je fus l'hôte pendant cinq
mois. Je me liai plus étroitement avec Bugeaud et d'Esclaibes. Ces deux officiers, l'un d'infanterie, l'autre d'artillerie, aimaient passionnément la chasse ; je les accom-
pagnais souvent pour chercher plantes et insectes sur ces
montagnes, que, sans eux et leur escorte, je n'aurais pas pu
parcourir. Quoique armé d'un fusil pour ma propre sécurité, je dois dire que je ne m'en servais pas pour tirer sur
le gibier ; il arrivait parfois que mes amis me criaient :
« A vous, Dufour ! » lorsqu'un lièvre se dirigeait de mon
côté ; mais je faisais la sourde oreille ou je répondais :
« Espèce connue, » en soulevant des pierres ou m'inclinant
pour cueillir des plantes. Ils avaient toujours la prévoyance, lorsque je demeurais trop longtemps éloigné d'eux,
d'envoyer un soldat pour me rallier : c'est ainsi que ces
braves guerriers protégeaient efficacement le disciple d'Es-
culape et de Flore.

5 décembre. — Nous partons pour Xerta, où le quartier général se transporte pour être plus près de Tortose,
dont le siège se poursuit activement. On fait la halte au
vieux et sombre village del Pinel, qui est bâti sur un roc
et enveloppé pour ainsi dire de montagnes fort élevées, les

unes pelées, les autres couvertes d'arbustes et de pins. Mon collègue Védère et moi, assis, non pas sur l'herbe, mais sur un fumier sec, nous fîmes un déjeuner sentimental, composé de pain et de fromage, et arrosé du vin que nous tétions dans une peau de bouc : un excellent appétit et des idées qui contrastaient avec le triste horizon d'alentour, nous firent trouver ce repas délicieux ; on fit une deuxième halte au col redouté de *las Armas,* où deux cents hommes sont laissés pour protéger les communications de l'armée.

10 décembre. — Je vais, avec le commandant de la place de Xerta, baron d'Andilla, qui a un œil de verre, faire une visite au général Harispe, commandant le camp devant Tortose : on traverse un pays rempli de caroubiers, d'oliviers, fort bien cultivé, parsemé de maisons de campagne. Arrivés au petit village de Jésus, qui paraît être un faubourg de Tortose, nous venions de mettre pied à terre pour entrer dans la maison du général, lorsqu'une bombe tomba au milieu de nos chevaux et éclata sans causer d'accident : une demi-heure après, nous reprenions la route de Xerta.

14 décembre. — Arrivée du quartier général.

15 décembre. — L'investissement de la place est complet.

29 décembre. — Ayant appris que nos batteries de brèche devaient inaugurer leur terrible concert, je ne résistai pas à l'envie d'être témoin oculaire de cet imposant spectacle. Je m'engageai résolument dans les parallèles, dans les boyaux, dans les chemins couverts, pour me rendre à la batterie principale, commandée par mon ami le capitaine d'Esclaibes. J'allais entrer dans l'enceinte de celle-ci, lorsqu'un boulet ennemi vint écrêter l'épaulement derrière lequel je me croyais abrité, et je fus couvert de terre ; malgré l'incident, j'exécutai mon aventureuse visite aux bronzes homicides et, après une courte leçon de bombardement *in actu*, je regagnai silencieusement les s'nueuses galeries souterraines, livré aux plus tristes pensers sur le fléau de la guerre et sur la méchanceté des hommes.

30 décembre. — On essaie, pendant la nuit, de détruire le pont de bateaux au moyen d'un brûlot ; mais une chaîne non prévue empêcha l'approche de la machine incendiaire ; on tenta en même temps l'assaut de la *tête de pont*, nous y perdons inutilement une vingtaine d'hommes. Un adjudant-major a eu aujourd'hui la tête emportée, au même endroit où je fus couvert de terre par un boulet. Le bombardement continue.

31 décembre. — Glace, vent violent. Je vais, avec mon collègue le docteur Palhasse, tout près des batteries qui couronnent le fort Orléans. On s'est avancé sous le fort ennemi ; la pluie de projectiles n'est pas un instant interrompue ; nous voyons des laboureurs travaillant aux champs.

1811. *1er janvier*. — On annonce que le pavillon blanc flotte sur les forts de Tortose ; la canonnade s'est tue, on parlemente. Nous allons, en nombreuse cavalcade, souhaiter la bonne année au général en chef et savoir ce qui se passe. Un calme profond a succédé au bruit des détonations ; la physionomie des soldats s'est aussi modifiée à l'apparition du *torchon blanc* qui ajourne leur tentative de pillage. Nous attendons vainement jusqu'à sept heures du soir le retour du général qui s'était rendu à l'autre rive pour entendre et apprécier les propositions des parlementaires, et nous rentrons à Xerta sans renseignements précis.

2 janvier. — Dès le matin, les coups répétés du canon nous annoncent que l'accord n'a pu se faire. D'après les informations que je tiens d'un témoin oculaire, mon ami d'Esclaibes, la suspension du feu pour parlementer n'avait pas empêché les travaux de l'artillerie et du génie de se continuer avec la même activité : malgré les représentations adressées à nos officiers par l'ennemi qui était sur les murs de la ville, on ne cessa de travailler à la construction d'une batterie de brèche, à dix toises de l'escarpe.

Les assiégés voulaient quinze jours de suspension d'armes et comptaient se rendre ensuite si les renforts n'arrivaient point. Le général en chef, en renvoyant les parlementaires porteurs de cette ridicule proposition, leur signifia que dorénavant il n'entendrait parler capitulation qu'autant qu'on lui livrerait d'avance un des forts de la place ; la batterie nouvellement armée recommença le feu à onze heures et demie de la nuit. Le 2, à midi, le général en chef se dirigeait vers la batterie de brèche pour savoir si l'assaut pourrait se livrer à la chute du jour ; un nouveau parlementaire se présenta ; les assiégés consentent à la reddition d'un fort pour capituler. Les feux cessèrent. Le géné_ral adresse le parlementaire à un de ses officiers chargés d'arrêter les conditions de la capitulation, et il se porte aussitôt vers l'une des portes à la tête de tout son état-major et suivi de deux compagnies d'élite ; il demande qu'on baisse le pont-levis : l'assiégé manifeste de l'hésitation, refuse, menace de tirer à mitraille. Le général, sans perdre son sang-froid, réitère impérativement sa demande et le pont-levis s'abaisse, la porte s'ouvre. Le général franchit celle-ci et s'achemine vers le château, y pénètre et adresse au gouverneur une vive réprimande. En même temps nos troupes prirent possession de la ville pendant que le parlementaire était encore dans le camp français pour traiter des conditions de la capitulation... *Judicent periiiores...*

3 janvier. — Je passe une partie de la journée à parcourir la cité sous les murs de laquelle Scipion l'Africain battit Magon, frère d'Annibal, en 215 avant J.-C. Tortose est une jolie ville, sur la rive gauche de l'Èbre dont le cours offre une très grande largeur. Ses cinq forteresses n'ont pas pu résister plus de quinze jours à l'attaque de notre armée. Outre ces forts, il y a une tête de pont que nos officiers du génie regardent comme un ouvrage très bien construit.

Nos projectiles ont considérablement endommagé la ville, quoique le feu des batteries n'ait duré que trois jours. Les murs des maisons sont en général fort minces. Quel triste spectacle j'ai pu contempler aujourd'hui ! Les approches de la ville, parsemées de cadavres et de leurs dépouilles, les rues dépavées, les ouvertures des maisons protégées par des blindages, plusieurs édifices en proie aux flammes, des passages obstrués par des décombres, le sol couvert de fusils fracassés, de gibernes et de bonnets traînés dans la boue, des rixes, des cris dans les maisons, des femmes, des vieillards, dépouillés publiquement de leurs mouchoirs, de leurs manteaux ; ici nos soldats, chargés de butin, se livrant à une joie féroce ; là les malheureux vaincus pâles, tremblants, baignés de larmes ; enfin partout des scènes qui inspirent l'horreur et la pitié... Détournons nos regards de ce lugubre tableau ; portons-les au dehors de la cité désolée et reposons notre vue sur la beauté de la campagne relevée par la sérénité du ciel, Les montagnes sont peuplées d'arbrisseaux à feuillage persistant : myrte, romarin, laurier-rose, palmier nain, ciste, lentisque; les plaines sont couvertes d'oliviers, d'orangers, et, de loin en loin, quelques dattiers qui semblent commander à tous les végétaux de la contrée. Les tons différents du feuillage vert qui est foncé dans le caroubier, grisâtre dans l'olivier et jaunâtre dans l'oranger, offrent le coup d'œil le plus riant, malgré la saison de janvier; la perspective serait bien plus agréable si les arbres au vert feuillage portaient encore leurs pommes d'or ; mais nos guerriers dévastateurs ne craignent rien ; ils abattent ces fruits pour le plaisir de la destruction, les chemins en sont jonchés. La huerta de Tortose était un lieu d'enchantement, mais le vandalisme de nos soldats a tout ravagé : les blanches maisons de campagne, les arbres fruitiers, les machines à irrigation, etc.

10 janvier. — Le général Habert, à la tête de deux bataillons avec obusiers, s'est emparé du fort de Balaguer au moment où le général en chef demandait trente pièces de canon pour en faire le siège. Mon ami le jeune capitaine Desaix, aide de camp du général Suchet, fut chargé d'apporter à l'empereur la nouvelle de la prise de Balaguer. A son retour, il me raconta l'anecdote suivante :

Lorsqu'il fut admis dans l'appartement de l'empereur, au palais des Tuileries, celui-ci faisait sa toilette. Napoléon lui dit : « Êtes-vous parent du brave général Desaix ? » — « Sire, je suis son neveu. » L'empereur, apercevant sur la poitrine du jeune capitaine la croix de la Legion d'honneur, le questionna sur ses services; puis, s'inclinant vers le grand maréchal Duroc, il lui dit : « C'est un jeune homme et un vieux soldat ; je le fais baron de l'empire avec une dotation de 6 000 francs. » Le capitaine Desaix ne fut plus connu dans notre armée que sous le nom du baron ; il n'avait que vingt-huit ans. Aujourd'hui (1859) je ne vois pas son nom sur le cadre des officiers généraux.

14 janvier. — Nous partons pour la capitale de l'Aragon, Saragosse, en passant par le col de las Armas del Rey, Pinel, Gandesa, Batea, Favara, Caspé, où les vainqueurs de Tortose sont accueillis sous des arcs de triomphe, dans des rues pavoisées et sablées; Bujalaros, grand village situé au milieu d'un désert; Pina, petite ville sur l'Èbre dont les environs sont parés d'une riche culture. Nous arrivons à Saragosse le 18 janvier ; j'y résidai deux mois.

Le 6 avril, je fus envoyé avec une escorte de quatre gendarmes à Villanueva de Gallego, misérable village, pour y constater l'existence d'une prétendue épidémie, qui était une endémie paludéenne.

Le 8 avril, le capitaine d'Esclaibes me proposa d'aller visiter avec lui les montagnes de Huesca. Nous partons à cheval : après une halte au village fiévreux de Villanueva de Gallego, dont je visite le médecin atteint lui-même de la maladie endémique, je reçois du chef d'état-major Saint-Cyr Nugues l'invitation de me transporter de suite à Exea, pour donner mes soins au commandant de la garnison de cette ville ; je suis chargé aussi de faire remettre une dépêche pressée au chef d'une colonne qui est à la poursuite des guérillas. On me donne une escorte de huit hussards. Je laisse les montagnes de Huesca sur ma droite, et, à la tête de mon peloton de cavaliers, je m'engage dans les gorges montueuses et désertes qui conduisent à Castejon de Val de Jassa. Ces montagnes sont couvertes de genièvre, de romarin, de buis, de raisins d'ours aux corolles purpurines et de pins. Arrivé de nuit à Castejon, je fais appeler l'alcade pour prendre des informations : il m'apprend que plusieurs bandes circulent dans les environs et qu'hier les brigands se sont emparés, près de Sadava, de cent cinquante gendarmes qui formaient la garnison d'Exea. Je passai la nuit dans le village, et j'y fus très bien traité et par l'alcade et par le curé : j'eus la précaution de faire loger les hussards dans le voisinage de ma maison.

9 avril. — A quatre heures du matin, un exprès me remet une lettre du chef d'état-major : il me conseille de ne continuer ma route vers Exea qu'autant que j'aurai la certitude de l'éloignement des brigands, et, dans le cas contraire, de me replier vers Saragosse.

J'envoie chercher l'alcade, qui me dit n'avoir rien appris de nouveau depuis hier ; tout bien calculé, comme j'avais autant à craindre sur la route de Saragosse que sur celle d'Exea je me décidai à suivre celle-ci. Désirant toutefois m'éclairer, j'expédiai à Exea, par le sentier de la montagne, un homme du pays qui devait, en cas de rencontre des brigands ou de renseignements obtenus sur leur itinéraire, revenir aussitôt sur le chemin ordinaire que je devais prendre avec mon escorte et m'aviser. Une demi-heure après le départ de ce messager, j'en expédiai un autre avec les mêmes instructions par la route ordinaire, et, un quart d'heure après, je me mis en marche avec un guide et mes hussards ; un brouillard épais contribua à la sécurité de mon voyage. Une demi-heure avant d'arriver à Exea, je rencontrai un premier exprès, qui m'apporte une lettre du commandant de la place ; il m'engageait à poursuivre la route avec confiance.

J'arrivai donc à Exea vers dix heures ; je remets mes dépêches et je vais voir mon malade. L'ennemi est à une lieue d'Exea avec deux mille hommes d'infanterie et cinq cents cavaliers : on peut s'attendre à être attaqué; la garnison, qui consiste en quatre compagnies de la Vistule, passe la nuit dans un couvent fortifié qui sert de château.

10 avril. — La municipalité reçoit une lettre du chef de bande Cruchaya, par laquelle il demande qu'on lui prépare pour demain trois mille rations de vivres et cinq cents de fourrage : je réponds, pour le commandant, qu'il vienne les chercher. On passe la journée à observer les mouvements des guérillas, dont les vedettes ont eu la fanfaronnade de venir tirer quelques coups de fusil sur nos postes avancés.

Exea de los Caxalleros est une assez laide ville, située sur une petite montagne entourée d'une plaine bien cultivée, que fertilisent des canaux d'irrigation ; la campagne est couverte de vignes et de blé ; il y a très peu d'oliviers : du côté nord, il y a un plateau qui domine une plaine immense où se voient les villages de Ribas, Farasduas, Biota, et plus loin Sadava, qui donne son nom à cette plaine. L'horizon, dans les autres points, est borné par des montagnes, dont celles au nord sont dominées par les crêtes de Pyrénées, et celles à l'ouest par Montcayo.

Cette ville est renommée pour ses taureaux. J'ai remarqué près de la porte de Sadava quelques tombeaux gothiques placés dans le mur à hauteur d'appui, et, dans la partie la plus élevée de la ville, près d'un couvent, une petite colonne bien sculptée, surmontée d'une croix, et portant la date de 1348. L'historien Mariana raconte que, vers l'an 1110, Dom Alphonse, roi d'Aragon, enleva aux musulmans la ville d'Exea, une des principales de la Navarre.

12 avril. — Je monte à cheval avec quelques officiers pour aller à la rencontre d'un colonne française, envoyée au secours de notre garnison, huit cents fantassins et deux cents

cavaliers, sous le commandement du général polonais Klo-
picki.

13 avril. — L'objet de ma mission étant rempli, je me
décide à regagner Saragosse, en traversant les montagnes
de Sierra de Luna, escorté de mes hussards. A peu de distance du village de Sierra de Luna, qui est un point de
ralliement des guérillas, à cause de l'entre-croisement des
sentiers de la montagne, j'envoyai deux hussards en avant
pour m'éclairer : ils revinrent avec l alcade, qui me conseilla de faire une courte halte pour faire rafraîchir hommes
et chevaux ; puis nous continuâmes au trot. Dans la soirée,
j'appris par un messager de l'alcade que le chef de la bande
Pesoduro s'était présenté avec trente cavaliers, un quart
d'heure après notre passage dans le village. Vers six heures,
j'arrivai à Zuera, où je rencontrai beaucoup de nos troupes ;
les montagnes de Huesca se montrent à gauche, et, derrière
elles, les Pyrénées.

14 avril. — Je rentre à Saragosse, où l'on avait des
inquiétudes sur mon compte.

Le 23 avril, je suivis le mouvement de l'armée se dirigeant vers Tarragone, pour en faire le siège ; on passe à
Fraga où l'on observe des débris de voie romaine ; Lérida,
dont la forteresse semble inexpugnable avec ces cinq étages
de batteries ; Margalef, dont la vaste plaine fut le théâtre d'une
importante bataille.

Le 23 avril 1810, une armée forte de dix mille hommes,
qui venait pour nous faire lever le siège de Lérida, fut complètement défaite par trois cents de nos cuirassiers, qui firent
six mille prisonniers. Urgel, admirable bassin de la Sègre
où le blé, la vigne, l'olivier, forment une magnifique culture ; Vinacha, grand village complètement abandonné par

ses habitants ; Poblet, célèbre par son monastère où sont des tombes royales ; Montblanch, vieille ville assez grande, située au milieu d'une plaine richement cultivée. Au départ de Montblanch, notre colonne compte plusieurs régiments d'infanterie et une nombreuse cavalerie de dragons, hussards, cuirassiers.

Le 2 mai, nous arrivons à Reus, et le quartier général se porte à Constanti, distant d'une petite lieue de la place de Tarragone.

Le 5 mai, nos troupes se portent jusqu'à la mer pour opérer l'investissement ; on rompt l'aqueduc qui abreuve la ville.

Le 9, je quitte le service de l'hôpital de Reus, et je rejoins le quartier général à Constanti, dont les habitants étaient partis à l'approche des Français. Je me loge militairement avec mon chef, M. Rampont, dans deux maisons abandonnées : nous pûmes établir un observatoire sur le toit, un belvédère à deux loges, d'où nous découvrîmes tout le théâtre de la lutte, terrestre et maritime.

Du 10 mai au 28 juin, jour de l'assaut et de la prise de Tarragone, j'ai inscrit dans mon journal tous les événements de ce mémorable siège.

La canonnade des nombreux bâtiments composant la flotte de secours pour la place resta impuissante contre la redoute établie par nous sur le bord de la mer. Les travaux de l'artillerie et du génie étaient dirigés par les généraux Valée et Rogniat.

L'affaire du 18 mai fut des plus sanglantes. Au lever du jour, l'ennemi, fort de trois mille hommes, fit une vigoureuse sortie pour détruire nos ouvrages ; le 116e régiment supporta seul avec ses 1200 hommes le premier choc, qui

fut terrible, et fut obligé d'évacuer ses retranchements;
mais un bataillon du 5e léger vint le renforcer, et l'ennemi
fut à son tour obligé de battre en retraite. Nous eûmes cent
trente hommes hors de combat, tant tués que blessés, et
parmi eux le colonel, deux chefs de bataillon, et dix-huit
officiers du 116e; l'ennemi eut cent cinquante morts et trois
cents blessés.

Mes stations au belvédère des gouttières ne m'empêchent
pas d'herboriser aux environs, qui offrent une culture des
plus riches : chamærops, caroubiers, orangers, noisetiers.

Le 22 mai, la redoute maritime est armée de sa batterie,
qui frappe d'aphonie les vaisseaux, et les tient à une distance respectueuse ; autour de cette redoute, on a fait déjà
ramasser plus de dix mille boulets.

Le 25, le général en chef part pour Montblanch, afin de
délivrer la garnison, bloquée dans un couvent par huit mille
ennemis et un obusier. Cette garnison, composée de trois
cents hommes du 14e de ligne, est ramenée à Reus.

Le 27 mai, à la première attaque du fort Olivo, le brave
général Salm est tué à la tranchée par un biscaïen, qu'il
reçoit dans la bouche. Cette mort est vivement sentie,
surtout par les soldats, qui l'appelaient leur père.

28 mai. — Attaque de l'Olivo.

Le soleil n'était point encore sur l'horizon, une belle aurore précédait ses rayons ; l'alouette et le rossignol célé-
braient son lever et leurs amours, le grillon chantait le reste
de nuit qui s'enfuyait, les chiens vigilants faisaient entendre leurs aboiements dans la campagne, les vagues de la
mer envoyaient à nos oreilles leur sourd mugissement :
voilà la paix, le bon ordre, l'amour. Les nombreux éclairs et
le roulement sinistre de la fusillade, les blancs et épais tour-

billons de fumée qui tantôt s'élèvent en colonne perpendiculaire pour avertir du départ de la bombe, tantôt fuient devant le canon pour annoncer le boulet, les nuages bruns presque opaques formés par un mélange de pierres et de terre que soulèvent les projectiles, les détonations graves et courtes de nos batteries de brèche, et celles des batteries ennemies qui bouleversent l'atmosphère de notre village : voilà la guerre, la destruction, la mort. Nos batteries de brèche fulminent toute la journée sans pouvoir rendre l'assaut praticable sur le fort l'Olivo. Celui-ci fut pris le lendemain ; nous eûmes 300 hommes hors de combat, l'ennemi perdit 400 tués, 47 pièces de canon ; 800 prisonniers restèrent en notre pouvoir. C'est dans la journée du 29 qu'un caporal de grenadiers italiens, Bianchini, connu par sa bravoure et décoré de la Couronne de fer, fit neuf prisonniers dont quatre officiers ; le général en chef lui ayant demandé quelle récompense on pouvait lui offrir pour cet acte de courage : « Mon genéral, répondit Bianchini, je demande la faveur de monter le premier à l'assaut du corps de la place. » Le gouverneur espagnol Campoverde est sorti de Tarragone, dont le commandement a été remis à un Anglais, Salfied.

Le 1er juin, 1300 hommes ouvrent la tranchée devant le bastion Francoli ; ce bastion ne fut emporté que le 7 juin. Le 8, les travaux sont dirigés sur le fort le Prince ; malgré les nombreux blessés qui, chaque jour, sont ramenés de la tranchée, les officiers et soldats s'y rendent avec confiance et gaieté ; on se dispute l'honneur des postes les plus périlleux ; un colonel de cavalerie est venu solliciter du général en chef la permission de monter à l'assaut avec cent de ses dragons.

La chaleur, qui est intense, ne m'empêche pas d'aller

sur les coteaux de la rive gauche du Francoli chercher des plantes et des insectes ; j'en rapporte l'*Antirrhinum latifolium* qui croît dans les champs, la *Coronilla juncea* qui se montre sur les escarpements des rochers avec la *Rosa majalis*, un *Thalictrum* voisin du *fœtidum* et le *Lactuca tenerrima* ; le beau *Cerastium latifolium* croît dans les lieux ombragés de ces rochers.

14 juin. — Depuis la prise du fort l'Olivo que l'ennemi regardait comme le boulevard inexpugnable de la place, nous avons vu diminuer journellement le nombre des bâtiments stationnés devant Tarragone et aussi le chiffre des habitants qui se promenaient sur les remparts ; lors de notre arrivée, on comptait 200 bâtiments dans le port ; ce nombre est réduit au tiers. Les déserteurs disent que tous les habitants qui peuvent payer le passage, s'embarquent et emportent ce qu'ils ont de plus précieux.

15 juin. — L'ennemi fait une sortie sur notre gauche pour faciliter l'évasion de la cavalerie renfermée dans la place, évasion rendue facile par un défaut de prévoyance des assiégeants, c'est-à-dire par la non-existence d'obstacles (abatis, fossés) sur la seule route par laquelle cette fuite pût s'effectuer.

16 juin. — Prise du bastion le Prince. Dès quatre heures du matin, le ronflement de nos batteries se fait entendre et les parapets du bastion volent en poussière ; notre feu prend d'abord l'avantage sur celui de l'ennemi ; puis le feu de la place semble l'emporter. Les coups se succèdent de part et d'autre toute la journée ; vers dix heures du soir un roulement continu de mousqueterie et une vive canonnade signalent l'instant de l'assaut ; on revient trois fois à la charge ; enfin le bastion est à nous ; 100 ennemis tués, 60 prisonniers, 7 pièces de canon prises sont le résultat de cette affaire où nous eûmes 120 blessés.

17 juin. — Travaux pour établir les batteries de brèche contre le fort Saint-Charles et le fort Royal.

21 juin. — Prise du faubourg, du fort Royal, etc.

Vers huit heures du soir, après douze heures d'un terrible concert, on livre l'assaut, et, pour y assister de plus près, je vais à la tranchée; les mèches emflammées de nos bombes se croisent dans leur course parabolique avec celles de la place; le météore igné qui résulte de leur explosion dans l'air, la lumière vive et scintillante des pots à feu envoyés par l'ennemi pour reconnaître nos positions, les gerbes de flammes du tir à mitraille et les innombrables étincelles de la mousqueterie en imposaient au premier moment pour de simples feux d'artifice; mais l'impression perçue par l'oreille dissipe promptement cette illusion de la vue; les vibrations aiguës des mortiers, l'explosion des bombes, le son lugubre de la cloche qui à tout instant annonce leur départ, les détonations des canons, le sifflement prolongé des boulets ou leur ronflement effrayant lorsqu'ils passent près de vous, le vif roulement de la fusillade, le miaulement des balles, enfin les cris confus qui s'élèvent surtout du côté de la place attaquée rendent à ce tableau son véritable caractère : c'est la guerre, c'est l'assaut... Le combattant, celui qui prend une part active à l'action, peut, dans son enivrement, trouver la scène imposante; mais combien elle est affligeante pour le spectateur qui réfléchit sur les causes et les résultats ! La fusillade de l'assaut fut courte et extrêmement vive ; malgré la mitraille ennemie qui pleuvait de toutes parts, nos braves s'emparèrent successivement du bastion Saint-Charles, de celui des Chanoi-

nés, du fort Royal, du port, du faubourg et de 45 pièces
d'artillerie. On porte le nombre des morts ennemis à 1500,
nous avons eu 70 blessés parmi lesquels plusieurs officiers.

22 juin. — Pendant toute la journée, procession continuelle de soldats qui arrivent du faubourg de Tarragone
chargés de butin de toutes sortes, cuirs, morues, sardines,
tabac, sucre, café, quinquina, porcelaine, bois de campêche, linge, coton, etc., objets qu'ils donnent au plus bas
prix, afin d'aller encore au pillage ; le quinquina se vendit à
dix sols la livre, le sucre à cinq sols. La marine qui, depuis
plusieurs semaines, gardait un profond silence, se réveille
aujourd'hui furieuse de nos succès : quatre frégates et un
vaisseau de ligne passent successivement devant le faubourg
en lâchant leurs bordées impuissantes ; aucun de nos soldats
n'a été atteint.

23 juin. — Dans la matinée, je vais avec le pharmacien en
chef parcourir et les boyaux et le faubourg qui est en ruines ;
nous étions chargés de reconnaître les médicaments dont
les hôpitaux pourraient s'approvisionner, et par conséquent de
visiter les boutiques, magasins, caves et greniers ; le quinquina était abondant, mais d'une qualité médiocre ; les ballots
de racines de salsepareille étaient en si grande quantité
qu'on s'en est servi pour construire des batteries ; on peut en
évaluer le prix de 40 à 50.000 francs ; un approvisionnement bien plus important et dont l'intendant de l'armée aurait dû se préoccuper pour en empêcher la dispersion, c'était
un entrepôt de peaux de bœufs de Buenos-Ayres : il y en
avait, dit-on, pour un million de francs.

24 juin. — On travaille à l'établissement de la batterie de
brèche à 50 toises des murs de la ville ; je vais herboriser
vers les coteaux du Francoli et en particulier sur le faîte

d'un aqueduc romain qui avoisine la rivière; j'avais aussi parcouru la plage maritime qui est plate, sablonneuse ou caillouteuse; parmi les plantes que j'y ai récoltées en fleur, je citerai *Euphorbia paralias* et *peplus*, *Polygonum maritimum*, *Medicago marina*, *Eryngium maritimum*, *Silene arenaria* Desf., *Arnopogon picroides*, etc.

28 juin. — Prise de Tarragone.

Dès quatre heures du matin, nos huit canons de la batterie de brèche commencent le feu contre le corps de la place, et la canonnade se continue de part et d'autre pendant toute la journée. Vers six heures du soir, l'assaut est livré; à six heures et demie, la ville est à nous. La pente rapide de la brèche et le feu roulant de l'ennemi avaient retenu le premier élan de la colonne d'assaut; ce moment d'hésitation donna de vives inquiétudes aux chefs de l'armée; le brave capitaine Francon raffermit par quelques mots la confiance ébranlée de ses grenadiers à la tête desquels il monta sur la brèche avec l'héroïque sergent italien Bianchini qui tomba blessé; 1200 hommes d'élite se succèdent à ce dernier assaut; l'ennemi est culbuté de tous côtés et fait d'inutiles efforts pour se défendre dans les rues; le gros de la garnison, croyant trouver son salut dans la fuite, sort en colonne du côté opposé à l'assaut; mais tout était prévu; la division Harispe l'enveloppa, le carnage fut horrible.

29. — Je vais à Tarragone, Quel spectacle affreux! L'esprit succombe sous le poids des réflexions les plus tristes et la plume se refuse presque à tracer l'esquisse de ce navrant tableau; des milliers de cadavres mutilés encombrant les rues, la boue sanglante souillant le pavé, l'effondrement des toitures incendiées, ce n'est pas le côté le plus pénible de cette scène de désolation; mais cette femme, les cheveux épars, les yeux meurtris et égarés, le visage d'une pâleur effrayante, qui marche d'un pas embarrassé et implore le secours de tout ce qui n'est pas soldat ; mais cet infortuné nourrisson vivant encore sur le sein de sa mère expirante, voilà les épisodes les plus cruels de la prise d'assaut d'une ville dont, suivant le terrible adage militaire, les habitants ont été passés au fil de l'épée.

Le général Suchet, qui avait conduit avec tant de vigueur et d'habileté quatre sièges successifs, Lérida, Mequinenza, Tortose et Tarragone, donne tous les ordres nécessaires pour les intérêts de la place et de l'armée, et part avec une brigade d'infanterie pour courir après le corps de Campoverde, sur la route de Barcelone.

30 juin. — Le gouverneur général de Tarragone me confie la mission d'aviser aux moyens de détruire le plus promptement possible les milliers de cadavres dont la putréfaction faisait courir un terrible danger à la population civile et militaire. La nature du sol, où le rocher était très superficiel, rendait l'inhumation impraticable ; la submersion à la mer était une ressource précaire, les flots pouvant rejeter les cadavres sur la côte : évidemment, la combustion était le seul moyen expéditif et efficace. J'ordonnai la construction de plusieurs bûchers considérables, soit hors des murs, soit sur les places de la ville. La base de ces pyramides était composée de madriers, de poutres et de gros bois secs qu'on trouvait facilement dans les maisons ou qui avaient servi aux blindages. Cette couche inférieure était recouverte de sarments, de fascines et de menu bois. Au-dessus de ces matériaux très combustibles, on déposait une couche de cadavres, avec la précaution de ne pas les juxtaposer trop immédiatement. Une nouvelle cou=

che de fascines était garnie d'une autre couche de cadavres, et ainsi de suite, de manière à former des bûchers
pouvant détruire trois ou quatre cents morts. On avait
aussi la précaution de disséminer des cartouches dans
toute la masse : la combustion fut très complète, la base
de chaque bûcher constituant un brasier très ardent et suffisamment durable ; le nombre des cadavres brûlés dépassa
quatre mille.

4 juillet. — Le général revient de sa course à Barcelone :
on a observé que les habitants des villages traversés par la
colonne n'ont point abandonné leurs foyers, comme ils le
faisaient au passage de l'armée de Catalogne ; on a même
vu des mouchoirs aux croisées en signe de paix ; cette conduite réservée des Aragonais doit être attribuée non seulement à l'intimidation causée par les succès constants de
notre armée, mais aussi à l'excellent renom du caractère
du général Suchet : sa nouvelle dignité de maréchal de
France fut accueillie à la grande satisfaction de toute l'armée.

5 juillet. — A Reus, j'assiste à la fête offerte par la
ville au maréchal et à l'armée. *Te Deum* à l'église paroissiale, rues pavoisées, promenade et danse des géants,
danses grotesques au son des cornemuses et des hautbois,
tours de force et d'adresse, illuminations, tout un programme de réjouissances au lendemain de ce formidable
siège où l'héroïsme de la défense fut égal à celui de l'attaque. Il était difficile aux Espagnols de se divertir de bonne
grâce ; aussi la physionomie des danseurs jurait-elle avec
les mouvements de leurs jambes.

21 juillet. — Nous partons de Reus pour Saragosse ; à
Lérida, nous apprenons la prise de Montserrat, place forte

de Catalogne, que l'on croyait inexpugnable sur son rocher abrupte ; les vainqueurs de Tarragone l'ont emportée
d'assaut. Il y avait là un riche couvent, des collections
précieuses en objets d'histoire naturelle amassées depuis
trente ans par un moine très savant; en quelques instants,
la baïonnette de nos soldats a détruit ces trésors de la
science.

28 juillet. — Le canon annonce l'arrivée du maréchal
à Saragosse. Le pont sur l'Èbre était orné d'un arc de
triomphe en branches de lauriers, les parapets enguirlandés,
la chaussée jonchée de feuillage d'oranger, de romarin, de
lavande qui embaument l'atmosphère. La troupe en grande
tenue forme double haie sur le passage du cortège ; les
notables de la ville, accompagnés d'un quadrille de gens
grotesquement vêtus, suivis de géants et de nains, vinrent recevoir le maréchal à la porte de la cité ; une musique guerrière précédait le cortège, les maisons des rues
où il défilait étaient parées d'étoffes flottantes aux couleurs
bigarrées : un châssis de hauteur égale partout formait un
dôme de festons et de guirlandes artificielles fort élégantes.
Sept grands tableaux peints représentant les places successivement assiégées et conquises par notre armée : Saragosse, Lérida, Mequinenza, Tortose, Balaguer, Tarragone,
étaient exposés aux regards de la foule. Les danses et des
jeux très variés, où la force rivalisait avec l'adresse, se
prolongèrent pendant toute la soirée. Pendant la nuit, bal
et illuminations : les fêtes devaient durer trois jours.

Quelques notes complémentaires sur la campagne de
Tarragone.

L'ennemi s'étant emparé, par surprise, vers le milieu du

mois d'avril, de la place forte de Figuières, en Catalogne, et la division du marquis de Campoverde s'étant dirigée sur ce point pour ravitailler la place, le général Suchet profita de cette circonstance pour se porter subitement vers Tarragone.

Le 23 avril, le quartier général partit de Saragosse, et le 2 mai, l'armée avait pris ses positions sans avoir brûlé une amorce, et, pour ainsi dire, à l'insu de l'ennemi. Les Catalans n'ignoraient pas que nous avions fait un mouvement vers Lérida, mais ils croyaient que nous allions à Barcelone pour secourir le maréchal Macdonald : ce fut grâce à cette méprise de l'ennemi que nous pûmes passer, sans être inquiétés, le col de Montblanch.

La ville de Reus, située à deux lieues de Tarragone, dans une vaste et riche plaine, ayant de grands et nombreux édifices, devint le centre des établissements de l'administration, hôpitaux et magasins de vivres. Le grand village de Canonge, distant d'une lieue de Tarragone, entièrement abandonné par ses habitants, fut destiné à recevoir le parc d'artillerie expédié de Tortose et le parc du génie.

Le quartier général du maréchal était fixé au village de Constanti, à une lieue de la place assiégée.

La subsistance d'une armée nombreuse dans un pays qui n'offre aucune ressource en blé était une opération aussi difficile qu'importante ; aussi, les habitants de Reus, s'imaginant que le défaut de vivres nous obligerait à ne pas entreprendre le siège, comme cela était arrivé plusieurs fois à l'armée impériale de Catalogne, nous reçurent avec une gravité voisine de l'indifférence. Mais toutes les mesures administratives avaient été prises, les convois de vivres affluèrent sans interruption par les routes de Falset et de Tortose, les rations furent complètes ; le pays nous fournit abondamment du vin, et la moisson, qui était sur pied, fut sacrifiée pour les fourrages. L'Aragon nous approvisionna de grains, des magasins considérables de blé avaient été organisés à Lérida, à Mequinenza et à Mora. Le pain qui, à notre arrivée à Reus, se vendait une piécette la livre, diminua promptement de moitié.

Notre armée, renforcée par deux divisions de la Catalogne, se montait à 20,000 hommes et 1,500 chevaux : une partie de ces forces était destinée à garder nos derrières et à faciliter nos communications ; l'autre était employée aux travaux du siège.

Le parc d'artillerie se composait de 60 pièces de gros calibre, bien approvisionnées de projectiles.

L'armée espagnole avait à l'extérieur une division de 12,000 fantassins et 1,000 chevaux, sous le commandement de Campoverde ; dans la place, 15,000 hommes de troupes régulières, sous les ordres du général Salfield. Les Anglais tenaient la mer devant Tarragone, avec une escadre et 2 ou 3,000 hommes de troupes de débarquement.

Tarragone, que les Catalans regardaient avec raison comme le boulevard de leur province, fut toujours une place de guerre très solide : bâtie sur un rocher très élevé, au voisinage immédiat de la mer, elle pouvait s'armer, s'approvisionner en toute sécurité, et recevoir des secours de la marine anglaise.

Dans l'été de 1808, le général Chabran s'en était emparé sans aucune résistance, mais des éventualités pressantes l'obligèrent à l'abandonner trois ou quatre jours après l'occupation. Depuis cette époque, la province n'a pas cessé de

faire des dépenses extraordinaires pour augmenter les fortifications, et surtout pour la construction du fort Olivo,
ouvrage qui était considéré comme imprenable. La ligne
des fortifications était très étendue ; les forts et les bastions
tellement disposés pour la défense, que cinq sièges successifs ont été nécessaires pour s'en emparer : il y avait dans
la place 400 bouches à feu et des munitions pour six mois.

Pendant cinquante-quatre jours, les travaux du siège
furent poursuivis avec une activité, une constance que les
obstacles renforçaient encore. Le meilleur esprit régnait
dans les différentes armes : toutes rivalisaient d'énergie.
J'ai déjà noté le rôle important tenu par la redoute maritime,
construite et armée sous la grêle des boulets anglais ; elle
réduisit les sabords au silence et fit reculer la flotte. Malgré les milliers de projectiles lancés jour et nuit sur nos
ouvrages par les canons de la place, le génie traçait hardi-
ment ses lignes stratégiques, sur lesquelles les pioches de
nos intrépides soldats pratiquaient les boyaux sinueux où
nos troupes invisibles à l'ennemi circulaient jusqu'à ses
pieds. Le général Rogniat commandait le génie de l'attaque ;
l'artillerie, sous les ordres du général Valée, multipliait du
soir au lendemain ses formidables batteries, dont les épau-
lements robustes arrêtaient les boulets espagnols ; toutes
les sorties furent repoussées par nos bataillons, qui s'élan-
çaient pour ainsi dire du sein de la terre, baïonnette en
avant. L'ennemi extérieur menaçait-il d'inquiéter nos tra-
vailleurs, la cavalerie, vigilante protectrice de nos fantassins,
volait à sa rencontre et faisait échouer ses projets.

La prise du fort Olivo fut presque miraculeuse ; un officier supérieur, chargé de diriger une colonne d'assaut, m'a
raconté des détails intéressants. Il y avait un fossé de vingt

pieds de profondeur dont nous ignorions l'existence et qui
était masqué par une palissade; la colonne entra dans le
fort à la suite de la garde espagnole qui allait en relever la
garnison, ce qui doublait par conséquent la troupe des
défenseurs. Quelques officiers français, cédant au nombre,
avaient déjà rendu leurs épées, comme prisonniers. Le bastion du Francoli fut emporté sans la perte d'un seul homme;
lorsque l'ennemi vit la brèche praticable, il évacua l'artillerie et abandonna le bastion.

A l'assaut final du 28 juin, nous fûmes favorisés par une
circonstance particulière que j'ai moi-même entendu relater
par le général espagnol, s'adressant à notre général en chef.
Il disait qu'il n'ignorait pas que la brèche était praticable,
mais ayant observé que nous avions livré les assauts précédents à l'entrée de la nuit, il avait cru qu'il en serait de
même de celui-ci; en conséquence, il avait désigné trois
régiments pour la défense de la brèche, vers huit heures
du soir. A six heures et demie, ce général était notre prisonnier. Cet assaut fut des plus meurtriers : des généraux,
qui ont assisté à de grandes batailles, disaient qu'ils
n'avaient jamais vu autant de morts dans un si petit espace.
Les habitants furent saisis d'une telle frayeur, que plusieurs
se précipitèrent du haut des remparts sur les rochers;
d'autres se noyèrent dans la mer. La garnison de Tarragone
a donné, depuis le commencement jusqu'à la fin du siège,
des preuves de valeur et d'intrépidité; elle nous a plusieurs
fois attaqués dans nos retranchements; le feu roulant de sa
mousqueterie et de son artillerie n'a pas discontinué pendant deux mois, et nous a occasionné un fort grand nombre
de blessés : on évalue à 110,000 le nombre des projectiles
lancés par la place.

La division Campoverde n'a jamais tenté sérieusement de troubler nos opérations. Quant aux Anglais, ils se sont comportés selon leur manière habituelle : tant qu'il n'y avait aucun danger pour eux, ils ont fait un feu épouvantable, dont le résultat le plus net a été de. nous donner 20,000 boulets; dès que notre redoute maritime a été armée de deux pièces, leur escadre s'est placée hors de portée, et ils se sont bornés au rôle de spectateurs malévoles.

Le chiffre des projectiles lancés par notre artillerie a été de 24,000; les boulets ramassés par nos soldats ont dépassé 35,000.

Sur un effectif de 400 hommes, l'artillerie a eu 260 canonniers et 14 officiers hors de combat.

Le mouvement de l'hôpital de Reus porte 2,266 blessés sur un total de 3,811 malades des divers corps de l'armée et des prisonniers espagnols; les blessures étaient généralement fort graves ; le total des décédés par blessure de guerre, y compris ceux des cinq ambulances des divisions, a été de 429 ; les restants à l'hôpital de Reus, le 7 juillet, étaient : 65 officiers blessés. 341 soldats fiévreux, 895 soldats blessés. Total : 1,301.

Le 8 août 1811, j'obtins un congé pour aller revoir ma famille et je pus profiter d'une forte escorte qui protégeait le maréchal se rendant en France par la ligne directe de Zuera, Jaca, Urdos; j'étais heureux de traverser une partie de l'Aragon qui était nouvelle pour moi. On pénètre du versant espagnol dans le versant français par la crête que l'itinéraire d'Antonin désigne sous le nom de *Summum pyrenæum* et que l'on appelle *Somoport* dans le pays. Le 14, j'arrivai à Pau et le 15, jour de la fête de l'empereur, j'allai admirer au village de Jurançon, célèbre par ses vins, la fraîcheur des Béarnaises qui contraste avec le teint hâve des Espagnoles, et le costume blanc éclatant des premières, si différent des sombres vêtements d'au delà des monts. Le 17, j'étais à Saint-Sever ; je n'y passais que dix jours et j'étais loin de penser alors que je voyais pour la dernière fois mon vénéré père.

Le 8 septembre, je partis de Bayonne avec un convoi de 100 chariots d'artillerie escorté par 4000 hommes pour me rendre à Saragosse en passant par Saint-Jean-de-Luz, Irun, Ernani, Tolosa, Lecombery, Pampelune, Tafalla, Caparosa, Tudela, Mallens et Alagon. Le 23 septembre, lorsque j'arrivai à Saragosse, le quartier général était parti pour Valence dont on avait décidé de faire le siège.

Le 1er octobre, après avoir vainement attendu pendant huit jours une escorte, je profitai du départ du général du génie Rogniat, qui se rendait aussi au quartier général, et nous prîmes ensemble la route de Tortose par Pina, Bujalaros, Caspé, Batea, Pinel. Après Amposta et San-Carlos ou la Rapita, tout près de la mer, nous passons sur un pont la Cenia, qui sépare la Catalogne du royaume de Valence. Nous faisons halte à Vinaros, petite ville dont la campagne est très bien cultivée. A l'église paroissiale, nous visitâmes le tombeau du duc de Vendôme, petit-fils du bâtard de Henri IV, qui mourut à Vinaros en 1712, en achevant la soumission de l'Espagne sous Philippe V. Les vins de Vinaros et de Beni-Carlo sont d'un noir foncé, très recherchés pour faire des coupages. A une lieue de Beni-Carlo, j'accompagnai le général Rogniat dans une reconnaissance du fort de Peniscola occupé par l'ennemi et situé sur un rocher immergé ; au temps des Templiers, c'était déjà une place forte. Le 10, à Torreblanca, nous apprenons la reddition du fort d'Oropesa avec sa garnison de 200 hommes ; une batterie de quatre pièces de 24 a suffi pour battre en brèche et terminer le siège. Les plantations de caroubiers et de vignes sont les principales productions du pays. Le 12, après avoir traversé la riche plaine de Castillon de la Plana, qui est fertilisée par le Millarès et s'étend entre la mer et les montagnes, nous arrivons au quartier général, qui, depuis trois semaines, est fixé près d'Almenara.

Après la rude campagne de Tarragone, le maréchal Suchet avait reçu de l'empereur l'ordre de se porter sans retard sur Valence pour en faire le siège. Les troupes s'étaient mises en marche dès la mi-septembre, les unes se dirigeant par la route de Tortose, les autres par celle de Ternel ; on arriva jusqu'à Murviedro sans rencontrer aucun obstacle. On n'avait que des renseignements fort vagues sur le fort de Sagonte qui couvre cette ville, *Muri veteres* des Romains ; on croyait ce fort à peine armé de canons. L'escalade fut tentée dans la soirée du 2 octobre ; nos soldats furent repoussés avec une perte assez considérable. On dut se décider à préparer le siège en commençant par le fort d'Oropesa dont la possession devenait indispenpable pour le transport de notre artillerie de Tortose. Comme je l'ai dit plus haut, ce fort fut attaqué et pris le 10 octobre ; on s'occupe maintenant du siège de Sagonte.

Le 17, du haut d'une butte voisine de Murviedro, je fus témoin de l'attaque par une batterie de trois pièces de 24 et cinq mortiers qui lancent des bombes. Les assiégés se défendent vigoureusement dans la forteresse dont le rocher qui lui sert de base me paraissait inaccessible. Le 18, à la pointe du jour, on bat en brèche avec une pièce de

24 supplémentaire ; vers cinq heures du soir, nos canons cessent le feu ; une colonne de 400 hommes d'élite, commandée par le colonel Matis, s'élance à l'assaut par la brèche, qui était longue et escarpée ; les autres colonnes, mal dirigées, ne soutinrent pas à temps l'élan de la première qui, seule en butte aux coups pressés de l'ennemi, réitéra ses efforts pour se maintenir sur la brèche, mais se vit enfin forcée de se replier. Au premier moment de l'assaut, les assiégés paraissaient inquiets, hésitants ; mais en observant l'insuffisance de l'appui fourni à notre première colonne, ils affluèrent sur la muraille et firent pleuvoir sur les assaillants une quantité considérable de balles, grenades en verre et pierres qui firent beaucoup de ravages parmi les plus hardis de nos soldats. Leur audace s'accrut tellement après le mouvement de notre retraite qu'ils se présentèrent à découvert sur la crête de la brèche, gesticulant d'une manière insultante. Quelques coups de notre artillerie furent si bien ajustés qu'on vit plusieurs de ces téméraires lancés en l'air par nos boulets, pendant que nos soldats étaient encore au bas de la brèche.

En voyant avec douleur ce double échec de l'escalade et de l'assaut, nous évoquions le souvenir multiséculaire des habitants de Sagonte qui se brûlèrent plutôt que de se rendre au général carthaginois Annibal (219 av. J.-C.).

Le maréchal fit venir de Tortose un renfort de batteries.

Le 25, cédant à mes goûts aventureux, je me hasardai à pénétrer dans les chemins couverts pratiqués sur le rocher de la citadelle avec des sacs de terre ; j'arrivai à la batterie de brèche commandée par d'Esclaibes. Neuf pièces de 24, autant de mortiers et d'obusiers attaquent le fort sur trois points différents. J'avais à peine mis le pied dans l'enceinte de la batterie que je vis tomber près de moi un soldat italien qui s'était imprudemment mis à découvert en dehors de l'épaulement : il était atteint d'une balle en pleine poitrine. Il eut encore la force de se traîner dans la batterie et expira sans pousser une plainte. Cet événement me fit une vive impression ; après avoir assisté au pointage de quelques coups de canon dont un, habilement dirigé par mon ami, fit sauter en l'air un audacieux qui, pour nous narguer, dansait sur la crête de la brèche, je regagnai, tête baissée, le large des retranchements et mon véritable poste professionnel. A cette époque toute guerrière et meurtrière, le médecin militaire ne devait pas rester étranger, au moins théoriquement, à cette science atroce de donner ou de recevoir la mort.

Ce même jour, pendant que nos projectiles portaient la ruine et la destruction sur les murs de la redoutable forteresse, toute notre armée, c'est-à-dire 15,000 hommes, firent un mouvement pour aller à la rencontre de l'armée valencienne qui, commandée par le général Blake, au nombre de 30,000 hommes, s'avançait pour faire lever le siège de Sagonte. La victoire resta longtemps indécise ; l'armée espagnole fut coupée en deux par les habiles manœuvres de notre cavalerie qui poursuivit l'ennemi jusqu'aux portes de Valence. On ramena 3,500 prisonniers et 15 pièces d'artillerie. Le maréchal fut légèrement blesssé à l'épaule. Le gain de la bataille de Sagonte décida du succès de la campagne,

26. — Nous nous rendons à Murviedro, croyant qu'on livrerait l'assaut ; mais nous constatons avec surprise un profond silence de part et d'autre. La journée se passe en négo-

ciations ; enfin, à huit heures du soir, les 2,500 hommes qui formaient la garnison du fort défilent par la brèche au bas de laquelle ils déposent leurs armes et demeurent nos prisonniers. Cette victoire est aussi importante que celle d'hier ; elle en est le résultat.

27. — Je visite le fort de Sagonte ; c'est une position réellement inexpugnable. En sacrifiant beaucoup d'hommes nous aurions peut-être réussi à monter sur la brèche du corps de la place ; mais il eût été extrêmement difficile de s'y maintenir parce qu'on se trouvait immédiatement sous le feu d'une batterie de quatre pièces en batterie sur un tertre (cavalier). D'ailleurs la disposition stratégique est telle qu'il eût fallu faire trois sièges successifs pour s'emparer de toutes les fortifications.

30 octobre. — Le quartier général se fixe à Murviedro.

3 novembre 1811. — La division Habert s'empare de Grao, le port de Valence, et du faubourg de Serranos, en deçà du Guadalaviar, ce qui nous met à portée de fusil des fortifications de la ville.

30 novembre. — Pendant que nous gagnons du terrain dans le royaume de Valence, les bandes de l'ennemi ne cessaient pas de manœuvrer dans l'Aragon. Nous venons de perdre 800 hommes dans la place de Calatayud, 600 à Ayerbe ; les Catalans ont repris le mont Serrat. Un colonel du génie me gratifie d'un ouvrage de Jacquin, intitulé : *Observaciones botanicæ,* etc., qui a été sauvé de la boue des camps et des mains des soldats ; il provient d'un couvent de capucins, au faubourg de Valence.

La montagne de Sagonte qui domine Murviedro et celles du voisinage offrent aux botanistes une ample moisson d'arbustes et de plantes aromatiques. Les principales sont :

Rhamnus lycioides et *Pumilus; Thymus vulgaris* et *piperella; Teucrium capitatum, iva, pseudochamæpitys, rupestre, chamæpitys; Nepeta marifolia; Viola arborescens; Aristida elatior; Lavatera cretica; Capparis spinosa; Arenaria triflora*; *Plantago amplexicaulis; Cactus opuntia; Agave americana*; *Chamærops humilis; Hypericum ericoides; Digitalis obscura; Passerina hirsuta; Erica vagans; Cistus* variés, etc.

Outre les plantes ci-dessus désignées qui croissent spontanément sur la montagne de Murviedro, on trouve dans les jardins des arbres exotiques remarquables par leurs fruits. L'*Avocatier* (Laurus persea L.), qui donne deux fois par an des fruits excellents, de la grosseur d'une poire, et le *Chirimoya* (Annona Chirimoya), dont les fruits de la grosseur d'une belle pomme reinette renferment une pulpe, une sorte de crème sucrée. Le *Palmier nain* (Chamærops humilis) qui croît abondamment dans toutes les montagnes, et que les habitants appellent *Palma chiquita*, est utilisé pour la fabrication des balais ; en hiver, le tronc offre dans son axe une chair blanche, cassante, dont le goût rappelle celui de la châtaigne : c'est un aliment qui se vend au marché sous le nom de *margallon*. Les fruits ont un noyau très dur, susceptible d'un beau poli, dont on fait des chapelets. On observe dans ce pays un oiseau de la grosseur du merle, qui vit solitaire et se tient des heures entières, sans bouger, sur les cheminées et les vieilles murailles : il est d'un bleu cendré uniforme, avec quelques traits plus foncés sur la poitrine. Son gazouillement ressemble beaucoup à celui de la fauvette ; c'est peut-être le *Passer solitarius* dont parle David.

Lorsque nous arrivâmes à Murviedro, les habitants avaient tous pris la fuite, et les maisons étaient *primo occupanti*. Notre personnel médical, MM. Rampont, Beaumarchef,

Charpentier et moi, nous fîmes choix d'une grande maison, à peu près vide de mobilier ; à la guerre comme à la guerre : nos ordonnances se mirent en quête de lits, de meubles dans le quartier. En quelques jours, nous fûmes confortablement installés. Nous occupâmes ce logis pendant deux mois. Malgré le beau ciel valencien, l'hiver se fit sentir : nous avions besoin de bois de chauffage et de combustible pour la cuisine ; on prenait du bois partout, sans respect pour les vieux meubles, les planches, les solives, et même les poutres. Au bout de quelques semaines, nous étions au terme de nos ressources ligneuses, on allait porter la hache sur un escalier de la maison usurpée, lorsque le propriétaire légitime, informé que des officiers étaient maîtres chez lui, comprit la nécessité des exigences de la saison : il vint très poliment, dans l'intérêt de son immeuble, nous offrir du bois de chauffage, et nous n'en manquâmes plus.

On ne saurait croire combien, à la suite de notre armée, il y avait des marchands de toute espèce, ayant leurs boutiques étalées comme si nous étions à cent lieues de l'ennemi, cafetiers, horlogers, bijoutiers, selliers, drapiers, tailleurs, bottiers, maquignons, marchands de comestibles. Au bruit d'une prise d'armes, les juifs vont aux avant-postes, la bourse bien garnie, prêts à vous débarrasser à vil prix d'un butin souvent fort riche.

24 décembre. — Le maréchal se rend à Ségorbe pour y passer en revue les divisions Reille et Severoli, qui viennent nous renforcer pour le siège de Valence.

26 décembre. — Notre armée passe sur différents points le Guadalaviar ; l'ennemi, malgré la vive résistance qu'il a faite à Quarte, est repoussé de toutes ses positions et obligé de rentrer dans Valence ; 600 prisonniers, 11 pièces de canon, restent en notre pouvoir, et nous complétons l'investissement de l'enceinte de la place. Cette opération a coûté 400 hommes tués ou blessés : la plupart de la division italienne du général Palombini, qui s'est couverte de gloire dans l'attaque de Quarte. Le général Boussard, commandant notre cavalerie, emporté par une bravoure imprudente, tomba dans une embuscade ennemie, fut atteint de huit blessures, resta prisonnier pendant quelques minutes et fut heureusement délivré.

29 décembre. — Une colonne ennemie, forte de 400 hommes, sort de Valence pendant la nuit, passe le pont à la barbe de nos postes et gagne les montagnes, C'était, dit-on, l'avant-garde d'une colonne beaucoup plus considérable, qui devait s'échapper avec Blake ; mais celui-ci n'a pas osé tenter le passage.

ANNÉE 1812.

3 janvier. — Dans la nuit dernière, le colonel Henri, chef d'état-major du génie, en faisant une reconnaissance à la tranchée vers le sud de la ville, a été tué par un éclat d'obus. La perte de ce courageux et brillant officier a été vivement sentie par l'armée.

5 janvier. — L'ennemi nous abandonne toute l'enceinte extérieure qui avait coûté quatre ans de travaux fort dispendieux : on lance des obus dans la ville depuis hier.

6 janvier. — Un parlementaire est envoyé à Valence : on ne lui permet pas de passer le pont ; il remet les dépêches. Blake, s'imaginant que les projectiles nous font défaut, répond que vingt-quatre heures de bombardement lui assurent la constance de la troupe et des habitants, pour la défense de la place. En conséquence, nos mortiers redoublent le feu : deux nouvelles batteries de brèche sont construites entre le faubourg San-Vicente et celui de Quarte ; chaque batterie doit être armée de dix pièces de 24, et la brèche sera ouverte à peu de distance de la porte San-Vicente.

7 janvier. — Plusieurs édifices sont incendiés. Le feu a pris au palais de l'Archevêché et à la bibliothèque de l'Université. Le courage des Valenciens est, dit-on, fortement ébranlé.

8 janvier. — Vers quatre heures du soir, les feux cessent entièrement de part et d'autre ; les pourparlers de négociation sont commencés : néanmoins l'artillerie continue d'armer les batteries de brèche, et le génie poursuit ses travaux.

9 janvier. — A neuf heures du soir, les négociations sont conclues : Valence capitule. La brigade du général Robert en prend possession ; la garnison est prisonnière au nombre de 15,000 hommes.

10 janvier. — La garnison de Valence dépose les armes, après avoir passé le pont. Blake et son état-major se constituent prisonniers. Le général espagnol est un homme de haute stature, âgé de cinquante-cinq à soixante ans, ayant les sourcils longs et très fournis, une physionomie grave.

12 janvier. — Les prisonniers s'échappent par centaines pendant la nuit : on croit que le nombre des évadés s'élève à 2,000. Ces évasions s'expliquent par le peu de vigilance des troupes chargées de garder les prisonniers, et par l'état de dénuement où ils se trouvaient ; c'est ainsi que se forment les bandes qui nous inquiètent tous les jours davantage en Aragon, en Navarre.

14 janvier. — Le maréchal, avec son quartier général et 15,000 hommes, fait son entrée dans Valence : de riches tentures de soie, des lustres suspendus, des guirlandes, des couronnes, ornaient toutes les maisons des rues où le cortège a défilé.

Lors de la reddition de Sagonte, j'avais eu l'occasion de m'entretenir avec deux médecins espagnols, qui furent renvoyés comme non combattants : ils m'apprirent que le professeur de botanique de l'Université de Valence, dom Vicente Lorente, âgé de soixante ans, était gravement compromis, comme s'étant mis à la tête des étudiants armés. Je leur recommandai de dire à ce professeur qu'un médecin de l'armée française, botaniste, et inconnu de lui, était tout disposé à le protéger à l'occasion.

Dès mon entrée à Valence, j'eus hâte d'aller à la mairie pour demander mon billet de logement dans la maison du professeur Lorente. Lorsque j'arrivai dans cette maison, la femme du professeur m'annonça, les larmes aux yeux, que son mari était en prison et sur le point de partir pour la France. Je courus aussitôt chez le commandant de la place : c'était, heureusement, mon ami Bugeaud. Je le supplie de me livrer, sur ma responsabilité, le professeur Lorente. A l'appel de ce nom, Bugeaud s'écria : « Impossible ! Il est signalé comme un des chefs les plus exaltés. » J'insistai, et je promis d'obtenir sa grâce auprès du maréchal. Je réussis dans mon entreprise confraternelle : Lorente me fut remis, et j'eus le bonheur de le rendre aussitôt à sa famille éplorée. Le lendemain, pour régulariser et assurer la position du vénérable professeur, j'adressai au maréchal un mémoire justificatif, où je mettais en relief les titres scientifiques de mon protégé, ses travaux importants sur la culture et la fabrication de l'indigo, et son intention de les continuer avec moi : ma pétition fut bien accueillie, comme je l'espérais, et Lorente fut sauvé. Pendant tout le temps de mon séjour chez ce savant botaniste, je fus lié d'amitié avec toute sa famille : j'occupais un appartement spacieux, très convenable pour mes études ; c'est l'époque de ma vie où j'ai le plus travaillé et récolté le plus d'objets d'histoire naturelle. Lorente m'accompagnait parfois dans mes excursions circumvalenciennes.

18 janvier. — L'archevêque de Valence, vieillard octogénaire, qui s'était absenté pendant le siège, rentre dans cette ville, appelé par le maréchal; tous les notables et le clergé se rendent à la porte San-Vicente pour recevoir le vénérable prélat; les cloches sonnent à toute volée et un concours prodigieux d'habitants et de nos soldats remplit les rues depuis la cathédrale jusqu'à la porte de la cité.

31 janvier. — La disette se fait sentir d'une manière affligeante dans la population ouvrière.

5 février. — Le maréchal Suchet reçoit la nouvelle de son élévation à la dignité de duc d'Albufera. Le lac de l'Albufera, situé aux environs de Valence, est fort vaste et en communication avec la mer, peuplé d'oiseaux aquatiques et entouré d'immenses rizières, donnant un revenu de 400.000 francs. Lorsque le maréchal quitta sa belle conquête du royaume de Valence, il ne conserva que le nom de son duché.

29 mars. — Le premier chirurgien de l'empereur, le baron Boyer, mon ancien professeur à l'hôpital de la Charité, arrive à Valence pour opérer le maréchal d'une fistule à l'anus; l'opération fut pratiquée avec succès et très largement rétribuée. Boyer resta dix jours à Valence; l'empereur lui donna 40.000 francs pour son déplacement, et le maréchal 40.000 francs pour l'opération. Boyer confia le pansement,

qui dura quinze jours, à son gendre Roux, qui fut gratifié
de 15.000 francs. Voilà de la chirurgie lucrative.

J'ai revu plusieurs fois à Paris le professeur Boyer, qui
m'accueillit toujours comme son ancien élève privilégié.

8 mai. — La misère du peuple valencien est à son comble ; le froment se vend 450 piécettes le *cahile*, qui pèse 3
quintaux. Les malheureux mangent les herbes des champs
comme les animaux ; la figure des mendiants qui à tout
instant nous tendent la main porte un cachet effrayant : les
yeux enfoncés dans les orbites, le regard abattu, les joues
creuses, les alvéoles saillantes, le teint sale et livide, les
membres décharnés : tout présage chez eux une destruction
prochaine. J'en ai vu expirer dans la rue. A chaque instant
du jour, le son des cloches ou l'escorte funèbre du Saint-
Sacrement annonce la mort d'un de ces infortunés.

14 juillet. — Je reçois l'ordre de partir sans délai et en
poste pour Mequinenza, place forte de l'Aragon, à 50 lieues
de Valence, afin d'y constater une épidémie dans la garnison. Le soir même, je pars avec une escorte de deux hussards ; je passe par Murviedro, Castellon de la Plana, Beni
Carlo, Uldecama, Tortose, Xerta, Pinel et Batea. J'arrive
à Mequinenza le 18 ; j'y apprends que la garnison et les
habitants jouissent d'un bon état sanitaire. Pendant les mois
d'avril et mai, une fièvre d'hôpital épidémique avait fait
plusieurs victimes ; elle y avait été apportée par le 7ᵉ de
ligne italien, et elle avait cessé lorsque ce régiment était
parti.

Mequinenza est une petite ville située près du confluent
de la Sègre avec l'Èbre, au pied et sur le revers d'une montagne calcaire aride, dont la crête est couronnée par des fortifications : celles-ci furent prises par nos troupes en 1810,

après trois heures de canonnade d'une batterie établie sur un plateau qui domine le côté opposé à l'Èbre. La fièvre intermittente y est moins fréquente que dans d'autres localités riveraines de l'Èbre.

22 juillet. — Je rentre à Valence : on venait d'apprendre le beau succès de nos soldats à Castalla. Depuis le commencement de mars, le général Harispe, pour assurer les subsistances de sa division, avait établi son cantonnement en avant-garde aux environs d'Alcoy.

L'armée ennemie, qui depuis six mois s'organisait pour une attaque, voulut signaler l'acceptation de la nouvelle constitution (junte de Cadix) par une affaire générale. Le 20 juillet, elle se mit en mouvement, et, dans la nuit du 20 au 21, le général Delor, commandant notre cavalerie, fut instruit de son approche ; sept compagnies du 7e de ligne, 100 cuirassiers du 13e régiment étaient les seules forces à sa disposition, à Castalla, loin de son cantonnement. Le colonel Mesclop était à Ibi avec tout le 44e de ligne et 60 cuirassiers ; des ordres furent donnés dans les divers cantonnements pour exécuter un mouvement concentrique vers Castalla et Ibi, qui furent les deux points attaqués. L'armée espagnole, forte de 20.000 combattants, s'avança sur trois colonnes, dont la première, sortie d'Alicante avec 6.000 hommes, se porta sur Ibi ; la deuxième, composée de 10.000 fantassins, 300 cavaliers et 2 pièces d'artillerie, marcha sur Castalla par Novelda ; la troisième qui, heureusement pour nous, eut un retard, devait partir de Villena avec 2.000 hommes et 800 chevaux, et se porter sur Biar pour s'opposer au mouvement du 24e dragons cantonné dans ce village. Le 21 juillet, au point du jour, l'ennemi se trouvait en bataille vis-à-vis Castalla. Le général Delor abandonna momentanément le bourg et prit position en arrière. Les Espagnols occupèrent le village; bientôt, le colonel Mesclop, quoique attaqué, lui aussi, envoya un bataillon du 44ᵉ au général Delor, et les dragons, partis au galop de Biar, se présentèrent en vue de Castalla. Le général charge avec impétuosité la ligne ennemie; les cuirassiers rentrent dans le village, renversent et sabrent tout ce qui s'oppose à leur élan : les dragons, de leur coté, disposés sur deux de front à cause de l'étroitesse d'un pont à passer, se précipitèrent avec une audace inouïe sur l'artillerie espagnole dont ils sabrèrent les canonniers, chargèrent ensuite un régiment de gardes wallonnes qui avait formé le carré, l'enfoncèrent, rompirent deux autres carrés et mirent l'ennemi en déroute. J'ai entendu le général Harispe déclarer que cette charge de dragons était un des plus beaux faits d'armes de nos fastes militaires. Dès que le bataillon du 44ᵉ vit que la victoire était décidée en notre faveur à Castalla, il reprit le chemin d'Ibi, où cinq compagnies tenaient tête à toute la garnison d'Alicante; celle-ci s'était emparée du village, mais un fort résistait encore et ne cessait pas de tirer sur les Espagnols. Sur ces entrefaites, le général Harispe, parti d'Alcoy avec deux compagnies du 116ᵉ de ligne, 60 cuirassiers et 2 pièces d'artillerie, arrivèrent en vue d'Ibi. Il fit placer sa troupe sur une hauteur qui flanquait l'ennemi : le feu de ce renfort fut si nourri, si meurtrier, que les Espagnols, abandonnant Ibi, exécutèrent la retraite par des sentiers rocailleux où notre cavalerie ne put les poursuivre. Les résultats de cette affaire ont été 2.600 prisonniers, 800 hommes tués, la prise de trois drapeaux, de deux pièces de canon avec leurs caissons. De notre côté, 48 morts dont 1 officier de dragons et 4 officiers d'infanterie. Cette bataille, si elle eût été perdue, aurait peut-être obligé notre armée à se replier vers l'Aragon.

14 août. — Une armée de 15.000 hommes a débarqué au port d'Alicante; c'est une armée anglaise composée de Siciliens, de Calabrais et de régiments irlandais. Nos troupes font un mouvement pour l'observer. Le maréchal part de Valence; la division d'avant-garde quitte Alcoy pour prendre des positions en avant de Xucar.

16 août. — Tout annonce une attaque prochaine de la part de l'ennemi, dont les forces s'élèvent, dit-on, à 30.000 hommes. Nous sommes réduits à 12.000, mais nous attendons des renforts de l'Aragon et de la Catalogne. Retour du maréchal dans l'après-midi du 16.

17 août. — Un pont est jeté sur le Xucar près d'Albérique, afin de disposer de la route royale de Madrid. Le général Paris arrive avec un renfort de 3.000 hommes; on tire le feu d'artifice pour la fête de l'empereur, qui avait été ajournée.

On dit que l'armée de Centre, commandée par Marmont, a éprouvé un grave échec près de Salamanque (bataille des Arapiles) de par le général anglais Wellington : on assure que le maréchal Soult aurait refusé le concours de son armée d'Andalousie à l'armée du Centre, dont le roi Joseph est le commandant supérieur.

18 août. — Une brigade de 4.000 hommes arrive de l'armée de Catalogne comme renfort. Le maréchal repart et établit son quartier général à San-Felipe; on évacue sur Murviedro et Peniscola le trésor, les magasins, l'artillerie.

19 août. — L'ennemi, au lieu de nous attaquer, nous a débordés et s'est porté sur Almanza. Les bruits fâcheux sur la défaite de notre armée du Portugal et du Centre se con-

firment : on présume que ce mouvement de l'ennemi a
pour but d'empêcher la retraite du roi Joseph sur Valence.

20 août. — Je reçois l'ordre de me rendre au quartier
général à San-Felipe; on passe par Catarroja, village
habité par les pêcheurs et chasseurs du lac d'Albufera, Albérique où l'on vient d'établir le pont sur le Xucar.

22 août. — On apprend l'entrée des Anglais dans Madrid,
et le mouvement de retraite de l'armée du Centre et du roi
sur Valence.

24 août. — Le maréchal part pendant la nuit pour aller
à la rencontre de S. M. C., que l'on dit être à Almanza. La
division Harispe est envoyée pour tourner l'arrière-garde
de l'armée royale.

26 août. — Notre armée a fait sa jonction avec celle du
roi : l'ennemi se retire en hâte sur Alicante.

27 août. — Le roi Joseph arrive à Saint-Philippe avec sa
garde affamée et ses ministres ; il est accompagné d'un convoi interminable, composé de 8 à 10.000 personnes, tant
Français qu'Espagnols, et de 1.200 voitures... Quel
encombrement! quel désordre! J'ai le plaisir d'embrasser
deux officiers, mes compatriotes. Je suis autorisé à regagner
Valence.

31 août. — Le roi fait son entrée dans Valence. Il est
reçu à la porte San-Vicente, au bruit du canon et des cloches, par le clergé, les autorités et les *géants ;* il se rend,
sous un dais, à l'église de l'archevêché, puis à son palais.
Le convoi de l'armée du centre est réparti dans les villages
environnants; cette armée a beaucoup souffert de la soif en traversant la Manche qui n'offre ni ruisseaux ni fontaines; un
verre d'eau se payait quatre piastres. Le pays a été dévasté
jusqu'à Almanza. On dit que le maréchal Soult se décide

à quitter l'Andalousie ; notre victoire de Castalla qui fut remportée le jour de la défaite de Marmont aux Arapiles (21 juillet), empêcha l'ennemi de marcher sur Madrid et rendit possible la retraite du roi sur Valence.

21 septembre. — Le maréchal Suchet part pour aller à la rencontre du maréchal Soult, le roi prend la même direction vers Moxente ; c'est une entrevue officielle pour conférer de la situation militaire très aggravée dans toute la péninsule.

Je pars, moi aussi, dans la voiture de l'ordonnateur en chef ; j'espérais avoir l'occasion d'embrasser mon ami Bory de Saint-Vincent, officier de l'état-major du maréchal Soult. Moxente est à 15 lieues de Valence.

27. — Je vais avec d'Esclaibes faire une excursion dans les montagnes ; il en rapporte des lièvres, des perdrix ; j'y ai récolté plantes et insectes ; chacun est content. L'entrevue étant retardée, le but de mon voyage n'est pas atteint ; je rentre à Valence.

1er octobre. — Je reçois l'ordre de me rendre à la division d'avant-garde commandée par le général Harispe qui est à Villena, dans le royaume de Murcie ; on dit que la fièvre jaune règne dans cette contrée. Les Anglais ont pris, la nuit dernière, 700 bombes dans un magasin du Grao.

4. — L'entrevue du roi avec les deux maréchaux a eu lieu hier à Fuente de la Higuera.

6. — Arrivée à Villena. J'apprends que l'ennemi, dont on porte les forces à 25.000 hommes, menace la division du général Habert dans ses cantonnements d'Alcoy ; en conséquence, le général Harispe va faire un mouvement vers Alicante avec 5 régiments d'infanterie, 12 pièces d'artillerie, 1.000 hommes de cavalerie.

8. — A trois heures du matin, nous sommes en marche; on passe au village de Sax adossé à des rochers que dominent des fortifications; puis à Elda, ville assez populeuse dont la *huerta* est riche en oliviers et en vignes; à Novelda, lieu du bivouac. L'avant-garde se porte vers Montforte. L'ennemi était à peu de distance; on fit tout pour l'engager à nous attaquer ; on lança un détachement de hussards et deux compagnies de voltigeurs qui tuèrent une trentaine d'hommes et ramenèrent autant de prisonniers parmi lesquels un officier anglais.

9. — Une brigade reste en réserve à Novelda; les autres troupes se portent en avant et la cavalerie s'avance jusqu'en vue d'Alicante. On aperçoit huit à dix mille ennemis rangés en bataille sous le canon de la place; mais ils n'acceptèrent pas l'offre du combat. Le général Habert avait, de son côté, vigoureusement repoussé l'attaque de l'ennemi.

12. — Revenu à Villena, je fais une excursion sur les montagnes voisines qui sont calcaires et très fertiles pour le botaniste : j'observe surtout une espèce d'absinthe, *Artemisia aragonensis*, dont les caractères botaniques et les propriétés médicales rappellent le *semen-contra*. Les bruits d'épidémie de fièvre jaune ne se confirment pas; trois décès parmi les officiers de l'armée du Midi, à Yecla, sont attribués à d'autres causes que le vomito; j'adresse mon rapport au médecin en chef de l'armée.

18. — Les armées du Midi et du Centre s'étant mises en mouvement vers Madrid, nous quittons Villena (royaume de Murcie) pour rentrer en Valence. Le quartier général de la division se fixe à Moxente et l'avant-garde à Fuente de la Higuera.

Séjour à Moxente (du 18 octobre 1812 au 11 février 1813).
— J'ai habité quatre mois, avec le général Harispe, le misérable village de Moxente; quoique nous fussions toujours sur le qui-vive, j'y organisai l'emploi de mon temps
de manière à l'utiliser et pour mon devoir professionnel et
pour mes études spéciales. Dans le jour je parcourais, seul
le plus souvent, le poignard à la ceinture et la carabine en
sautoir, les montagnes et les ravins de cette contrée aride
et déserte pendant l'hiver; je passais mes soirées dans le
salon du général avec lequel je me liai d'amitié; nous étions
presque compatriotes.

Moxente est un pauvre village de cinq cents feux, situé
au bord du ruisseau Montesa, près de la route de Saint-
Philippe à Almanza; ses maisons, de sombre apparence,
se confondent avec des rochers dont les crêtes offrent des
débris de fortifications. Ce village a son faubourg dont il est
séparé par un pont en pierre jeté sur un profond ravin; sa
huerta fort étroite est arrosée par l'eau surabondante de
trois fontaines et de réservoirs où l'on rassemble les eaux
de pluie. Les principales productions de la localité sont:
les figues, l'huile, les caroubes. Les figuiers [1] occupent sur

---

1. — Le figuier est un arbre méridional beaucoup moins susceptible
au froid que le caroubier et l'olivier; aussi on le cultive avec avantage
dans le Midi occidental de la France, tandis que l'olivier ne peut s'y
acclimater; comme ce dernier, il est à peu près indifférent pour la qualité et l'exposition du sol. J'en ai vu de fort beaux et chargés de fruits,
soit dans les plaines sablonneuses, soit dans les terres d'engrais, soit sur
les coteaux les plus élevés, les plus arides. Quelquefois il croît spontanément dans les crevasses des rochers et je me rappelle en avoir vu
plusieurs pieds dans les interstices des énormes pierres qui forment le
cirque romain de Nîmes. Sa culture exige peu de soins; elle est à peu
près la même que celle du caroubier; on ne lui laisse point acquérir un

tout les coteaux qui sont cultivés jusqu'aux escarpements des rochers ; les oliviers avoisinent la grande route ; peu de vignobles.

15 novembre. — Nous apprenons que la garnison espagnole du fort d'Alicante a été, sous divers prétextes, rem-

tronc élevé ; on cherche à multiplier ses branches pour en multiplier les fruits ; il y en a qui forment des ombrelles assez vastes pour abriter contre le soleil une trentaine de personnes ; on en voit de cette étendue à Mora de Ebro. On fait en Espagne une grande consommation et un commerce assez considérable de figues tant fraîches que sèches ; elles me paraissent bien moins variées pour leurs espèces que dans les départements méridionaux de la France. Dans l'espèce *figue noire*, j'ai observé deux variétés qui croissent sur le même arbre dans des saisons différentes ; l'une, que nous appelons *figue fleur* et que les Espagnols désignent sous le nom de *breva*, mûrit dans le mois de juillet ; elle est moins commune, plus grosse et proportionnellement plus allongée que l'autre qui mûrit en automne ; il y en a qui acquièrent jusqu'à 4 pouces de longueur sur une épaisseur d'un pouce et demi. Un caractère botanique les distingue surtout ; c'est leur mode d'insertion ; celle-ci, dans la *breva*, est opposée au pétiole de la feuille ; tandis que pour la figue automnale elle est axillaire.

La *figue blanche* qui, en général, est plus courte, plus ventrue que la précédente, ne nous a offert que trois variétés : l'une, recouverte d'un épiderme très vert, renferme une pulpe d'un rouge vif ; la deuxième, fréquemment ouverte en étoile sur son ombilic, est moins foncée intérieurement et plus pâle en dehors ; elle est moins délicate ; la troisième, plus grande et plus exquise, a la peau fort tendre et la pulpe d'un rouge fort pâle. Au premier coup d'œil, elle ressemble à la figue céleste ; mais elle est moins grande que cette dernière, le principe sucré y est moins abondant.

Pour opérer la dessiccation des figues, on les dispose bien mûres sur des claies de roseau, de manière à les isoler les unes des autres et à permettre la libre circulation de l'air. On expose ces claies au soleil et on les rentre en cas de pluie ou de l'état serein du ciel. Lorsqu'elles sont suffisamment sèches, on trie les meilleures qu'on livre au commerce ou que l'on destine à la consommation du ménage. Le rebut sert à la nourriture des bestiaux ; les cochons les mangent avec avidité. Les laboureurs de Moxente m'ont assuré que les figues sont préférables aux caroubes pour soutenir les forces des mules qui travaillent la terre.

placée par une garnison anglaise ; il y aurait eu des rixes entre les militaires des deux nations.

21. — Pendant la nuit, le général Delor, commandant nos avant-postes, s'est porté rapidement de Fuente à Yecla, distant de 5 lieues ; il a surpris un détachement de cavalerie ennemie et a ramené trente chevaux et quarante prisonniers, parmi lesquels un colonel ; nous n'avons eu que trois blessés.

30. — L'ennemi fait des mouvements vers nos cantonnements.

10 décembre. — Le maréchal vient à Moxente pour se concerter avec le général Harispe. L'ennemi menace Requana et la droite de notre armée avec des forces très supérieures aux nôtres.

27. — Le commandant Bugeaud, à la tête de son bataillon, est parti de son cantonnement pour attaquer les avant-postes ennemis au village d'Ibi ; il leur a tué quarante hommes et fait des prisonniers, parmi lesquels deux officiers.

11 février 1813. — Après quatre mois de service provisoire dans la division Harispe, je la quitte, non sans regrets, pour rentrer au quartier général, à Valence.

10 mars. — Le quartier général est transféré à Saint-Philippe.

J'ai aussi séjourné à diverses reprises, et dans des saisons différentes, dans la jolie ville de San-Felipe ou Xativa. Je m'y livrai avec ardeur à l'investigation des richesses naturelles de ce pittoresque et fertile pays ; on eût dit, à mon entraînement, que je pressentais notre prochain départ de cette terre privilégiée ; en y foulant les vénérables traces de Barrelier et de Clusius qui herborisèrent dans le pays de Valence, il y a plus d'un siècle, je me sentais pour ainsi dire inspiré de leur souvenir.

Mars-Avril. — Pendant la dernière quinzaine de mars, l'ennemi témoignait chaque jour l'intention de nous attaquer sérieusement ; en conséquence, le maréchal, tout en faisant évacuer sur Murviedro et Tortose les magasins et les hôpitaux de Valence, dirigea du côté de San-Felipe toutes les troupes disponibles. Le passage de l'Èbre par quelques bandes de la Catalogne, des menaces du chef Villacampa et l'incertitude sur le sort d'un convoi qui arrivait de France escorté par 1.500 nouveaux soldats ; toutes ces nouvelles, vraies ou exagérées, avaient donné de l'inquiétude à nos chefs militaires : le maréchal résolut de prendre l'offensive.

Dans la nuit du 10 au 11 avril, la division Harispe exécuta un mouvement rapide sur Yecla, où se trouvait le corps espagnol d'Eliot ; le 11, à la pointe du jour, elle attaque l'ennemi avec sa vigueur accoutumée, le chasse successivement de plusieurs positions, l'enfonce, le bat complètement, lui tue 600 hommes, prend un drapeau et fait 1.500 prisonniers. L'affaire fut chaude et de courte durée ; les commandants de nos deux colonnes d'attaque furent blessés grièvement. Pendant l'affaire de Yecla, le maréchal se portait sur Villena avec la première division ; l'ennemi, qui avait pris ses positions en avant de cette ville, fut contraint de se retirer et d'évacuer Villena pour se diriger vers Biar ; 800 hommes d'un régiment de Malaga restèrent au château pour le défendre.

Le 12 avril, la division Harispe vient sommer la garnison du château de se rendre, ce qu'elle fit après l'envoi de quelques obus ; en même temps la division Habert attaqua le col de Biar, défendu par les Anglais. Malgré le feu très vif et soutenu de l'ennemi, nos voltigeurs forcèrent le défilé et l'on s'empara de deux pièces de montagne qui le défendaient ; nos troupes bivouaquèrent près de la plaine de Castalla.

Le 13 avril, on espérait une bataille et nous comptions sur l'aide puissante de l'artillerie et de la cavalerie ; mais les Anglais, toujours prudents, prirent des positions sur des montagnes fort escarpées, tandis que leur réserve attendait les événements en avant de Castalla ; il s'agissait de les attaquer malgré l'avantage de leur position. Les généraux tinrent conseil ; un seul, chargé de l'attaque (général Robert), ne partagea point l'opinion générale sur le point attaquable ; sa confiance obstinée persuada le maréchal qui dirigea les colonnes en conséquence. L'élan de nos troupes fut admirable sous un feu d'autant plus terrible qu'il se concentrait sur un seul point ; le colonel du 114e fut mortellement blessé ; un officier d'état-major, qui lui apportait un ordre, périt à côté du colonel ; une compagnie de grenadiers du 121e perdit ses trois officiers, le colonel du même régiment fut blessé ; on fut obligé de se replier en abandonnant sur le terrain 500 morts ou blessés. La réserve ennemie, voyant notre insuccès, s'était formée en colonne d'attaque pour enfoncer notre centre ; mais le feu bien ajusté de six pièces d'artillerie légère l'arrêta court et l'obligea de renoncer à son entreprise. A la nuit tombante, les troupes rentraient à Villena.

Le 14 avril, l'armée avait repris la ligne qu'elle occupait avant cette courte expédition. Si, au lieu d'attaquer avec une audace imprudente la position presque inexpugnable des Anglais, on se fût borné au succès brillant du général

Harispe, l'armée d'Aragon n'aurait pas essuyé cet échec, grave surtout au point de vue de son influence sur le moral du soldat. C'était la première fois que notre armée se trouvait en présence des Anglais. Le maréchal fut vivement affecté de cet insuccès. Le résultat général de cette expédition fut cependant à notre avantage, puisque la perte de l'ennemi fut de 3.000 hommes dont 2.000 prisonniers tandis que la nôtre, tant en blessés qu'en morts, ne dépassa pas 1.000. Plusieurs de nos blessés sont restés au pouvoir de l'ennemi.

20 mai. — Je rejoins le quartier général à Valence.

26 mai. — *Excursion aux montagnes de Porta-Cœli.*

Les symptômes alarmants du côté de notre situation militaire dans la péninsule retentissaient douloureusement dans tous les cœurs de l'armée d'Aragon, mais mon amour de la science ne se découragea point. Depuis long temps j'avais formé le projet de faire une excursion botanique dans les montagnes de Porta-Cœli, situees à six lieues ouest de Valence. Mon hôte, le professeur Lorente, consentit à m'accompagner jusqu'à la Chartreuse de ce nom ; je joins là deux guides de la localité pour escalader le *Monte Mayor.* Ma qualité de médecin me fit respecter par ces hommes, sur la moralité desquels je n'avais aucun renseignement; ils pensaient que j'allais à la recherche des plantes médicinales, et je me gardai de les détourner de cette idée. Je ne balançai point à leur témoigner mon entière confiance ; j'armai l'un de ma carabine pour m'éclairer en cas de rencontre de quelque guérilla ; l'autre portait un panier (*caparo*), où je déposais mes plantes au fur et à mesure que je les cueillais. Au lever du soleil, nous arrivons au couvent de Porta-Cœli ; j'y déjeune, j'y laisse le professeur Lorente, et je continue *pedibus*, avec mes deux paysans, dans la direction du Monte Mayor, le point le plus élevé de la chaîne : nous passons par la *Pobleta*, la ferme du couvent. La prodigieuse variété des végétaux qui peuplent ces montagnes, le désir de visiter les différentes expositions m'entraînent loin des sentiers battus ; j'escalade, je descends, je perds mes guides, je les retrouve, je dépose dans le panier mon abondante moisson ; ils me répètent que Monte Mayor est fort éloigné, que je n'aurai pas la force d'y arriver si je me fatigue dès le début de la course. Je repars aussitôt et je les excuse d'ignorer que le naturaliste acquiert de nouvelles forces par la découverte de quelque objet nouveau, par la constatation d'un fait curieux : ici c'est une touffe de brillantes fleurs, dont je choisis les beaux échantillons pour mon herbier et pour celui de mes amis de France, j'attrape des insectes variés que j'emprisonne dans des cornets de papier. Là, c'est une mousse, un lichen, qui m'attirent dans l'antre d'un rocher dont je dois aussi examiner et la forme et la structure ; ailleurs, j'observe une graminée difficile à arracher de la crevasse profonde qui la recèle ; plus loin, une grosse pierre qu'il s'agit de renverser pour dénicher une araignée, un coquillage d'espèce rare ou inconnue ; enfin, successivement attiré par les habitants de l'air et par ceux de la terre, je marchai pendant cinq heures pour franchir les deux petites lieues qui séparent Monte Mayor de la Chartreuse.

De ce point culminant, on découvre à gauche les montagnes de Murviedro et d'Almenara, en face Valence, et une vaste étendue de la mer ; à droite, les montagnes de San-Felipe et, plus près, la ville de Ségorbe. Cette montagne est calcaire, formée de blocs énormes entassés sans ordre; on y voit, en pleine floraison, un arbuste fort rare, le *Ciste à feuilles de peuplier*.

La pluie survint et dura pendant deux heures. Nous descendîmes à la fontaine *del Piojo*, puis à celle *del Lentisco*, dont l'eau excellente est apportée et vendue à Valence; nous traversons quelques montagnes du côté *del Ventisquero*, et, après huit heures de marche non interrompue, je rentrai au couvent de Porta-Cœli, affamé, mouillé jusqu'aux os; mes guides étaient chargés, sans s'en douter, de richesses botaniques. Après avoir disposé celles-ci dans deux grandes corbeilles de manière à faire arriver ces plantes à Valence dans les meilleures conditions pour les étudier et les conserver, j'allai me restaurer à la gamelle commune : c'était une chaudière à demi pleine de riz, de morue, d'escargots, d'huile, de piment et de safran. Quoique cet amalgame fût peu de mon goût, je fis, grâce aux heureuses dispositions de mon estomae, bonne contenance. J'allai, avant de quitter ces lieux, visiter rapidement le couvent ; je lis, au-dessus de la porte d'entrée, l'inscription latine : FELIX PORTA CŒLI. L'église offre à l'intérieur des marbres d'un poli parfait, provenant tous des montagnes environnantes : un marbre blanc d'Italie (Gênes) forme la bordure des autres marbres. Cette Chartreuse, qui a été visitée plusieurs fois, et par conséquent plusieurs fois pillée par les soldats français, est isolée au milieu des montagnes qui en ont pris le nom ; elle est environnée d'une petite *huerta* dont la culture forme un heureux contraste avec l'aridité des rochers qui la dominent. Un beau pont en pierre jeté sur le ravin précède le monastère ; il a coûté 11.000 douros ; un aqueduc d'une construction hardie l'a-

breuve ; il y a un robinet d'eau dans chaque cellule. Les
moines ont quitté le couvent. Les paysans chargés de le
garder m'accueillirent et me traitèrent fort bien, quoiqu'ils
reconnussent ma nationalité. Je n'oublierai jamais que le
principal d'entre eux, persuadé sans doute, comme la
plupart des Espagnols, que nous ne serions pas toujours
maîtres dans leur pays, me prit à part pour m'offrir ses
services en ces termes : « Señor, si sucede algo , ya
sabe Vmd que aqui hay pinos, aqui hay montes, aqui estoy
yo ». — « Monsieur, s'il vous arrive quelque chose, vous
savez qu'il y a ici des pins, des montagnes, et moi j'y suis. »
Ces paroles, très expressives par elles-mêmes, l'étaient encore davantage par les gestes, le jeu de la physionomie, l'assurance, et, je crois pouvoir l'affirmer, la franchise de ce
montagnard. Je prends congé des habitants de la Porte du
Ciel, et je repars avec ma petite caravane pour Valence, où
nous rentrons vers neuf heures du soir.

Valence, ancienne colonie romaine (*Valencia Eveta-
norum*), est l'une des principales villes d'Espagne, située sur
le Guadalaviar, à une demi-lieue de la mer, dans une immense plaine richement cultivée, entourée d'une épaisse
muraille crénelée, qui est percée de huit portes avec une
citadelle dominant la place et la campagne.

Notre hôpital militaire est placé provisoirement depuis
dix-huit mois dans un édifice à trois étages, qui était primitivement une maison d'éducation pour les demoiselles.
Plusieurs salles sont convenables, mais la contenance to-
tale est insuffisante ; l'effectif des malades est de 700. Le
couvent de Saint-François, qui est adjacent et qui offre
plus de capacité, fut, dès notre arrivée, destiné à devenir
succursale. Avec moins de 15.000 francs on eût pu le met-

tre promptement en état de recevoir tous nos malades. Les travaux avaient été mis à l'entreprise ; les dépenses atteignent le chiffre de 30.000 francs, et on n'y a pas encore placé un seul lit.

Le bâtiment de l'Université fut incendié pendant le siège ; depuis quelque temps, les professeurs de l'école de médecine ont été rétablis dans leurs chaires, clinique, pathologie, physiologie, hygiène, anatomie, chimie, botanique. Le jardin botanique, dont à mon arrivée je m'étais fait le protecteur, possédait une foule de végétaux exotiques acclimatés qui allaient périr faute de soins. Je savais que la culture de l'*Indigotier* (*Indigofera anil*) pouvait y réussir ; je parvins en effet à fabriquer de l'indigo par la macération à froid du suc de la plante. Un jour, j'eus le plaisir de pouvoir offrir au maréchal quatre livres de mon indigo, qu'il devait destiner à faire teindre du drap pour son usage. Je profitai de l'occasion pour réclamer un secours pécuniaire afin de sauver ce jardin de sa ruine imminente ; le maréchal ne fut point sourd à ma sollicitude botanique, et il m'accorda un millier de francs pour la restauration de ce temple de Flore ; je m'empressai de faire un semis considérable d'indigotiers, à la prospérité desquels le chef éminent de notre armée s'intéressait d'autant plus vivement qu'il venait de constater un résultat pouvant promettre un riche avenir. Hélas ! les chances de la guerre en décidèrent autrement : je n'oublierai jamais que, pendant notre retraite, regardée généralement comme provisoire, le maréchal, en conversant avec moi à Tortose, me dit : « Eh bien, docteur, comment va notre indigo ? » — « Monsieur le maréchal, lui répondis-je, à notre départ de Valence, les indigotiers poussaient à merveille ; mais récolterons-nous l'indigo ? » —

« Oui, oui, me répliqua-t-il avec vivacité, vous me don-
nerez encore de votre bel indigo. »

A deux lieues de Valence, près du village de Puros, l'archevêché possède un jardin qui mérite d'être connu et visité par les botanistes ; je laisse aux amateurs de jardins le
soin de parcourir la belle plantation d'orangers et de louer
les fruits excellents dont ils sont chargés ; aux botanophi-
les, je signale les richesses végétales entassées dans un
espace qui a tout au plus soixante pieds carrés ; c'est un
bouquet américain des plus précieux : il est dû à la sollicitude du prédécesseur de l'archevêque actuel, Mgr Fuero.
La culture de ce parterre botanique était confiée à un jar-
dinier intelligent qui établit un grainier avec des cases bien
dénommées, de manière à créer des compartiments distincts.
Des arbres que l'on chercherait vainement dans les serres
les plus somptueuses de Paris, de Londres, de Vienne,
végètent ici vigoureusement en pleine terre et s'y couvrent
de fleurs et de fruits. Quelques-uns sont même tout à fait
nouveaux pour la science ; on se croirait transporté dans
un coin privilégié du nouveau monde : l'*Avocatier*, le *Chirimoya*, le *Goyavier*, y donnent des fruits qui mûrissent parfaitement ; le *Bananier* y fructifia récemment. On y a vu
fleurir le *Cacaotier ;* on récolte aussi les feuilles de Séné; le
Corallodendrum, arbre magnifique, fait briller au loin, deux
fois par an, ses grandes et belles fleurs d'un rouge de co-
rail ; plusieurs espèces de *Mimosa* étalaient leur élégant feuillage et leurs jolies houppes de fleurs ; une d'elles, peut-
être nouvelle, est remarquable par les superbes aigrettes
pourprées de ses fleurs, dont les étamines, au nombre de 30
à 40, ont trois pouces de longueur ; les corolles sont remplies d'un miel limpide, exquis, c'est l'arbre à miel des

Mexicains ; dans une autre espèce, les étamines sont aussi longues, mais d'un blanc de neige. L'*Indigotier* fournit un produit aussi beau que l'indigo des colonies ; on y voit un *Berberis* nouveau, dont les feuilles ailées sont persistantes et bordées de piquants comme celles du houx, des baies violettes d'une acidité agréable succèdent aux nombreuses grappes de fleurs jaunes qui s'épanouissent dès le mois de mars ; cet arbre, originaire du Mexique, se propagerait très facilement et serait très utilisable pour les haies des jardins. Trois espèces de *Tournefortia* y rappellent le célèbre botaniste français ; une d'elles forme un arbre de 20 pieds de hauteur ; les frères Bauhin sont évoqués dans ma mémoire par la présence d'un joli *Bauhinia* que Cavanilles a figuré sous le nom de *latifolia*. Le *Parkinsonia* élève à plus de 20 pieds ses branches hérissées d'épines, que garnit le feuillage le plus singulier, et où les bouquets de fleurs jaunes sont disposés comme en guirlandes. Le *Yucca gloriosa* montre les thyrses gigantesques de ses fleurs ; le *Yucca filamentosa* fleurit à côté du précédent.

Sapindus, Cerbera ovata, Malva umbellata, Hibiscus mutabilis, Schinus mollis, Salvia fulgens, formosa, leucantha, involucrata ; Cassia tomentosa, floribunda, chamæchryste ; une espèce de *Croton* frutescent : *Ruizia fragrans,* arbre dont les feuilles sont très aromatiques ; *Rawolfia glabra ; Œschÿnomene picta ;* un *Ipomœa* en arbre superbe et nouveau : *Helianthus radiatus ; Sida mollis ; Mimosa felicioides, conigera, glauca, exasperata, punctata ; Bidens sambucifolia,* etc. Tous ces végétaux et beaucoup d'autres fleurissent à merveille dans ce jardin privilégié.

La *huerta* ou campagne de Valence est une immense plaine bornée au nord, à la distance de trois ou quatre lieues, par une chaine de montagnes et au sud-est par la mer : un nombre prodigieux de beaux villages qui ont beaucoup souffert pendant le siège, une infinité de chaumières proprement tenues se fondent avec les vastes faubourgs de cette capitale et donnent la plus grande idée de la population et de la richesse du pays ; on est surpris de ne pas y voir des maisons de campagne ou de plaisance. L'irrigation par des milliers de canaux se fait avec une régularité, un ordre, une justice, une sévérité admirables. Le sol de la huerta est d'une nature différente, suivant qu'on l'observe au voisinage des montagnes ou vers la plage maritime. Dans la première zone, il est formé de débris calcaires plus ou moins comminués, plus ou moins colorés par le fer ; c'est là que croissent plus particulièrement avec vigueur le caroubier, l'olivier, la vigne. A mesure qu'on se rapproche de la mer, on observe une terre plus éminemment végétale, une langue de sable, fécondée par les engrais que fournit toujours le voisinage d'une grande ville et par le limon que les fortes pluies y entraînent des lieux plus élevés. Fatiguée sans relâche par le soc ou par la bêche, fréquemment pénétrée par l'air et par l'eau, cette terre est extrêmement meuble, très facile à travailler, et d'un rapport vraiment prodigieux : le mûrier y fournit deux fois par an le feuillage qui nourrit les vers à soie. La moisson du froment et de l'orge est immédiatement suivie de l'ensemencement du maïs et du chanvre ; on y fait en outre une récolte abondante de haricots et de havichuelas (espèce de *Dolichos*), de même que des fèves, et d'une grande quantité de légumes ; le riz n'est cultivé qu'au voisinage de l'Albufera. Quel est le climat qui présente autant de conditions favorables à la santé et aux agréments de la vie que celui de Valence ? Les saisons semblent se confondre dans un printemps perpétuel ; son ciel offre une sérénité constante ; l'air sec et pur, avivé par une végétation toujours active, n'y reçoit point les impulsions violentes du vent ; une brise légère agite doucement l'atmosphère et tempère les ardeurs du soleil. Les pluies y sont fort rares, et cependant l'eau ruisselle de tous côtés dans la campagne ; la terre produit tout ce qui peut convenir à l'homme pour ses besoins et pour ses plaisirs.

Quelle contrée en Europe peut le disputer à celle-ci pour la variété et l'importance de ses productions ? Qu'on en juge par l'énumération suivante : celles qui font la richesse du pays et dont on exporte une grande partie sont la soie, le riz et les caroubes ; les autres, sans parler des vins d'Alicante, de Biar et de Beni Carlo, du froment, de l'orge, du seigle, du maïs, du chanvre, du miel, des haricots, pois, fèves, légumes de toute espèce, des fruits communs partout, peuvent se réduire aux suivantes, *oranges*, dont la quantité excède les besoins de la province, *citrons, cédrats, limons, grenades, figues, dattes* (à Elche, on compte 150.000 palmiers), *melons, pastèques, piments, tomates, mélongènes, chufas* ou *tubercules du souchet comestibles* (*Cyperus esculentus* L.), employés surtout pour faire de l'orgeat, *lupins*, fruits du *Lupinus sylvestris* que l'on appelle *altramures* et que l'on mange bouillis ; *sparte*, graminée précieuse qui croît dans les montagnes et dont on fabrique des cordes, des corbeilles, des nattes, des chaussures ; *soude d'Alicante*, etc.

Jetons un coup d'œil rapide sur le règne animal ; le gibier n'offre point la variété d'espèces que nous observons en France : les chasseurs ne trouvent en Valence que perdrix rouges, cailles, lièvres et lapins, mais ces gibiers sont plus abondants et plus savoureux qu'en France. Le lac de l'Albufera fournit une prodigieuse quantité de canards sauvages, de harles, de sarcelles, de poules d'eau ; on y trouve la poule sultane, le flamant et plusieurs variétés d'oiseaux rares ; la volaille est bien inférieure à celle de France ; les bêtes fauves, les oiseaux de proie y sont rares. La poissonnerie de Valence abonde en merlans, soles, rougets, dorades, sardines, raies, maquereaux, turbots, congres, huîtres rares de qualité inférieure aux nôtres.

Quoique la température de Valence soit très supportable à cause de la brise de mer, elle est cependant fort vive, comme le témoignent et le thermomètre et les végétaux exotiques qui ont pu s'y acclimater. Le moment le plus chaud de la journée est de huit à dix heures du matin, parce que l'air est alors calme ; le vent de mer se lève après dix heures et persiste jusqu'au soir. Pendant les nuits de la canicule, on n'y est point incommodé par la chaleur ; toutefois on est alors très impressionné par un vent d'ouest, le *poniente*, extrêmement chaud, qui paralyse pour ainsi dire les forces : il pénètre jusque dans les appartements où les meubles se disjoignent et se fêlent avec bruit sous l'influence de ce souffle brûlant.

Les paysans valenciens ont le teint fort rembruni, quelquefois comme cuivreux, la physionomie quelque peu farouche ; ils offrent dans leurs mœurs et dans leurs habitudes des traits de la race maure, qui a si longtemps occupé ces contrées. Une chemise sans col, une longue ceinture autour du corps, un caleçon de toile sans jarretière, flottant jusqu'au-dessus du genou (*sarahuel*), des alpargatas ou chaussures de sparte emboitant à peine le talon et la dernière phalange des orteils, et assujetties par un lacs croisé sur le cou-de-pied ; un mouchoir troussé en turban et posé sur la tête, de manière à laisser à découvert les cheveux du pourtour de la tête : tel est le costume simple et léger de l'habitant de la campagne. Le mouchoir de la tête est quelquefois remplacé par un chapeau à ailes étroites ou plus rarement par le bonnet rouge des Catalans. Ils ont l'habitude de s'asseoir sur leurs talons en s'accoudant sur les genoux et soutenant leur menton sur la paume des mains. Ce costume, très favorable au développement des formes et des forces, est adapté au climat et surtout aux travaux pour la culture du riz. Il choque un peu la décence, mais lorsque l'homme est jeune, bien constitué, il y a quelque intérêt, au moins pour le physiologiste, à contempler la structure si admirable de l'articulation du genou ; chez les vieillards ou chez les malingres, l'esthétique y perd beaucoup.

Les maisons qu'habitent les paysans valenciens sont tenues avec une propreté qu'ils n'observent pas sur leurs personnes; on les blanchit plusieurs fois par an.

Les *citadines* de Valence ont la taille plus avantageuse, le teint plus clair, l'embonpoint plus prononcé que les Castillanes et les Aragonaises ; quoiqu'en général vêtues avec plus de luxe que ces dernières, elles ont cependant une tournure moins gracieuse, la démarche moins agile. Elles sympathisent volontiers avec les Français par leur caractère léger et complaisant, par leur penchant marqué pour tous les plaisirs bruyants et en particulier pour la danse et la table.

Le caractère du peuple valencien peut être apprécié d'après quelques traits de sa conduite vis-à-vis de l'invasion française ; fanfarons lorsqu'on n'a fait que les menacer lors

du massacre de nos compatriotes au lendemain du 2 mai
1808, aussi fougueux pour construire des fortifications
gigantesques autour de leur capitale qu'imprévoyants dans
l'approvisionnement de la place et dans l'abandon de leurs
villages, résignés assez promptement à la capitulation, et
soumis avec empressement au nouvel ordre de choses que
la sage administration du maréchal a établi depuis dix-huit
mois. Je dis sage administration : les contributions levées
dans le royaume de Valence, en numéraire seulement, ont
versé dans nos caisses, depuis la reddition de cette ville,
32 millions de piécettes. Le chef de notre armée a toujours
su gagner les cœurs de ses soldats et des vaincus à Valence
comme en Aragon. Dès le début, il avait ramené l'archevêque, rouvert les cours de l'Université, encouragé l'agriculture pour laquelle les Valenciens ont le plus grand zèle.

8 juin. — Depuis quelques jours, profitant de la belle
saison, et sous l'empire du pressentiment que j'avais de
l'imminence de notre départ de Valence, j'explorais une
dernière fois les montagnes de San-Felipe et de Moxente,
lorsque la nouvelle d'un débarquement des Anglais à Tarragone et du départ immédiat du maréchal avec la moitié
de l'armée m'arrête court dans mes pacifiques conquêtes; je
rentre à Valence où les préparatifs de la retraite se faisaient
sur toute la ligne française. Le général Harispe, qui, en
l'absence du maréchal, prend le commandement supérieur
de toutes les troupes du royaume de Valence, a déjà transféré son quartier général à San Felipe.

10 juin. — On apprend l'occupation du fort de Balaguer
par les Anglais.

11 juin. — Les divisions Harispe et Habert abandonnent
le pays au delà du Xucar et viennent prendre position,

l'une à Albérique, l'autre à Alciva ; l'ennemi nous remplace immédiatement dans les points abandonnés. Pendant notre retraite, 1.200 cavaliers ennemis attaquèrent l'arrière-garde entre Canals et le pont d'Albérique : le général Mesclop, qui la commandait, fit volte-face, chargea cette cavalerie avec 200 hussards et la mit en pleine déroute, faisant 30 prisonniers parmi lesquels un colonel chef d'état-major du corps d'Eliot.

13 juin. — La division Habert attaque l'ennemi au beau village de Carcajente, lui tue beaucoup de monde et fait 600 prisonniers ; notre perte fut très légère.

15 juin. — Les prisonniers du combat d'hier entrent dans Valence, au grand étonnement des politiques de la cité qui sont très exaltés contre nous.

17 juin. — Le bruit se répand que l'armée du roi Joseph a évacué le centre de l'Espagne et s'est retirée en désordre jusqu'à Vittoria après avoir fait sauter le fort de Burgos.

21 juin. — On nous annonce officiellement l'heureuse nouvelle du déblocquement de Tarragone ; les Anglais ont levé le siège et se sont rembarqués précipitamment en abandonnant leurs pièces et après avoir fait sauter le fort de Balaguer. Changement de physionomie parmi les habitants ; les uns se rassurent, les autres s'attristent ; tous admirent la bonne étoile de notre maréchal.

23 juin — Le maréchal rentre à Valence, il est reçu par les autorités sous un arc de triomphe ; on suspend les préparatifs de départ, les Espagnols sont très étonnés.

25 juin. — L'armée repasse le Xucar. L'ennemi abandonne à notre approche San-Felipe et la plupart des autres points que nous occupions avant l'expédition sur Tarragone ; il fait cependant une résistance assez vigoureuse au col d'Adsaneta.

26 juin. — Le maréchal transfère son quartier général à San-Felipe. Je fais semer l'indigotier au Jardin des Plantes.

30 juin. — La déroute de l'armée française à Vittoria est malheureusement confirmée.

1er juillet. — Malgré tous les succès de notre armée en Valence et en Aragon, la retraite est jugée indispensable.

2 juillet. — La division Musnier est envoyée à Alcanits, Ségorbe, soit pour retirer les garnisons de cette contrée, soit pour prélever les contributions arriérées.

3 juillet. — Un convoi considérable, composé des fourgons du trésor, des principaux bagages de l'armée et d'un grand nombre d'Espagnols réfugiés, part sous le commandement du général Monmarie.

4 juillet. — Nos hôpitaux étant évacués, je pars comme les autres et je vais coucher à Murviedro. Le regret vivement senti de me séparer de mes bons hôtes après dix-huit mois de séjour au milieu d'eux, leurs témoignages d'affection dévouée, l'abandon de ce ciel privilégié de Valence, le souvenir de mes fructueuses excursions, la nécessité où je suis de laisser en dépôt chez le professeur Lorente la plus grande partie de mes collections, enfin l'incertitude de notre avenir, me jetèrent pour toute la journée dans les reflexions les plus tristes.

5 juillet. — Le maréchal quitte Valence, où il laisse un gouvernement provisoire sous la protection de la garde nationale armée. Les habitants se conduisirent dignement au départ de notre armée.

En traversant ces villes, ces villages que naguère nous avions conquis et où nous nous étions installés comme dans la mère patrie, en revoyant ces places fortes dont la science de nos officiers et la bravoure de nos soldats nous avaient rendus maîtres, en saluant, le cœur gros, Valence, Sagonte, Peniscola, Tortose, Balaguer, Méquinenza, Tarragone, je leur disais : Vous n'êtes plus pour la vaillante armée d'Aragon qu'un vain trophée, une fumée de gloire, une page dans l'histoire, un multiple mausolée ! Moi qui n'ai pas été partie active dans ces conquêtes et qui les ai souvent blâmées dans les épanchements de l'amitié avec de sympathiques guerriers, moi, témoin de succès et de revers si rapprochés, je m'enorgueillis d'appartenir à cette illustre armée, je déplore de tout mon cœur la nécessité de fuir par les fautes des autres chefs de l'armée impériale... Récriminations inutiles, il faut reculer et se taire.

10 juillet. — A Tortose, je suis logé chez le docteur Perez qui me fait très bon accueil ; on était incertain si la marche se continuerait vers Tarragone ou vers Lérida. Dans l'après-midi, nous nous décidions pour cette dernière ville, nous allâmes bivouaquer dans les oliviers de la *venta de las Armas.*

13 juillet. — Ordre de contre-marche vers Tortose ; cependant les fourgons du trésor poursuivirent la route vers Lérida, escortés par la division italienne. La division Musnier, sur le compte de laquelle on avait des inquiétudes, donne de ses nouvelles ; elle se dirige, par Mora et Falset, vers Tarragone. On apprend que le général Paris, après avoir été forcé d'abandonner Saragosse, a effectué sa retraite sur la France ; notre marche vers Lérida paraissait avoir pour but d'aller à sa rencontre et de le rallier à notre armée. Nous passons la nuit à Xerta, au grand étonnement des habitants qui se croyaient délivrés pour toujours de notre présence.

14 juillet. — Retour à Tortose. L'incertitude de notre marche, les accidents de la route, déterminent plusieurs réfugiés espagnols à cesser de nous suivre ; les uns partent pour rejoindre leurs foyers, les autres restent à Tortose pour attendre l'issue des événements. Nous sommes obligés d'emporter des subsistances pour six jours ; aussi, forcé de sacrifier éventuellement la nourriture de l'esprit à celle du corps, je laisse à mon hôte, le docteur Pérez, médecin attaché au service de nos hôpitaux, le peu de livres que j'emportais encore avec moi.

16 juillet. — A l'Hospitalet, en vue de la mer, nous essuyâmes le feu d'une frégate anglaise et de chaloupes canonnières qui heureusement firent plus de bruit que de mal ; nous déviâmes sur la gauche sur un terrain fort pénible pour la marche des chevaux, jusqu'au beau village de Cambrils, entouré d'une campagne riche en vignobles excellents, et nous arrivâmes à Reus le soir même.

18 juillet. — Le maréchal, avec la deuxième et la troisième division, part pour Lérida, soit pour diriger le trésor avec une escorte suffisante sur Barcelone, soit afin d'organiser la défense des places de Lérida, Mequinenza et Mouzon. Les bagages et le convoi ont l'ordre de se concentrer vers Tarragone.

19 juillet. — Au lieu d'aller à Tarragone où l'encombrement sera considérable, nous nous établîmes, avec nos chevaux, au village de Canonge.

22 juillet. — Nous allons bivouaquer sous les arches de l'aqueduc de Tarragone.

23 juillet. — On travaille à miner les fortifications et à détruire la nombreuse artillerie qui s'y trouve parquée. L'arrivée du maréchal suspend ces travaux destructeurs ; on se décide à conserver encore Tarragone avec 800 hommes commandés par le général Bertoletti et 45 pièces d'artillerie seulement.

24 juillet. — Le maréchal, avec son état-major, part de nuit par la route maritime de Torre den Barra ; quant à nous, nous suivons le convoi qui, pour éviter la canonnade anglaise, passe par le chemin de la montagne. A peine étions-nous sur les hauteurs de l'Olivo, que nous aperçûmes une trentaine de voiles qui s'avançaient vers Tarragone. Les Anglais, instruits de l'intention manifestée d'évacuer cette place, venaient pour s'en emparer; mais ils furent bientôt désabusés. L'escorte du convoi ne se dispense pas du pillage de deux villages abandonnés par leurs habitants ; notre bivouac a lieu sous un figuier, à Bafin ; tout le pays que nous venons de traverser est riche en vignobles.

25 juillet. — Après avoir passé le col de Bafin, nous faisons halte au grand village d'Arbos, complètement abandonné ; nous arrivons le soir à Villafranca del Panadès où le quartier général se fixe. Quoique les gerbes de blé couvrent la campagne, la disette du pain commence à se faire sentir dans l'armée.

27 juillet. — On annonce que le général Habert, qui a pris possession de Villanova, a trouvé dans ce port des magasins de farine, de blé et de haricots qui assurent nos subsistances pour quelques jours. Le maréchal part pour Barcelone avec une partie de son état-major, mais le quartier général demeure à Villafranca, ville de 4.000 habitants, avantageusement située dans l'une des riches vallées de la Catalogne. La culture y est très variée et les ressources en blé, en vin et en fourrage suffiraient grandement pour l'entretien de l'armée pendant plusieurs mois, si on pouvait mettre un frein à la rage de dévastation des soldats.

7 août. — Ce matin, à la pointe du jour, un bataillon italien posté près de San-Saturni, à trois lieues de Villa-franca, a été surpris et vigoureusement attaqué par Manso, chef du parti catalan. Après s'être défendu vaillamment contre des forces très supérieures, ce bataillon a été, en grande partie, fait prisonnier.

14 août. — Notre armée, réunie à une partie de celle de Catalogne, fait un mouvement pour aller débloquer la garnison de Tarragone et la ramener après avoir fait sauter les fortifications. Le quartier général va coucher à Vendrell, distant de quatre lieues, dont les habitants ont eu le bon esprit de ne pas abandonner leurs foyers à notre approche ; la campagne est peuplée de vignobles.

15 août. — Avant le lever du soleil, branle-bas de départ ; déjà la division Habert avait pris, pendant la nuit, la route maritime ; les autres colonnes devaient se concentrer vers le col de Sainte-Christine où l'on savait que l'ennemi avait pris des dispositions pour défendre le passage. Après trois lieues d'une marche lente et pénible par des chemins rabo-teux, on fait halte dans un profond ravin et on y attend, pendant quatre heures, la jonction des différentes colonnes. Le maréchal, avec son état-major, escalade une montagne escarpée au sommet de laquelle se dresse une vieille tour. Plusieurs généraux s'y réunissent en conférence ; on distin-gue de ce point deux redoutes que l'ennemi avait établies au col de Sainte-Christine et qu'il avait désarmées et aban-données. On se remet en mouvement ; la division de Cata-logne se dirige vers le col et nous nous enfonçons, avec l'artillerie et la cavalerie, vers ceux de Bafin et de Rocadel-leure. Nous cheminons enveloppés dans des nuages suffocants de poussière ; après avoir dépassé les défilés, on fait encore une fort longue halte près d'une *venta*, où deux cavaliers ennemis démontés se laissèrent prendre. Une fusillade se fait entendre pendant quelques minutes; l'ennemi tentait de défendre le passage de la Gaia, petit ruisseau presque à sec tout près du village de Bafin ; mais le général Harispe, sans riposter aux coups de feu, fit avancer nos troupes et passa. Le général Mesclop, commandant l'avant-garde, rencontra les Anglais au delà du village de Nulles. Emporté par son ardeur, il les chargea à la tête d'une vingtaine de hussards; tombé dans une embuscade, il fut enveloppé ; une compagnie de mineurs se porta promptement à son secours et le délivra. Nous perdîmes 7 hussards dans cette rencontre. La journée se passa ainsi; nos mouvements furent lents et l'ennemi ne tint nulle part.

Nous arrivâmes après minuit au village de Vilabela dont tous les habitants s'étaient enfuis; on enfonça les portes pour se loger et les pillards passèrent le reste de la nuit en visites domiciliaires.

16 août. — Le maréchal s'engage dans les sentiers des champs et des vignes pour aller rejoindre le gros de l'armée vers Taragone. Dans la matinée nous rentrons dans cette place, à la grande surprise et à la satisfaction de la garnison. L'ennemi ne s'est nulle part opposé à notre marche ; on apprit que l'armée anglaise se concentrait à Cambrils et au col de Balaguer; le maréchal ne jugea pas à propos d'aller l'y attaquer.

17 août. — On apprend que le général Robert, gouverneur de Tortose, a fait une sortie contre l'ennemi auquel il a fait des prisonniers et brûlé un pont de bateaux établi sur l'Èbre.

18 août. — On a repris les travaux pour la destruction des fortifications de Tarragone ; on charge les mines, on jette à la mer boulets et munitions, on mutile les canons, on tire à bout portant avec des pièces de 24 sur le corps même des canons dont on brise aussi les oreillons, on entasse les affûts et les bois de construction pour les livrer aux flammes, les fusils sont brisés, les bombes disposées pour les faire éclater ; enfin on emploie tous les moyens capables de détruire ce que nos habiles généraux savaient naguère si bien conserver et utiliser pour le succès de nos armes.

19 août. — Ordre général d'évacuer la place à six heures du soir, heure fixée pour le feu aux mines. Afin d'être témoin de ce spectacle terrible, j'allai me placer sur le mont Olivo. Ces murs, ces tours, ces bastions dont la prise coûta, il y a deux ans, tant de sang aux soldats des deux nations, je les vis s'écrouler en quelques instants au milieu d'explosions épouvantables ; d'épaisses colonnes de fumée, de vastes gerbes de feu s'élevaient de toutes parts sur différents points de la ville, avec un fracas infernal qui ébranlait le sol jusqu'au rocher qui me servait d'observatoire ; je n'assistai du reste qu'au début de cette scène extraordinaire qui se prolongea jusqu'au lendemain matin ; pendant le défilé d'une de nos colonnes entre la ville et l'aqueduc, trois soldats furent victimes de l'explosion d'une mine creusée sous ce dernier édifice.

Nous rejoignîmes péniblement la route maritime encombrée d'hommes, de chevaux, de fourgons, etc. ; à la pointe du jour, nous arrivons à Vendrell d'où l'on entendait encore les détonations qui réduisaient la fière Tarragone en un monceau de ruines.

22 août. — Nous avions laissé Villafranca sans garnison,

l'ennemi s'y était présenté pendant notre absence et s'était borné à s'emparer des armes d'une centaine de malades confiés aux soins des médecins de la ville.

23 août. — La disette de vivres se fait sentir d'une manière alarmante ; l'hôpital est encombré de malades ; les maladies n'ont heureusement aucun mauvais caractère, ce sont des fièvres intermittentes bilieuses dont nos troupes paraissent avoir contracté le germe pendant leur séjour sur les bords du Xucar et près des rizières de Valence. Nous sommes avisés de nous tenir prêts à partir.

24 août. — A la pointe du jour, toute l'armée prend la route de Barcelone; on fait halte au col d'Ordal qui est la crête de la montagne, passage très facile à défendre et dont l'ennemi a très souvent profité. On descend pendant deux heures par une belle route, on traverse plusieurs ponts établis sur de profonds ravins. A l'issue des montagnes, on passe la rivière de Llobregat sur un grand pont que notre armée a fortifié et qui conduit à Molinos del Rey. Une demi-heure après, on arrive à San-Felice de Llobregat, résidence provisoire du quartier général.

26 août. — San-Felice est un assez beau village traversé par la grande route ; les femmes et les enfants s'y occupent beaucoup à faire du point de perruque noir, simple ou brodé. Les productions de la campagne sont fort variées : froment, maïs, millet, chanvre, blé noir, vigne, oliviers, arbres fruitiers, peupliers. C'est dans cette localité et dans les montagnes d'Ordal que j'ai aperçu les premiers *Chênes rouvres;* ils n'y sont pas communs.

27 août. — Le nombre des malades s'étant beaucoup accru dans les hôpitaux de Barcelone, j'y suis appelé pour coopérer au service sanitaire. La route qui conduit à la capitale de la Catalogne traverse une campagne aussi remarquable par sa culture que par le grand nombre de villages, de fermes, de maisons de plaisance qui la peuplent. Je n'ai rien vu en Espagne qui approche de la beauté de ce pays. Je suis logé dans la maison d'un docteur récemment décédé.

SÉJOUR A BARCELONE

10 septembre. — Pendant la nuit dernière, un escadron du 4ᵉ régiment de hussards et un bataillon d'infanterie qui formaient nos avant-postes au village de Palleja, au delà du pont de Molinos del Rey, se sont laissé surprendre par la guérilla de Manso ; nous y avons perdu 80 chevaux et une soixantaine d'hommes tués ou faits prisonniers.

13 novembre. — L'armée anglo-espagnole réunie dans le Panadès faisait depuis quelques jours des démonstrations indiquant une attaque générale prochaine. Le maréchal Suchet résolut de prévenir cette attaque par un mouvement offensif. Dans la nuit du 12 au 13, nos troupes se portèrent directement vers le col d'Ordal où les Anglais avaient établi deux redoutes ; tandis qu'une division de l'armée impériale de Catalogne devait tourner la position de l'ennemi et se rendre, dès la pointe du jour, à Villafranca. La division Harispe, qui formait notre avant-garde, eut à peine passé le pont de Molinos pour s'enfoncer dans les montagnes, que les postes ennemis commencèrent la fusillade en se repliant vers le col ; on décida d'enlever les redoutes à la baïonnette ; la résistance de l'ennemi fut vigoureuse, opiniâtre ; elle eût peut-être déconcerté notre audace si l'élan donné par quelques-uns de nos officiers, et notamment par les commandants Bugeaud et de Feuchères, n'eût fait surmonter tous les obstacles. Après un engagement des plus chauds où l'ennemi fit preuve d'un grand sang-froid, nous restâmes maîtres de la position. Le terrain était jonché de cadavres et de blessés anglais ; notre perte fut de beaucoup inférieure à la leur. La clarté de la lune favorisait l'attaque de nos soldats en mettant à découvert les redoutes et en rendant possible un feu concentrique, tandis que les inégalités du sol les dérobait à la vue de l'ennemi ; cependant celui-ci se retira avec ordre et alla se ranger en bataille à l'issue des défilés de la montagne. L'attaque reprit au milieu du jour ; l'avantage resta d'abord indécis ; un escadron de nos dragons, chargé avec impétuosité par les hussards de Brunswick, fut obligé de se replier ; le commandant fut fait prisonnier ; mais bientôt, renforcés par le 4ᵉ hussards qui avait à venger l'affront de Palleja, nos cavaliers reprirent le dessus, l'ennemi fut mis en désordre, quatre pièces d'artillerie attelées furent prises. Le général Harispe voulait saisir ce moment pour renouveler la charge, mais le chef de l'armée ne fut pas de cet avis. La division de l'armée de Catalogne ne se rendit qu'après coup à Villafranca, de telle sorte que l'ennemi eut le loisir de se rallier au delà de cette ville et d'exécuter sa retraite sur Tarragone. Le résultat de cette affaire fut, outre la prise de quatre pièces d'artillerie, celle de 600 prisonniers anglais dont 200 sont blessés. Notre perte fut minime.

17 août. — Le maréchal rentre à Barcelone ; nos troupes reprennent leurs positions primitives.

18 septembre. — Un colonel anglais arrive pour traiter de l'échange des prisonniers.

20 octobre. — Un fourrage de la division Musnier, composé de 200 cavaliers et d'un bataillon d'infanterie, a été attaqué par deux régiments espagnols ; dans cet engagement, l'ennemi a perdu 40 hommes ; nous avons eu 8 hommes hors de combat.

10 novembre. — L'armée d'Aragon et celle de Catalogne sont réunies en une seule, sous le commandement du duc d'Albufera.

13 novembre. — Départ du maréchal pour Girone.

1er décembre . — Dans la nuit dernière, une partie de nos troupes s'est portée rapidement vers Villafranca ; on avait espéré y surprendre les Anglais ; mais, malgré toutes les précautions prises pour cacher cette expédition, l'ennemi a été instruit à temps et s'est retiré vers Tarragone ; on n'a pu que faire quelques prisonniers et s'emparer d'un magasin de souliers. Nos troupes sont rentrées dans leurs cantonnements.

3 décembre. — Nous allons faire nos adieux au général Harispe, qui est appelé à Bayonne pour défendre son pays ; il laisse d'unanimes regrets dans toute l'armée.

9 décembre. — Le commandant Bugeaud surprend, à l'hostal d'Ordal, un poste de 30 cavaliers anglais et les emmène prisonniers sans avoir tiré un coup de fusil.

22 décembre. — On désarme le régiment de Nassau qui fait partie de la garnison de Barcelone et les autres troupes confédérées qui servent dans notre armée. Cette mesure de prudence a été motivée par la défection, dans l'armée du maréchal Soult, d'un autre régiment de Nassau ; celui de notre armée s'est toujours conduit avec bravoure et fidélité.

9 janvier 1814. — Une grande partie des services administratifs de l'armée, de même que les officiers de santé qui ne sont pas nécessaires dans la place de Barcelone, reçoivent l'ordre de partir pour Girone où le quartier général va, dit-on, s'établir; je suis désigné pour faire partie du convoi.

11 janvier. — Après la nuit, passée au village de Saint-André, on pénètre dans une sorte de vallée ou de gorge dont la direction traverse la chaîne qui abrite Barcelone du nord; on rencontre la rive gauche du Besos et le canal qui est alimenté par ce ruisseau.

Les montagnes sont couvertes de vignobles jusqu'à leurs sommets, et, après une heure et demie de marche, on arrive au village ruiné de Moncada. Dans ce village, il n'y a pas d'autres habitants que les soldats d'un bataillon français, qui occupent la position pour protéger les convois. Une vieille tour où nous avons établi un télégraphe remplace le château-fort que Gaston de Béarn, seigneur de Moncada, bâtit en 1256. Au delà de Moncada, nous entrons dans un pays d'une physionomie toute différente de la plaine maritime. Le ciel, la terre, l'air, la température, la végétation, semblent appartenir à une autre zone. L'olivier, l'oranger, le caroubier, ont disparu; il en est de même de l'agave qui se montrait encore à Moncada. Le *Pin à pignons* couvre de ses cimes en parasol les montagnes et les espaces sablonneux de la plaine; le *Chêne vert* et l'*Ajonc* l'accompagnent. Des *Peupliers blancs* très nombreux, et dont le tronc est souvent revêtu de lierre, indiquent un sol humide.

Le *Vergne*, les *Saules*, le *Roseau*, le *Sparganium*, la *Massette*, le *Cresson* peuplent les marécages. Les montagnes plus ou moins élevées, qui de tous côtés bornent l'horizon, retiennent vers leurs sommets les nuages amoncelés; l'atmosphère est très humide ; des nuées de corbeaux voraces et criards nous rappellent les frimas que, depuis six ans, nous avions à peu près oubliés. Jusqu'à Granullers, c'est-à-dire sur un parcours de trois lieues, on voyage en plaine ; on aperçoit d'abord sur la gauche et pendant peu de temps le fameux Montserrat, déjà coutemplé de Villafranca ; halte au village misérable de Monmalo. Le duc et la duchesse qui se rendaient de Girone à Barcelone y étaient attendus par un nombreux et brillant cortège ; cette rencontre valut à mon chef et ami M. Rampont et à moi, un contre-ordre de contre-marche que nous ne pûmes exécuter ce jour-là parce que nos bagages étaient déjà dirigés sur Granullers.

12 janvier. — Le défaut d'escorte nous oblige à séjourner dans ce grand village, qui a été bouleversé par les pillages répétés de nos troupes ; il est situé dans une large vallée fertile en blé.

16 janvier. — A la pointe du jour, l'ennemi, fort de 15.000 hommes, attaque inopinément notre ligne de Llobrégat qui ne pouvait lui opposer que 6.000 combattants ; nos avant-postes furent obligés de se replier, à l'exception de la petite garnison du pont de Molinos ; l'ennemi se présenta sur l'une et l'autre rive ; la fusillade et la canonnade ne discontinuèrent pas jusqu'à quatre heures de l'après-midi. On espérait attirer les Espagnols dans la plaine ; mais ils se retirèrent dans la soirée. Le commandant Bugeaud, qui s'est vigoureusement battu dans cette affaire et qui a fait beaucoup de mal à l'ennemi, m'assure que les Espagnols ont eu 400 hommes hors de combat et nous 160. Le soir même, nos troupes reprirent les positions de la veille. On ne comprend pas quel a été le motif de cette attaque si brusque.

18 janvier. — Un chef de bataillon espagnol nommé Banalen, adjoint depuis peu de temps à l'état-major de notre armée par ordre ministériel et sur la recommandation spéciale du roi Joseph auprès duquel il avait servi pennant quatre ans, a passé aujourd'hui à l'ennemi. Cette désertion s'est accompagnée de circonstances qui, heureusement, n'ont pas eu les conséquences fâcheuses qu'elles auraient pu entraîner. Cet officier, parvenu à contrefaire la signature du chef d'état-major et à s'emparer des sceaux, s'était fabriqué un ordre précis d'après lequel il était autorisé à prendre à Granullers 200 cuirassiers pour l'escorter comme parlementaire auprès du général Copous. Les cuirassiers, avec la gravité propre à cette arme, prenaient leurs dispositions pour monter à cheval; mais l'Espagnol, impatient de voir son projet exécuté et craignant de le voir échouer, se décida à partir au trot avec trois hussards; il comptait que les cuirassiers ne tarderaient pas à le suivre; son empressement parut suspect, on découvrit sa trahison : les cuirassiers, qui s'étaient déjà mis en route, reçurent l'ordre de rétrograder.

20 janvier. — Notre armée, affaiblie depuis peu par le départ des troupes italiennes et par le désarmement des confédérés, reçoit l'ordre de fournir à l'armée de Lyon 10,000 hommes d'infanterie et trois régiments de cavalerie.

30 janvier. — A dix heures du soir, nous recevons un ordre définitif de départ pour demain matin.

Malgré la pénurie d'hommes où se trouve notre malheureuse patrie, malgré la présence sur notre territoire des armées ennemies dont l'invasion fait des progrès effrayants, une garnison de 6,000 hommes, sous les ordres du général de division Habert, est destinée à rester dans la place de Barcelone.

31 janvier. — Nous partons pour Girone; toute l'armée fait mouvement dans la même direction. A Monmalo, nous prenons sur la droite le chemin de Laroca que ses habitants ont abandonné à notre approche et où nous passons la nuit. Les forêts de *Pins à pignons* couvrent les montagnes; le *Vergne*, le *Peuplier blanc*, les *Saules* peuplent les marais.

1ᵉʳ février. — On suit des bas-fonds, puis un endroit appelé *Los Treinta Pasos*, à cause du grand nombre de fois que l'on fait halte à San-Saloni, grand et laid village, situé à une lieue de la base de l'une des plus .hautes montagnes de la Catalogne, connue sous le nom de Monseign (*mons Signi*). De San-Saloni, nous allâmes à Hostalrich où les Français battirent les Espagnols commandés par le général O'Donnel, en 1810. Il y a un fort inexpugnable occupé par 400 hommes approvisionnés pour un an.

27 février. — On apprend que l'ennemi s'est emparé par ruse des places et des garnisons de Lérida, Méquinenza et Mouzon; et voici le récit que je tiens d'officiers non combattants qui ont été rendus et qui sont arrivés à Girone. Le 19 février, le chef de bataillon espagnol qui, un mois auparavant, avait déserté de notre état-major, se présenta devant Lérida avec des parlementaires, se disant chargé d'une mission importante par le duc d'Albufera; il exhiba de prétendues lettres de notre maréchal et un traité fait entre celui-ci et le général Capous. D'après ces documents, la place de Lérida devait être évacuée et la garnison mise en route pour la France avec armes et bagages. Ces pièces, dont chaque ligne démentait et la langue française et le style du maréchal, étaient revêtues des sceaux et des signatures bien imitées de notre état-major, ce qui en imposa malheureusement au général chargé de la défense de la place ; plusieurs officiers de la garnison pressentirent, dit-on, cette ruse ; quelques-uns firent part de leurs doutes à leurs chefs, mais le commandement supérieur ne crut pas à la possibilité d'une fraude. Le lendemain, les 2.000 hommes qui formaient les garnisons de Lérida et de Mequinenza prirent la route de Barcelone, emmenant quatre pièces d'artillerie. A trois lieues de ces deux places, notre colonne fut subitement enveloppée par des troupes anglo-espagnoles en nombre bien supérieur ; nos malheureux soldats subirent l'humiliation de déposer leurs armes sans avoir brûlé une amorce et restèrent prisonniers. On assure qu'avant de tenter le coup sur ces places fortes, l'ennemi avait cherché à séduire de la même manière le général Robert qui commandait à Tortose ; mais le général soupçonna le piège et sauva l'honneur de sa troupe.

28 février. — Le général Lamarque, mon compatriote, l'ami de ma famille, m'apprend la mort toute récente de mon père ; les dernières lettres reçues de Saint-Sever ne me faisaient que trop prévoir ce malheur survenu lorsque j'allais rentrer sous le toit paternel. Mon chef et mon ami M. Rampont me fit accorder un congé sous la forme d'une mission auprès du corps médical de l'armée du maréchal Soult qui défendait nos contrées du sud-ouest.

Arrivé à Toulouse, j'appris le combat d'Orthez, l'avantage remporté par Wellington sur le maréchal Soult ; j'étais dans l'impossibilité de poursuivre ma route ; je dus retourner au quartier général, à Perpignan.

RENTRÉE DE FERDINAND VII EN ESPAGNE

Le 24 mars, Ferdinand fut enfin remis aux Espagnols [1].
Cette cérémonie s'est faite par le plus beau temps du
monde, et le maréchal y a mis beaucoup de grâce et surtout beaucoup de finesse. Le roi est enchanté de notre maréchal et presque des Français. Nous verrons si cela durera
et aura des suites heureuses.

Sa Majesté Catholique est partie de Figuières à dix
heures du matin, en voiture conduite par des chevaux d'artillerie. Le maréchal, suivi de son état-major, marchait en
avant à cheval. Toute l'armée, dans la plus belle tenue,
était rangée en bataille sur la droite et tout près de la route.
Nos vingt-deux bouches à feu, placées dans l'intervalle des
brigades, ont salué chacune de six coups; l'infanterie a
présenté les armes. Le roi a examiné nos troupes avec
beaucoup d'attention; il a paru étonné de leur bonne tenue
et de leur nombre; n'étant que sur deux rangs de profondeur, elles formaient une ligne très étendue. La cavalerie
surtout a dû exciter son admiration, et je crois qu'il sera
longtemps roi d'Espagne et des Indes avant de voir rien
d'aussi beau dans ce genre. Cette revue l'a conduit près de
Bascara, où l'armée espagnole l'attendait. Celle-ci était
rangée en bataille sur les hauteurs, à gauche de ce village.
La cavalerie occupait le bord de la rivière (Flavia); la nôtre
vint se ranger sur la rive opposée. La voiture du roi s'est
arrêtée un instant près de la rivière. M. le maréchal est

---

1. Extrait d'une lettre du lieutenant-colonel d'ESCLAIBES, *chef
d'état-major de l'artillerie de l'armée d'Aragon.*

venu faire ses adieux : « Permettez, Sire, que mes vœux accompagnent Votre Majesté dans son royaume ; j'espère être le dernier général français qu'elle verra avec des troupes sur le territoire espagnol. » On assure que le roi répondit en ces termes : « Monsieur le maréchal, j'accepte vos vœux et je vous assure que vous avez gagné aujourd'hui une grande victoire. » Copous, pendant ce temps, fit passer le général Liodet qui vint parler au roi et au maréchal ; j'ignore ce qu'il leur dit ; il se retira tout de suite. Aussitôt la voiture du roi entra dans la rivière ; alors commencèrent les vivats de toute l'armée espagnole et des paysans rassemblés. Quatre de ceux-ci vinrent prendre les rênes des mules, suivant l'usage espagnol, pour montrer le gué aux soldats du train. Le général Saint-Cyr passa à la suite des voitures du roi ; je passai avec lui, sous le prétexte de ramener nos mules. Arrivé sur l'autre rive, le roi s'arrêta ; Copous vint le complimenter. Celui-ci parla avec beaucoup de chaleur ; je n'entendis que la fin de son discours, et je compris qu'il témoignait, au nom de l'armée, combien le retour de Sa Majesté était heureux pour toute l'Espagne, qu'il ne doutait pas que les Cortès ne lui remissent la couronne qu'Elle avait si justement héritée de ses pères, etc. Le roi fit peu ou point de réponse, je ne pus entendre ; il paraissait fort satisfait. Copous ordonna de faire remplacer nos mules, et nous partîmes, chacun de son côté. Ainsi finit cette opération dont il sera parlé dans l'histoire ; elle sera une nouvelle preuve de la légèreté française et de l'instabilité des choses humaines.

Le 12 avril, on apprit la sinistre nouvelle de la bataille de Toulouse ; le quartier général se transporta de Perpignan à Narbonne.

C'en est fait, notre belle armée d'Aragon qu'avaient illustrée tant de sièges devenus célèbres, la soumission des trois provinces les plus grandes de la péninsule, et l'administration si sage, si régulière de son chef, est forcée, par des événements survenus bien loin d'elle, d'abandonner sans retour ses conquêtes et de rentrer, l'arme au bras, en France. Cette armée, qui a formé quatre maréchaux (Suchet, Bugeaud, Valée, Harispe), s'est décomposée en quelque sorte : soit en désarmant à Barcelone des troupes étrangères dès longtemps au service de la France, soit en fournissant, par ordre de l'empereur, des renforts considérables du côté de Lyon. C'étaient là des signes précurseurs d'une catastrophe qui ne tarda point à se réaliser.

Ce fut pendant notre court séjour à Narbonne que nous apprîmes, le 14 avril, la déchéance de l'empereur, l'établissement d'un gouvernement provisoire, et la paix très prochaine.

Le maréchal convoqua, dans la matinée, les officiers supérieurs de l'armée et les chefs de service, pour leur communiquer le message apporté par le colonel Saint-Simon et pour manifester son adhésion au nouvel ordre de choses.

Ces nouvelles extraordinaires sont accueillies par les Narbonnais avec un contentement unanime, et même, je dois le dire, avec un enthousiasme général. Chez les militaires, l'impression fut diverse ; quelques-uns, pénétrés des véritables intérêts de la France et désirant voir le terme des maux qui l'accablent, approuvent ce changement politique ; les autres, et c'est le plus grand nombre, témoignent de l'inquiétude avec un mécontentement qui heureusement n'éclate pas.

15 avril. — La nouvelle de l'abdication de l'empereur ne se confirmant pas officiellement augmente la disposition au mécontentement parmi les grades subalternes, où la contrariété de voir s'évanouir l'espoir d'un avancement rapide donne lieu à quelques intempérances de langage; mais l'ordre n'est pas troublé.

18 avril. — Le canon nous annonce officiellement la restauration de la royauté. Ordre de remplacer la cocarde tricolore par la cocarde blanche.

24 avril. — Les Narbonnais ont célébré aujourd'hui le nouvel ordre de choses par un *Te Deum* solennel, auquel a pris part un concours prodigieux de la population et des militaires. Après le sermon, les habitants, oubliant qu'ils étaient à l'église, ont crié à plusieurs reprises : « Vive le roi! vive le maréchal Suchet! » Ils préparent, pour jeudi prochain, un somptueux banquet offert au maréchal et à son état-major.

Le bruit du départ du quartier général pour Montpellier me décide à prendre les devants, avec le consentement de mon chef. Arrivé à Montpellier le 28 avril, j'acceptai chez mon ami Bouchet une hospitalité cordialement offerte. Je retrouvai encore avec bonheur le Nestor des botanistes français, l'illustre Gouan, le contemporain et le correspondant de Linnée ; je revis aussi le professeur de Candolle, qui me fit l'accueil le plus amical.

A Montpellier, comme à Narbonne, l'enthousiasme populaire se manifestait par de grandes réjouissances publiques : danses, farandoles, chansons, emblèmes, illuminations, bals, folies de toutes sortes.

Le 9 mai, j'apprends que le quartier général, au lieu de venir à Montpellier, va se porter vers Toulouse.

10 mai. — Mon intention bien arrêtée étant de quitter le service militaire pour revenir auprès de ma famille, je repars pour Narbonne et je réduis mes bagages à leur plus simple expression. Avant le départ pour Carcassonne, je prends congé du docteur Pech, vénérable vieillard, disciple de Sauvages, ami de Gouan, médecin très instruit, naturaliste aussi savant que modeste. Il possède un riche herbier, un coquillier précieux, des fossilles, une bibliothèque qui honore ses connaissances et son goût, et un petit jardin où il cultive lui-même plusieurs végétaux rares.

1ᵉʳ *juin.* — Je reçois l'avis de mon licenciement de l'armée. Nous demeurâmes quinze jours à Carcassonne ; j'étais logé chez M. Marianne, riche fabricant de draps. C'est à Carcassonne que je fis la connaissance de plusieurs médecins militaires qui revenaient de l'armée d'Espagne, et en particulier du célèbre Broussais.

2 *juin.* — Excursion botanique aux environs de Carcassonne. A quatre heures du matin, je pars avec mon confrère et compatriote J..., pour excursionner dans les montagnes de l'Orbiel ; nous passons à Conques, assez grand village situé sur les bords de cette rivière, et qu'avoisine une jolie culture ; puis nous prenons le chemin de Las Tours pour gagner les coteaux et les montagnes qui abondent en plantes australes et subalpines. Le terrain est schisteux, et, dans plusieurs endroits, on observe la pierre à nummulites comme à Girone. Le village de Las Tours, où nous arrivons accablés de sueur et de faim, a une physionomie spéciale que lui donnent sa situation sur l'escarpement d'un ravin, ses maisons, de la même couleur que ses rochers et très distantes les unes des autres, et les cascades qui mugissent dans cette enceinte sauvage. Les tours du

château de Fleur-d'Épine surmontent les rochers de l'autre rive.

Nous descendîmes au bord de l'Orbiel, et, sur les rochers qui l'encaissent, nous fîmes une ample moisson botanique. Cette contrée offre des dispositions très différentes quant à la température ; sur plusieurs collines il y a de belles plantations d'oliviers. Ce sont peut-être les premiers que l'on rencontre, au moins productifs, en allant de l'ouest vers l'est. Nous rentrâmes en ville après quatorze heures de marche presque continue sous un soleil des plus ardents.

Un *Cactus* que je crois être le *repens* végète à l'air libre sur les rochers de Las Tours. Je fus très surpris de rencontrer dans cette course la *Mygale calcarata*, sorte d'araignée que j'avais cru jusqu'alors exclusivement propre aux contrées les plus chaudes de l'Espagne.

20 juin. — A Toulouse, mes confrères voulaient me retenir dans la médecine militaire ; de Paris, on me proposait une chaire honorable et lucrative. Je déclinai ces instances et ces offres ; je préférai rentrer dans mes pénates et vivre sans ambition, avec mes chères collections et la clientèle léguée par mon père dont la mémoire était vénérée de tous mes concitoyens.

La vaillante armée d'Aragon fut définitivement licenciée à Toulouse... *Sic transit gloria mundi*... Je me séparai, les larmes aux yeux, de Rampont, de d'Esclaibes, de Bugeaud, mes intimes amis.

En consignant, au terme de ma campagne médico-militaire, une sorte de galerie biographique des notabilités que j'ai plus particulièrement connues à l'armée, je donne satisfaction à un besoin du cœur et à un sentiment de légitime amour-propre. Ces brèves notices, destinées à mourir en naissant ou à demeurer inédites, je les inscris comme souvenir privé ; c'est une caresse de plume, qui se justifie à l'âge sénile que j'ai abordé depuis longtemps.

Mon butin de guerre pendant ma campagne presque septennale ne consista ni en caissons de quadruples, ni en lingots d'argent, ni en pierres précieuses, ni en tableaux de prix. J'ai récolté tout simplement des paquets de plantes et des boîtes d'insectes, dépouilles du sol espagnol, qu'on ne me disputa jamais et qui ne coûtèrent à personne ni une plainte ni une larme ; j'oubliais de mentionner mon troisième trésor, mes manuscrits, le compte rendu de ma vie de médecin et de naturaliste.

GALERIE BIOGRAPHIQUE

Bardol, médecin principal. — Le docteur Bardol avait, en 1808, environ cinquante-cinq ans : d'une physionomie agréable, caractère doux et bon, amateur passionné des insectes plutôt qu'entomologiste. C'est à Bardol que je dois mon séjour temporaire dans la médecine militaire et les douces jouissances que m'ont procurées mes persévérantes explorations des richesses naturelles du sol de l'Espagne, et les belles et bonnes relations que j'ai entretenues avec de vaillants guerriers devenus illustres. A cette résidence prolongée sous le climat ibérien, je dois aussi peut-être cette robuste santé trempée aux vicissitudes et qui m'a fait survivre à tous mes contemporains ; donc, merci à Bardol. Il disparut, dès la fin de 1808, de l'armée d'Espagne et prit sa retraite à Antibes, son pays natal.

Moncey, maréchal de France, duc de Conégliano.—En 1808, homme de soixante ans, grand, maigre, air distingué, bonnes manières, politesse antique, probité exceptionnelle, militaire brave, sans ostentation, esclave de son devoir. Sa liaison avec le général Lamarque (de Saint-Sever) m'ouvrit un accès près de lui ; plusieurs fois, à Madrid, je fus admis à sa table. Le maréchal Moncey rentra en France après la prise de Saragosse.

HUMBERT DUMOLÁRD, général de brigade.

CASALE, général du génie.

LABORDE, général du génie.

DON MARIANO LAGASCA, botaniste. — Je fis sa connaissance à Madrid, dès mon arrivée ; nous fîmes ensemble de nombreuses et fructueuses excursions botaniques aux environs de la capitale. Lors de l'insurrection des provinces, Lagasca quitta Madrid pour prendre du service dans l'armée du Midi ; caractère fort exalté en politique ou en patriotisme, ce qui a singulièrement nui à sa carrière. Sous Ferdinand, il siégeait aux Cortès sur les bancs de l'opposition ; il s'expatria en Angleterre. J'ai pu faciliter son embarquement à Cadix sur un bâtiment français, par l'intervention de mon ami Adolphe Du Sault, capitaine de vaisseau. Je conservai des relations scientifiques avec Lagasca jusqu'à son retour de Londres. Il mourut à Barcelone en 1842, peu de temps après sa rentrée en Espagne.

LALLAVE (DON PABLO), botaniste. — Mexicain établi à Madrid, m'accompagna souvent dans mes courses, s'occupait spécialement des lichens.

RODRIGUÈS (DON JOSÉ), botaniste. — Employé au Jardin des Plantes de Madrid.

NOBOA (DON PEDRO), entomologiste. — Le seul spécialiste de ma connaissance à Madrid en 1808.

LARREY, le célèbre chirurgien en chef de la grande

armée, de Baudéan (Hautes-Pyrénées). — Je le vis pour la première fois à Madrid, je le retrouverai à Paris.

SUCHET, maréchal de France, duc d'Albuféra.—En 1809, quarante ans, taille un peu au-dessus de la moyenne, embonpoint médiocre, cheveux noirs, barbe noire bien fournie, nez subaquilin, menton un peu avancé, belle figure, physionomie grave avec un air de bonté, belles manières, très belle tenue, réserve et prudence dans la conversation. Après la prise de Saragosse, Suchet prit le commandement du 3e corps qui devint l'armée d'Aragon. Il arrivait de la grande armée, il était général de division. La bataille de Maria et Belchite, tous nos sièges successifs illustrèrent à un haut degré l'armée et son chef. L'empereur, juste appréciateur des services rendus, conféra le titre de comte et la dignité de maréchal à Suchet après la prise de Tarragone, le titre de duc d'Albuféra après la conquête de Valence. Comme médecin attaché au quartier général, j'eus de fréquentes occasions d'approcher le maréchal qui, d'ailleurs, professait une estime particulière pour le corps des médecins militaires ; il les accueillait toujours avec bienveillance dans son salon comme à sa table. C'est dans ces circonstances de la vie sociale que l'observateur, affranchi de tout esprit de prévention et libre dans sa pensée, trouve l'occasion d'étudier le caractère et le mérite des hommes en relief.

Aux qualités du vaillant guerrier très pratique, Suchet joignait celles d'un administrateur éclairé qui savait se concilier l'estime et l'affection de l'armée et du pays conquis ; dans les situations les plus diverses, le service capital de la solde fut toujours assuré. Les malheurs survenus dans les autres armées retentirent douloureusement sur celle du maréchal Suchet qui vivait dans les contrées conquises aussi paisiblement que dans la mère-patrie. En juin 1814, cette armée invaincue fut licenciée par la force des événements. Suchet mourut à Marseille en 1826, âgé de cinquante-six ans. En 1852, lors de mon voyage à Marseille, j'appris de mon ami le docteur Cauvière, qui avait été le médecin du maréchal, que Suchet avait succombé aux atteintes d'une double affection organique du foie et de l'estomac.

BUGEAUD, maréchal, duc d'Isly. — Lorsque nous nous rencontrâmes sur la route de Burgos, en 1808, pendant la retraite de Madrid, le lieutenant Bugeaud avait vingt-six ans : taille avantageuse, un peu au-dessus de la moyenne, corps robuste, régulièrement bâti, droit, bien musclé, bel homme de guerre, cheveux et barbe d'un roux vif, figure gravée de la petite vérole, yeux brillants, caractère doux, mais énergique jusqu'à l'exaltation dans les circonstances graves, bravoure innée, patriotisme ardent, intelligence supérieure, sans prétention et surtout sans ostentation, jugement très droit, conversation intime gaie, spirituelle, chasseur passionné et très adroit, ami dévoué. Notre amitié, nos relations, qui furent surtout épistolaires depuis 1814, ont duré quarante ans sans le moindre nuage. Son écriture était burinée. Chef de bataillon après le siège de Tortose, il fut promu colonel par le maréchal à la fin de l'occupation sans passer par le grade intermédiaire; Suchet avait apprécié sa vaillance et son instruction militaire qui étaient exceptionnelles.

A la Restauration, il fut mis en disponibilité; il se retira dans sa ville natale, Excideuil (Dordogne); il s'y maria et se livra avec ardeur à l'agriculture pratique. Il publia dans le *Spectateur militaire*, sur les manœuvres de l'infanterie, une série d'articles qui firent beaucoup de sensation dans les comités de la guerre.

En 1815, au retour de Napoléon de l'île d'Elbe, Bugeaud courut aux armes et commanda un régiment dans la Maurienne, sous les ordres du maréchal Suchet ; dans un engagement avec les Autrichiens, il se signala de la manière la plus éclatante. Lorsque Napoléon fit son entrée dans Lyon, Bugeaud m'écrivait : « Ne vous figurez pas que l'enthousiasme ait été purement militaire, il était très considérable dans le peuple qui entourait l'empereur d'une foule tellement compacte et pressée que celui-ci pouvait à peine faire un pas. »

Après Waterloo, Bugeaud retomba dans le discrédit et reprit à Excideuil la charrue et la plume. Il reparut après les journées de juillet 1830. Il gagna promptement la confiance du roi Louis-Philippe qui remarqua son courage personnel, son énergique habileté pour la répression des émeutes ; il fut promu général de brigade, et bientôt après général de division. L'Algérie fut pendant dix ans (1837-1847) le théâtre de sa gloire militaire et de ses talents administratifs ; il y conquit le bâton de maréchal et le titre de duc d'Isly.

Je consignerai plus tard nos courtes entrevues au château de Blaye et à Paris. Il m'a raconté son duel avec le député Dulong qu'il tua d'une balle au front ; cette affaire, toute d'opinion politique, s'était d'abord arrangée à l'amiable lorsque les journaux, par des articles virulents et provocateurs, forcèrent Bugeaud de vider le différend sur le terrain ; il avait conservé un vif regret de l'issue déplorable de cette rencontre.

En 1849, son dévouement à l'ordre et son aversion pour

l'anarchie le firent venir de Lyon à Paris pour s'entendre avec les hommes d'État ; le choléra faisait alors de nombreuses victimes ; il fut atteint et supporta les approches de la mort avec tout le courage et la résignation chrétienne de sa grande âme. Mes deux fils me représentèrent aux funérailles de mon illustre ami.

D'ESCLAIBES, colonel d'artillerie. — Bugeaud, d'Esclaibes et moi, nous avons cimenté en Espagne une amitié mutuelle qui survécut à notre séparation de 1814. Capitaine d'artillerie, aide de camp du général Valée, le comte d'Esclaibes avait, lorsque je fis sa connaissance à la campagne de Tortose, vingt-six ou vingt-sept ans : figure agréable, caractère doux, aimable, conversation spirituelle, solide instruction, beaux sentiments, bonté naturelle et attractive. Dans notre cantonnement à Mora de Ebro, il sut me persuader qu'avec de la persévérance je parviendrais à dessiner et plantes et insectes : ce que j'enviais beaucoup dans l'intérêt de mes études ; il me donna les premières leçons au crayon : j'ai réalisé sa prédiction, je l'en ai remercié bien souvent et j'en bénis sa mémoire.

A la Restauration, d'Esclaibes se dévoua corps et âme aux Bourbons ; ses éminentes qualités, ses bonnes manières, son talent de dessinateur, lui avaient valu l'intérêt particulier de la duchesse d'Angoulême. Il se maria à Langres et devint père de plusieurs enfants. En 1830, lors de l'expédition dirigée sur Alger, j'eus le bonheur de le rencontrer à Paris au moment où il se disposait à partir comme colonel chef d'état-major de l'artillerie. Après la prise d'Alger, la révolution de Juillet le détermina à briser son épée et à se retirer dans sa famillle à Chalencey (Haute-Marne), où il mourut avant l'âge de la vieillesse.

Valée, général d'artillerie, maréchal. — Colonel au siège de Lérida, promu général de brigade après ce siège, divisionnaire après Tortose, maréchal de France sous Louis-Philippe après la prise de Constantine. Je l'ai connu très particulièrement à l'armée d'Aragon et j'ai été souvent convié à sa table.

En 1810, quarante-cinq ans, taille au-dessous de la moyenne, corps maigre, face blême, sèche, imberbe, yeux petits, mais prompts à s'animer, lèvres minces, sans re-bords, indice, suivant Lavater, d'un caractère rude, mé-chant, ce qui se vérifiait dans l'espèce, parole brève, sèche, saccadée, mordicante, ne riant presque jamais, par-fois sourire malin ; instruit dans son arme, peu abordable pour affaires de service, même pour le général en chef de l'armée. Suchet, qui connaissait et son mérite et son ca-ractère, agissait avec beaucoup de ménagements pour lui donner des ordres ; quelque peu bourru dans sa con-versation, il n'épargnait ni ses inférieurs, ni ses égaux, ni ses supérieurs. Quand il disait ou entendait dire une mé-chanceté, il avait un sourire aigre et caustique. J'avais souvent avec cet officier général des discussions sur di-vers sujet de science, sur le *cui bono* de mes recherches scientifiques, sur le despotisme militaire ; un jour que que nous étions fort animés l'un et l'autre, je finis par lui dire : « Général, avec votre habitude de vouloir toujours commander et vous faire obéir, vous deviendrez insuppor-table quand vous rentrerez dans la vie civile. » Il se pinça les lèvres avec quelque humeur, mais nous demeurâmes amis. Depuis cette époque si lointaine, je le revis à Paris une seule fois, et, dans la soirée passée avec sa femme et sa fille, nous rappelâmes avec plaisir nos causeries animées dans les camps de l'Aragon et du royaume de Valence.

Général HARISPE, comte, pair de France, maréchal.— J'ai connu très particulièrement le général Harispe au 3° corps, sous le maréchal Moncey, et à l'armée d'Aragon. En 1808, quarante-quatre ans, figure régulière, physionomie fine et agréable, barbe noire bien fournie, brave comme César, aux avant-postes dans la marche au feu, à l'arrière-garde dans la retraite ; coup d'œil sûr et courage bien inspiré dans les combats, véritable général de bataille comme disait Napoléon ; beaucoup d'esprit naturel, peu lettré, sans prétention, exprimant bien ses idées, comme on peut le voir dans quelques lettres que je conserve. A Moxente, frontière du royaume de Murcie, nous passâmes cinq mois de la mauvaise saison en intimité de chaque jour : sa conversation était gaie, piquante, sa tournure d'esprit méridionale. Comme Achille, il fut blessé au talon à la bataille de Belchite et aussi au combat de Toulouse. Sa dignité de maréchal de France le maintint en activité de service jusqu'à sa mort, qui eut lieu dans sa patrie basquaise, à Lacarre ; il avait quatre-vingt-huit ans. Je le revis à Bayonne peu d'années avant sa mort. Il avait conservé la fraîcheur de son visage et sa vivacité.

Général HAXO, du génie. — Colonel au siège de Saragosse, promu général après Lérida ; nous étions ensemble dans de très bonnes relations. Avant le siège de Tarragone, l'empereur, qui l'appréciait beaucoup, l'appela dans son état-major général. En 1838, je le revis à Paris, et, peu de temps après, les journaux annoncèrent sa mort.

Général Rogniat, du génie. — Je recherchais sa société

parce qu'il y a toujours à gagner dans les relations avec les officiers d'une arme aussi instruite que le génie. Suchet avait une haute estime pour ce général, qui n'a pas peu contribué à l'illustration de l'armée d'Aragon en dirigeant les sièges. Je revis Rogniat à Paris en 1818 ; il me raconta la bataille de Waterloo à laquelle il avait pris part comme chef du génie ; il blâmait l'empereur d'avoir quitté l'armée pour se rendre à Paris ; il disait que Napoléon était tombé dans un collapsus moral après le désastre de Mont-Saint-Jean. Le général Rogniat a publié des ouvrages sur la tactique militaire, qui lui ouvrirent les portes de l'Institut avec le titre d'associé libre. Il est mort en 1829.

Général ROBERT. — Lors de la retraite de Valence, il fut chargé de la défense de Tortose avec une garnison de 4500 hommes ; la tentative de trahison, qui réussit aux Espagnols devant la place de Lérida, échoua complètement à Tortose.

Le général HABERT. — Prit une part active et toujours honorable à toutes les phases de nos campagnes. A la déchéance de l'empereur, il refusa de prendre la cocarde blanche et donna sa démission pour rentrer dans ses foyers.

Le général MUSNIER. — Divisionnaire fort estimé. A la Restauration, il fut nommé préfet.

Le commissaire ordonnateur Bondurand. — Contribua beaucoup à la bonne et régulière administration de l'armée dont le chef avait pour lui la plus profonde estime. Mes relations avec ce haut fonctionnaire ont toujours été agréables ; je le revis à Paris ; il est mort à Alger en 1833.

RAFFRON, colonel d'artillerie. — Plaigniol, chef de bataillon du génie. —Ricci, colonel d'artillerie.

CAPELLE, chef d'escadron d'artillerie. — Mort à Strasbourg d'une façon tragique ; son nom acquit une déplorable célébrité dans la personne de sa fille, Marie Capelle, condamnée pour avoir empoisonné son mari, M. Lafarge.

Le général VERGÉS. — KLISKY, colonel de lanciers polonais. — Le général KLOPICKY, — Le général PARIS. — DE FEUCHÈRES, général. — PÉRIDON, général. — Le général AUVRAY.

Pour terminer le narré de mes vieux souvenirs de guerre par un document militaire qui a son importance technique, je reproduis l'*État des pièces d'artillerie prises sur l'ennemi par l'armée du maréchal Suchet, tel qu'il m'a été communiqué par le chef d'état-major de l'artillerie de l'armée.*

1809	Bataille de Maria et Belchite..................	29
	A Vénasque....................................	10
	Bataille d'Alventosa, 2 mars...................	9
1810	Bataille de Margalef, 23 avril.................	3
	Siège de Lérida, 14 mai.......................	133
	Siège de Mequinenza, 8 juin.......«...........	45
	Deuxième bataille d'Alventosa, 31 octobre.......	6
	Siège de Tortose, 2 janvier...................	182
	Siège du col de Balaguer, 9 janvier.............	11
	Affaire de la Rapita, 11 mai..................	3
	Siège de Tarragone, 28 juin...................	337
1811	Siège de Monserrat, 26 juillet.................	10
	Siège d'Orpesa, 10 octobre....................	6
	Bataille de Sagonte, 25 octobre...............	12
	Prise du fort de Sagonte, 26 octobre...........	17
	Investissement de Valence, 20 décembre.........	24
	Prise de Valence, 9 janvier...................	393
1812	Prise de Denia, 19 janvier....................	59
	Prise de Peniscola, 4 février.................	74
1813	Affaire du col d'Ordal, 13 septembre...........	4
	Total..................	1367

LES ANGLAIS A SAINT-SEVER EN MARS 1814

Avant de remémorer quelques phases de ma longue pratique médicale à Saint-Sever, je tiens à retracer, comme épilogue des graves événements militaires des premiers mois de l'année 1814, l'entrée des Anglais dans ma ville natale.

Le 1er mars, l'armée anglo-portugaise, commandée par le duc de Wellington, pénétra dans le chef-lieu du comté de Gascogne, après le combat d'Orthez. Le maréchal Soult, qui, en se repliant, avait tenu conseil en haut de la côte d'Abani (1 kilomètre de Saint-Sever), et jugé qu'il ne pourrait pas tenir dans cette petite ville ouverte, prit le parti de se retirer vers Toulouse après avoir fait rompre une travée du pont sur l'Adour. Le duc de Wellington fut, dit-on, très étonné de voir la campagne bien cultivée ; il croyait que la conscription avait enlevé tous les bras à l'agriculture. L'armée ennemie ne commit aucune exaction, aucun désordre notable dans notre pays. Les Anglais, qui étaient cousus de guinées, payaient tout comptant ; nos bouchers firent de très gros bénéfices. On raconte que plusieurs concitoyens ne craignirent pas, dans l'intérêt de la patrie qui se confondait avec le leur, d'enlever par ruse ou par surprise aux sentinelles anglaises des caissons de guinées qui fondèrent en peu de temps leur fortune. Je connais des familles (trois au moins) dont la richesse s'improvisa par suite de ce patriotique dévouement. Wellington fut logé chez M. de T..., alors maire de la ville ; il avait un grand train de maison et souvent une trentaine de personnes à sa table, y compris le duc d'Angoulême. Sa meute de chasse, 30 ou 40 chiens, était remisée dans une métairie, aux portes de la ville.

Le marquis de Wellesley, neveu de Wellington, logea dans la maison C... ; il devint plus tard lord Raglan et chef de l'armée anglaise en Crimée. Le duc d'Angoulême, qui était rentré en France avec l'armée coalisée, demeura dix jours à Saint-Sever, logé dans la maison de M. de B... M. de T... reçut du préfet l'ordre de proclamer les Bourbons ; il s'y refusa, d'après le conseil de Wellington qui lui observa qu'il était prudent de suspendre cette proclamation à cause du Congrès de Châtillon ; plus tard, le général anglais étant parti pour Toulouse, M. de T... fut mandé à Bordeaux, près du duc d'Angoulême, pour rendre compte de son refus de proclamation. Malgré l'appui de M. Laîné, préfet de la Gironde, il fut remplacé comme maire de Saint-Sever par M. de C...

CHAPITRE VI

SOUVENIRS DE MA PRATIQUE MÉDICALE
A SAINT-SEVER, ET DE QUELQUES FAITS
DE MA VIE PRIVÉE (1814-1864)

PRÈS mon licenciement de l'armée d'Aragon, à Toulouse (1ᵉʳ juin 1814), je pris le parti, malgré les sollicitations diverses et flatteuses dont j'étais l'objet, de rentrer dans ma famille privée de son chef, et de me fixer définitivement à Saint-Sever, pour y exercer la médecine. Mon vénéré père laissait une clientèle qui paraissait très désireuse de m'accorder la confiance dont elle l'avait honoré pendant sa longue pratique ; d'autre part, l'autorité locale avait voulu me réserver l'offre de la succession aux divers services médicaux assurés par mon père près des établissements publics de la cité. Je compris, j'appréciai toute l'honorabilité de cet hommage si spontané, je revins pour toujours dans ma ville natale.

J'avais apporté de mes campagnes d'Espagne des collections considérables en histoire naturelle. Je conservai les plantes dans mon herbier ; j'en communiquai des duplicata à mes correspondants nationaux et étrangers, Acharius en Suède, Romer et Schultes en Allemagne, de Candolle à Genève, Nestler et Mougeot en Alsace, Bouchet à Montpellier, P. de Lapeyrouse à Toulouse, Jussieu, Desfontaines, Bosc, Loiseleur-Deslongchamps à Paris. La collection d'insectes, qui était très riche, était d'une conservation difficile au début de mon installation médicale, pendant deux ou trois ans ; mon culte pour la science devait l'emporter sur l'attrait de la possession : je ne balançai pas à offrir ce trésor au prince des entomologistes, seul capable d'en doter la science, à mon vénérable ami Latreille.

Je me livrai donc exclusivement à l'exercice de ma profession ; je me familiarisai avec les principaux livres de ma bibliothèque ; je rédigeai le journal quotidien de mes observations médicales à la ville et à la campagne. Ces notes de clinique urbaine et rurale forment plusieurs volumes compacts et continuent pour ainsi dire des cahiers analogues tenus par mon père depuis 1787. La réputation de mon prédécesseur vénéré, mon âge de trente-quatre ans, avec santé, force, activité et bonne volonté, mon expérience de huit années de pratique antérieure contribuèrent à établir avec quelque avantage ma position de médecin en ville et dans les contrées environnantes, et à me donner cette vogue qui manque rarement aux praticiens placés dans les mêmes conditions. La Société de médecine de Toulouse m'octroya (juillet 1814) le diplôme de membre correspondant ; en septembre de la même année, sur la présentation du préfet du département, je fus nommé par le ministre de l'intérieur membre du jury médical, en remplacement de mon père. J'ai conservé ce titre jusqu'en 1856, et je l'ai fait transmettre à mon fils aîné. Avant de rappeler sommairement les faits les plus saillants offerts à mon observation, qui compte aujourd'hui (1859) cinquante-deux ans de pratique médicale, je voudrais inscrire deux courtes notices, l'une généalogique sur ma famille paternelle, l'autre de topographie sur ma ville natale.

Mon grand-père, Fritz Dufour, qui, d'après un souvenir traditionnel, avait assisté, comme chirurgien des armées du roi, à la bataille de Malplaquet (1709), s'était retiré dans la petite commune de Crémens, du diocèse d'Auch. Sa modeste maison était située au bord de la grande route, à égale distance de Nogaro et du Houga. Cette habitation porte encore dans le pays le nom de Dufour ou du Terré. Fritz Dufour, qui avait eu successivement quatre épouses, n'eut de progéniture qu'avec la dernière. Il mourut en 1763, laissant deux fils qui entrèrent l'un et l'autre dans la carrière médicale. L'aîné, mon père, Charles Dufour, malgré la modicité de sa fortune, et avec l'aide d'un oncle médecin, poursuivit avec ardeur, persévérance et sagesse, sa vocation innée pour la médecine; il fit ses premières études à Toulouse. J'ai trouvé parmi ses manuscrits son diplôme de licencié en médecine; au dessus des propositions en latin qui furent les sujets de sa thèse, sous une effigie du crucifix, on lit ce titre :

CHRISTO VERO MEDICO
SE SUAQUE ASSERTA MEDICA
CAROLUS DUFOUR, E LOCO CREMENS,
DIŒCESIS AUSCITANÆ
MEDICINÆ BACCALAUREUS
PRO LICENTIATUS GRADU CONSEQUENDO.

A Toulouse, il eut pour condisciple et ami Ant. Portal (de Gaillac), qui devint une des célébrités médicales de Paris. Après un stage théorique à l'École de Montpellier, où il fut accueilli avec bienveillance par le professeur Bordeu, il alla terminer ses études médicales à Paris. Reçu docteur, il fut appelé à Saint-Sever par son oncle et bienfaiteur, le docteur Lavernhe, qui lui céda sa clientèle et le service des établissements publics (couvents, hôpital, école, prisons); il ne tarda pas à conquérir l'estime et l'affection de ses concitoyens et des familles riches de la contrée. En 1795, lors de l'établissement de l'École centrale, Charles Dufour fut nommé professeur d'histoire naturelle, et il continua son cours jusqu'à la suppression de ces écoles en 1801. Atteint d'un catarrhe pulmonaire avec asthme, qui le tourmenta pendant les vingt dernières années de sa vie, il passait bien souvent ses nuits sur un fauteuil. Malgré ces souffrances périodiques et nocturnes, il ne cessa jamais, comme l'attestent ses cahiers de pratique, de faire face pendant le jour à toutes les exigences de sa profession. Vers la fin de janvier 1814, pendant que j'étais à Girone, il mourut, âgé de soixante-seize ans, après quarante-six ans d'exercice de la médecine; il fut soigné dans sa dernière maladie par un distingué confrère de l'armée, M. Moizin. Le futur inspecteur du corps de santé militaire était alors de passage à Saint-Sever, retour de l'armée du Portugal; il fut logé dans notre maison et entoura mon père des soins où le savoir et l'intérêt respectueux avaient une égale part. Charles Dufour avait une taille un peu au-dessus de l'ordinaire, figure régulière et pâle, nez un peu long et droit, physionomie sérieuse mais se déridant au sein de la famille et dans l'intimité, caractère éminemment doux et bon, d'une politesse qu'on aurait cru provenir d'une grande éducation, et qui tenait à la trempe du caractère et à la fréquentation, dès sa jeunesse, des familles bien élevées; médecin instruit, fort studieux, probe, consciencieux et charitable. Dans sa pratique, il avait su s'affranchir de la polypharmacie de son époque; on lui faisait le reproche d'être souvent temporisateur, reproche dont il se rendait plus digne à mesure qu'il s'avançait dans sa pratique; il pouvait dire, comme le célèbre Radcliffe :

« Quand j'étais jeune, je connaissais vingt remèdes pour une seule maladie; à présent que j'ai vieilli dans la pratique, je sais plus de vingt maladies pour lesquelles je n'ai pas un seul remède. »

Le frère puîné de mon père, Jean-Marie Dufour, mon parrain, pauvre comme tous les cadets, parvint néamoins, par son intelligence et son activité, à être employé comme chirurgien sur un vaisseau du roi. Pendant un séjour assez prolongé sur la côte du Grand-Bassam (Guinée), il eut l'occasion de pratiquer l'opération de la cataracte sur un Chef des naturels de cette contrée africaine, où se faisait le commerce de la poudre d'or; il réalisa une petite fortune, revint en France auprès de son frère, et abandonna la médecine pour se livrer à l'agriculture. On le désignait sous le nom de Dufour l'Africain.

Assez d'entraînement de ma plume sur l'article généalogie médicale; je passe à l'étude topographique de mon pays natal.

La ville de Saint-Sever, chef-lieu du deuxième arrondissement du département des Landes, est située sur un plateau élevé de cent mètres au-dessus du niveau de la mer, à quatorze lieues du golfe de Gascogne (en ligne directe) et à seize lieues de la chaîne des Pyrénées.

L'*Histoire du Béarn*, du savant prélat Pierre de Marca, publiée en 1640, nous fournit tous les renseignements historiques sur cette capitale du pays de Chalosse. L'an du monde 4009 (de Rome, 709 ; avant Jésus-Christ, 42), Crassus, lieutenant de César, fit la conquête de la Novempopulanie ; celle-ci était bornée au Nord par l'Aquitaine, à l'Est par la Narbonnaise, au Sud par l'Hispanie, à l'Ouest par l'Océan. Elle eut d'abord pour capitale *Lugdunum Convenarum* (Saint-Bertrand-de-Comminges), puis *Elimberris* (Auch). Crassus choisit le superbe plateau de *Morlanne* pour y construire une magnifique residence qu'il appela *Castrum Cæsaris,* désignée plus tard sous le nom de *Palæstrion* (de *palæstra,* lieu où l'on s'exerçait à la lutte). Ce château, très fort par son assiette et par les fortifications dont il fut environné, tenait en respect les peuples voisins et servait de résidence aux gouverneurs romains et plus tard aux ducs de Gascogne. Avant 982 de Jésus-Christ, il n'y eut point de ville sur ce plateau ; mais à cette époque, Guillaume Sance, duc de Gascogne, fonda une ville qu'il appela Saint-Sever, du nom du saint martyr dont il avait éprouvé la puissante protection. Le Palæstrion était aussi désigné sous le nom de Montlanne (*mons landarum*).

Cette forteresse, que les rois des Francs convoitèrent dès le VIIe siècle, était célèbre sous la triple dénomination de Camp de César, Palæstrion, Montlanne : 1° parce qu'elle avait été fondée et construite par les Romains ; 2° à cause de sa situation prédominante ; 3° parce qu'elle fut la résidence des comtes, des ducs qui gouvernaient tous les pays environnants, d'où l'appellation *caput provinciæ,* plus tard *cap de Gascogne.* Une des trois cours de Gascogne y fut établie, et ce fut dans la ville de Saint-Sever qu'en 1273, le 10 novembre, le roi d'Angleterre Édouard, duc d'Aquitaine, assembla la Cour générale de Gascogne, composée des Cours particulières de Bordeaux, Bazas et Saint-Sever, pour juger Gaston de Béarn qui s'était insurgé contre ce roi dont il était vassal. Cette ville a soutenu plusieurs sièges ; les Anglais l'ayant prise en 1296, l'armée française, commandée par le prince Charles, la reprit après un siège de trois mois et sept jours. Peu de temps après, elle retomba au pouvoir des Anglais ; un comte d'Artois l'enleva de nouveau en 1298, et, depuis cette époque, la Gascogne fut réunie à la couronne de France. En 1569, la ville fut mise à contribution et pillée par les troupes de la reine Jeanne d'Albret, la mère *dou noust Henric ;* le célèbre capitaine Blaise de Montluc vint à son secours, la reprit d'assaut et la délivra du joug des huguenots.

D'après un vieux manuscrit cité par Marca et intitulé : *Historia monasterii Sancti Severi,* qui est précédé du plan de la ville, de ses environs et de son monastère, Sever, roi des Scythes, fut martyrisé par les Vandales, l'an 406, au bas du coteau de Morlanne, non loin du château Palæstrion, habité à cette époque par Adrien, gouverneur romain, qui avait pris le titre de roi. L'an 980, les Normands ayant fait une descente en Gascogne et mettant tout à feu et à sang, Guillaume Sance réunit ses troupes ; mais, craignant l'issue du combat, il fit vœu de bâtir un magnifique monastère en l'honneur de saint Sever, dans le lieu même où reposaient ses reliques, à la place d'une petite chapelle, et de mettre ses domaines sous sa protection, si, par l'effet de son assistance spéciale, il obtenait la victoire.

Les vœux de Guillaume furent exaucés; le saint apparut
au fort de la mêlée, monté sur un cheval blanc (c'est ainsi
que s'exprime Sance lui-même dans la charte de Saint-
Sever), portant la terreur dans les rangs ennemis qui furent
mis en pleine déroute. Le duc, dont la piété égalait la
valeur, convoqua tous les prélats, les nobles et seigneurs
de toute la Gascogne, en l'an 982, pour délibérer sur
l'établissement projeté, acheta des seigneurs ses vassaux
l'emplacement du monastère pour la somme de trois cents
sols d'argent et quarante-cinq vaches, fonda cette célèbre
abbaye à laquelle il donna son château Palæstrion et toutes
les terres qui en dépendent. Il lui accorda les plus grands
privilèges et immunités avec le patronage de toutes les
églises de son duché ; il voulut qu'elle relevât immédiatement de la Cour de Rome ; il nomma pour premier abbé un
religieux de l'ordre des Bénédictins, nommé Salvator, qui
était aussi pieux que savant. Cet abbé ainsi que ses successeurs étaient viguiers (*vicarius*) et convoquaient, en cette
qualité, les assemblées de la Cour de Gascogne qui tenait
ses séances dans le cloître du monastère. Ce fut l'abbé de
Saint-Sever qui, en 1273, se rendit, accompagné de plusieurs
prélats et seigneurs, au château d'Orthez, pour sommer le
comte Gaston d'avoir à comparaître devant la Cour générale
de Gascogne, réunie à Saint-Sever sous la présidence
d'Édouard, roi d'Angleterre, et du duc d'Aquitaine. Depuis
la réunion de la Gascogne à la couronne de France, les
abbés de Saint-Sever étaient nommés par le roi ; celui-ci
avait le droit de placer un militaire invalide dans le couvent pour y être entretenu et nourri aux dépens du monastère. Cette belle abbaye était une des plus florissantes du
xv° siècle ; l'archevêque de Turin en était alors commen-

dataire. En 1569, elle fut entièrement ruinée et détruite de fond en comble par les troupes de la reine Jeanne d'Albret ; plus tard, elle se releva et recouvra son ancien éclat. Avant sa suppression par la Convention nationale, elle nommait à vingt cures, dans les diocèses d'Aire, Bordeaux, Condom, et jouissait de plus de cinquante mille livres de revenu. On observait dans ce monastère la règle de saint Benoît réformée par saint Amour. La ville possédait encore un superbe couvent de frères Prêcheurs de l'ordre de saint Dominique, qui florissait dans le xvᵉ siècle. Ce couvent fut également ruiné en 1569 ; à l'époque de la Révolution, il jouissait encore d'un revenu de huit à dix mille livres. Le collège, ancienne École centrale, est établi dans les bâtiments de l'ancien couvent des Dominicains ; on suppose que la fondation de celui-ci remonte au xiiiᵉ siècle. Le couvent des Ursulines, dont l'origine ne remonte guère qu'au xviiᵉ siècle, ne présente aucun souvenir digne d'être mentionné au point de vue historique.

La ville de Saint-Sever offre deux monuments remarquables : un édifice religieux du style roman le plus pur, vaste et majestueuse basilique qui fut heureusement préservée du vandalisme révolutionnaire, et, dans cette église, des orgues construites par le célèbre facteur dom Bedos de Celles, vers 1765 ; ces orgues sont devenues une propriété communale.

Le coteau sur lequel s'élève la cité appartient à une chaîne de collines qui, constituant, pour ainsi dire, les premiers gradins des Pyrénées, se continue sur la rive gauche de l'Adour sans autre interruption que des vallées étroites par où le fleuve reçoit des ruisseaux provenant du pays dit Chalosse.

Le sol sur lequel la ville est assise forme un plan légèrement incliné vers le Nord-Ouest ; du côté de l'Ouest, à quelques toises de ses fossés, commence une pente très rapide au bas de laquelle se trouve l'une des fontaines publiques (Touron) ; c'est le revers d'un profond ravin qui emporte vers l'Adour les eaux pluviales et les égouts.

Les ruisseaux de la Chalosse ont un cours assez rapide pour s'écouler sans laisser sur leur trajet des marais ou des étangs ; les principaux sont le Gabas, le Bahus, le Luy, etc. ; leur direction générale est du levant au couchant, comme celle des vallées ; le Bahus a une direction du Sud au Nord.

Sur la rive droite de l'Adour, s'étend une plaine fort vaste qui, du côté du Nord et de l'Ouest, n'a d'autre limite que l'horizon et forme une zône rembrunie formée par les *landes* et les *pignadars* (bois de pins) ; les ruisseaux y coulent lentement ; les marais y sont fréquemment observés.

Il y a une vingtaine d'années, j'ai publié, sous l'anonyme, dans le journal de l'arrondissement, l'esquisse d'un parallèle entre le *Landais* et le *Chalossais ;* j'en extrais les principales considérations :

Le Landais ou Lanusquet, auquel saint Paulin donnait l'épithète de *pellitus,* à cause de son vêtement de peaux d'animaux, est entouré, dès le berceau, de toutes les conditions qui peuvent influer sur l'altération et la dégénérescence de sa constitution physique et morale. L'air, cet élément primordial de notre existence, *pabulum vitæ,* cet imperceptible véhicule de tant d'atomes producteurs de maladies, est vicié dans la lande, soit par les miasmes délétères incessamment exhalés dans les bas-fonds spongieux ou à la surface des mares stagnantes, soit par une sorte de croupissement qu'occasionnent les cimes épaisses des pins, constituant des dômes impénétrables à la ventilation, *pigro et immoto aere sordescunt* (Baglivi). La régénération des principes vivifiants de l'atmosphère est nécessairement diminuée d'autant plus que les arbres et arbrisseaux à feuilles coriaces, grêles et persistantes (pin, bruyère), qui forment la masse du règne végétal de la lande, sont loin de produire une aussi grande quantité d'oxygène ou d'air vital que les plantes dont le feuillage annuellement renouvelé est large, d'un tissu moins serré et d'une perspiration plus active.

Le sol, presque toujours plat ou à ondulations peu sensibles, formé d'une arène incohérente et homogène, se prête peu à l'écoulement des eaux surabondantes, et, pour peu que les pluies persévèrent, les lieux déprimés deviennent de véritables lagunes. Cette composition géologique, cette horizontalité du terrain, sembleraient, au premier aspect, tourner à l'avantage du cultivateur; il en est tout autrement. La docilité du sol, en exerçant trop faiblement, quoique sans relâche, l'action musculaire du paysan, et en déterminant une locomotion toujours monotone et uniforme, ne contribue pas peu à produire cette atonie générale, cette énervation qui caractérise la fibre du Landais, et à perpétuer son état de langueur et de débilité constitutionnelles ; enfin, une nourriture peu substantielle, mal préparée et l'usage d'une eau de boisson insalubre déterminent chez ces malheureux les germes de maladies chroniques, des obstructions viscérales invétérées qui font de leur existence une longue infirmité ou une décrépitude anticipée.

Quel est le résultat définitif de ces mauvaises conditions

hygiéniques sous l'influence desquelles une population à demi sauvage est condamnée depuis des siècles à vivre et à se reproduire ? Le voici dans sa cruelle vérité. Ce sont des hommes d'une petite taille, d'une conformation défectueuse, dont le corps, émacié ou bouffi, porte le cachet de la faiblesse et de la misère ; des membres presque atrophiés leur donnent une allure chancelante ; ils ont le teint hâve et décoloré, la peau luride, terne, comme flétrie ; leur physionomie exprime plus souvent la tristesse et la stupidité ; la sphère de leurs facultés intellectuelles est extrêmement circonscrite ; par suite d'une certaine excitabilité anormale du système nerveux, une puberté prématurée leur fait contracter de bonne heure des mariages qui contribuent encore à l'appauvrissement de l'espèce. Ces mêmes conditions qui exercent une action si dépressive, si altérante, sur le type *Lanusquet*, se réfléchissent aussi sur les animaux domestiques : leurs chiens sont étiques, hargneux et poltrons, les individus de la race bovine sont petits, efflanqués, hérissés, à éminences osseuses, sursaillantes ; ils n'apportent de leurs pacages, maigres et lointains, aucun tribut stercoral à leurs étables, parce que leurs organes digestifs, enclins à la diarrhée s'exonèrent dans le trajet ; leurs chevaux malingres ont le poil long, délustré, l'épine dorsale en carène tranchante.

Le Chalossais (*Silocensis*) se trouve, au contraire, placé dans les conditions les plus favorables au développement et au maintien de sa force physique. Obligé, dès son enfance, de lutter contre les aspérités et les diverses inclinaisons de ses collines, il imprime à ses organes locomoteurs une vigueur remarquable. Une nourriture simple, mais abondante et saine, où les éléments réparateurs et excitants sont dans de justes proportions, concourt puissamment à établir cette harmonie, cet équilibre de fonctions organiques et des actions extérieures qui constituent la santé. La rapidité des ruisseaux qui parcourent les vallons, la pente convenable du terrain, la variété, l'abondance des végétaux qui contribuent à la purification de l'air, s'opposent à la stagnation des eaux et donnent ainsi à l'atmosphère les qualités les plus propres à l'entretien de toutes les facultés. La structure géologique d'un sol compact, résistant et tenace, nécessite pour les travaux agricoles le concours simultané de la force, de l'adresse et de la patience. C'est au milieu de ces travaux toujours actifs, toujours renaissants, c'est au milieu de cette alternative de dépense et de réparation des forces que le corps retrempe sans cesse son énergie, ravive ses facultés et acquiert cette constitution robuste, le plus précieux apanage de l'homme des champs.

A la faveur de ces conditions locales, le Chalossais revêt, tant au physique qu'au moral, des traits qui en font une race distincte du Landais, parfaitement semblable au Béarnais : stature avantageuse, corps droit, bien pris, membres agiles et forts, tempérament sanguin, bilieux, avec toutes ses conséquences morales, physionomie où se peignent à la fois et son intelligence et le sentiment de sa force, traits fortement dessinés, humeur enjouée, caractère vif, qui passe facilement à la véhémence ou à l'emportement quand il s'agit de la défense de ses droits ou de son amour-propre offensé, tels sont les signes caractéristiques du type chalossais. La patrie est surtout pour lui le sol natal, il y tient presque autant que le vieux chêne, ombrage de ses pénates; mais, ainsi que les habitants de la zone pyrénéenne, il est loin d'être indifférent aux événements qui menacent les intérêts généraux; le mot de nation fait battre son cœur et tressaillir ses muscles, et une fois enrôlé sous les drapeaux, il se fait remarquer par sa bravoure et son intrépidité dans les combats.

Les bestiaux de la Chalosse participent aux avantages des conditions locales; ils sont à ceux du paysan de la lande ce qu'est le paysan *vinéicole* au *pinicole* : les bœufs de labourage y sont élevés, traités avec un soin, une prédilection qui vont jusqu'à une sorte de culte. Le paysan chalossais, surtout des environs de Saint-Sever, se croirait déshonoré s'il produisait en public une paire de bœufs dont la croupe ne serait point arrondie, les épaules puissamment musclées, la peau fine, unie, lustrée, et d'une propreté recherchée dans toutes les régions du corps. Si l'on voulait essayer de modifier avantageusement la constitution physique du Lanusquet et la rapprocher par degrés du type chalossais, il conviendrait d'assainir l'air, l'eau et les aliments dans le pays de la lande, c'est-à-dire changer notablement la végétation annuelle du sol en rompant l'immense continuité des pignadars par de larges et profondes clairières dirigées en divers sens, remplacer par le chêne et le platane les pins qui avoisinent les habitations, creuser davantage le lit des ruisseaux, dessécher les fonds marécageux. Il faudrait que la culture du maïs fît reculer celle du panis et du millet, et que la plantation de la vigne pût conquérir de proche en proche ces terrains sableux, presque exclusivement envahis par la bruyère et l'ajonc.

Nous avons sous nos yeux, tout près de Saint-Sever, un exemple remarquable de la possibilité d'une aussi heureuse métamorphose. Le panis et le millet se cultivaient jadis, il y a soixante-dix ans, sur la rive droite de l'Adour. Ces graines aviculaires ont été repoussées à plus d'une lieue de la même rive, et notre plaine adourienne est aujourd'hui couverte des plus riches moissons en froment, maïs, fourrages, lin, vignes, etc. Les paysans et les bestiaux de cette plaine ont aussi presque entièrement dépouillé le type lanusquet et rivalisent avec le chalossais. Quelques-uns des millions exportés sur le sol de notre colonie algérienne feraient merveille pour la transformation de nos bédouins pinicoles.

Les fléaux qui, dans nos contrées, nuisent à l'agriculture peuvent dériver de trois sources : 1° la constitution météorologique qui comprend les variations du baromètre, du thermomètre, de l'hygromètre et de l'électricité atmosphérique. Mon père, qui était pénétré de l'importance du conseil hippocratique relatif aux observations *de aere et locis*, avait tenu pennant plus de trente ans un journal de ces variations, et je suis resté fidèle à cette tradition qui intéresse particulièrement la science de l'homme.

Les maladies les plus communément observées dans nos contrées sont les obstructions des viscères abdominaux, les hydropisies, la pneumonie aiguë et chronique, la dyssenterie, qui revêt parfois la forme putride, les fièvres intermittentes qui règnent particulièrement dans la plaine où elles offrent parfois le caractère pernicieux. La pellagre se manifeste assez souvent sur les paysans de la lande.

Dans la ville de Saint-Sever, la santé n'est compromise par aucune cause d'insalubrité : les octogénaires, du nombre desquels je suis, ont toujours été nombreux. L'air y est très excitant pour les tempéraments nerveux; la phthisie est rarement observée. L'immunité remarquablement constante des élèves de notre collège prouve la salubrité de notre cité. Pendant près d'un demi siècle, à l'époque même de la plus grande prospérité de l'établissement (130 pensionnaires en 1819), le médecin du collège n'a eu à constater qu'un seul décès (affection cérébrale); il n'y a jamais observé aucune maladie endémique ou épidémique qui mérite d'être mentionnée.

Le service médical de l'hospice, dont je fus chargé lors de mon retour de l'armée, n'a jamais donné lieu à des observations d'épidémies graves. Cet établissement, qui est peu considérable, est exclusivement destiné aux indigents de la ville et de la banlieue, aux détenus de la maison d'arrêt qui ne peuvent être traités à l'infirmerie, et éventuellement aux militaires de passage. En 1815, notre hôpital reçut des malades évacués des hôpitaux militaires de première ligne, et je fus invité à diriger ce service par M. Moizin, qui était à Bordeaux médecin en chef du corps d'armée des Pyrénées-Occidentales.

Dans ma pratique médicale, je me suis constamment inspiré des grands et immortels principes de l'école hippocratique, et aussi de quelques préceptes puisés dans l'expérience des praticiens les plus recommandables de l'époque moderne. Je reproduis ici volontiers ces adages que j'inscrivais à la première page des journaux annuels de ma clientèle urbaine et rurale :

« Medicamentorum varietas ignorantiæ filia est. » (BACON.)

« Nulla viro in applicando remedio temeritas,
Nulla in observando effectu festinatio,
Nulla in sinistris eventibus occultatio,
Nulla in extollendis prosperis jactantia. » (BOERHAAVE.)

« Un médecin qui établit par de bonnes observations la cure des maladies les plus communes fait beaucoup plus pour la société, que celui qui s'attache aux observations peu fréquentes, précieuses sans doute dans une collection académique, mais de peu d'usage dans la pratique... De bonnes observations ne doivent pas être mêlées de raisonnements; il faut décrire les phénomènes tels qu'ils se présentent dans la nature et non tels qu'on les juge. »

(ZIMMERMANN, *Tr. de l'expérienee*, t. I, p. 213.)

« L'alliage n'est jamais aussi parfait que le métal auquel on l'associe; il en est de même de l'amalgame des remèdes. »

(CLERC, *Hist. nat. de l'hom. malade*, t, I, p. 316.)

« Trop de richesses corrompt les mœurs, trop de remèdes détruit le tempérament. » (CLERC, *loc. cit.*, p. 317.)

« Les médicaments simples que la nature nous donne excèdent beaucoup nos besoins et ont plus de vertu que lorsque l'art les altère. » (*Ibid.*, p. 321.)

« Pour l'homme de bien, la médecine est la plus cruelle des professions; le médecin qui en remplit tous les devoirs est le plus à plaindre des hommes. » (*Ibid.*, p. 37.)

Boerhaave proteste que jamais il ne vit de malades au commencement de sa pratique sans écrire toutes les circonstances et les signes de la maladie dans l'ordre où ils se présentaient, et qu'il est incroyable combien il avait profité de cette conduite. « Si vous en faites autant, disait-il à ses élèves, vous n'aurez pas plutôt connu quatre ou cinq maladies de la même classe, que vous les reconnaîtrez aisément le reste de votre vie. »

« On a vu des hommes assez téméraires pour faire éprouver à leurs malades les excès les plus périlleux, afin de paraître les guérir par les traitements les plus extraordinaires. Cette manière de fixer l'attention du public est révoltante, et le motif en est odieux. » (BACHER, *Hydrop.*, p. 699.)

« Tous les cas où la médecine *agissante* est applicable dans la pratique se réduisent aux suivants :

1. Quand le principe morbifique étant connu, il est attaquable par des moyens moins dangereux qu'il ne l'est lui-même ;

2. Quand la nature, dans l'usage des forces qu'elle exerce pour retrouver l'équilibre qu'elle a perdu, va évidemment au delà des bornes d'une juste modération ;

3. Quand la nature, dans l'emploi de ces mêmes forces, demeure en deçà des bornes d'une activité salutaire ;

4. Quand la nature s'égare évidemment dans la direction de ces forces et qu'elle les porte ou les concentre vers des organes sur lesquels elles peuvent devenir funestes.

Tous les cas qui ne se rapportent pas aux précédents doivent, sans aucune exception, être livrés à la médecine expectante. »

(VOULOUNE, Mém., p, 58.)

« Pessimâ medendi methodo non omnes trucidantur. »
(HILDEBRANDT, Typhus, p. 227.)

« Bonum aliquandó medicamentum est nullum adhibere medicamentum. » (HIPPOCRATE.)

« Qu'on diminue le nombre des médecins, et il y en aura de moins mauvais ; qu'on s'abstienne de l'usage trop fréquent des remèdes, et l'on aura moins besoin des médecins;

dans les deux cas, le nombre des malades diminuera de même. » (Selle.)

En juillet 1816, je fis avec mes amis et confrères Dufau (de Mont-de-Marsan) et H. de Poudeux (de Dax) un voyage d'exploration dans les établissements de nos Pyrénées-Occidentales, soit pour étudier *de visu* les qualités de ces eaux et leurs divers modes d'administration, soit pour apprécier la portée médicale des inspecteurs des diverses stations thermales.

Nous savions théoriquement, et, pour ainsi dire, sur la foi de la voix publique, quelles étaient les vertus généralement accordées à ces sources tant vantées : on conseille généralement Cauterets pour les maladies d'estomac, les Eaux-Bonnes pour celles de la poitrine, Bagnères-de-Luchon pour les affections de la peau, Saint-Sauveur pour les maux de nerfs, Barèges pour la guérison des ulcères et des plaies, Bagnères-de-Bigorre pour la mélancolie et les obstructions ; mais nous voulions acquérir des notions plus exactes et nous espérions obtenir des renseignements plus précis des médecins habitués à l'administration des eaux thermo-minérales. Je désirais aussi, en revoyant des lieux que j'avais parcourus vingt ans auparavant dans l'intérêt de la botanique, reprendre, pendant quelques instants de loisir, les recherches et l'étude des plantes pyrénéennes, ne fût-ce que pour en renouveler dans mon herbier les échantillons.

Toutes les eaux de Cauterets surgissent du sein de bancs schisteux ; elles sont éminemment sulfureuses et exercent par conséquent une action plus ou moins excitante ou tonifiante sur nos organes ; il est donc prudent de ne les prescrire que dans les affections caractérisées par la débilité et la langueur des forces vitales : il convient donc aussi de les bannir du traitement de toutes les maladies accompagnées d'un état d'exaltation des propriétés vitales, des inflammations, et en général de toutes les affections aiguës.

La situation élevée de Cauterets (900 mètres au-dessus du niveau de la mer), son air vif, sa température variable et assez généralement froide, la fréquence des brouillards, me paraissent être des conditions très défavorables pour la cure des maladies de la poitrine.

A Saint-Sauveur, près Luz, les eaux thermales ont été captées dans un assez joli établissement. Les eaux de Saint-Sauveur jouissent des propriétés attribuées aux eaux sulfureuses en général. Cependant leur douceur et leur onctuosité les rendent spécialement applicables dans les affections nerveuses, spasmodiques, dans les épuisements accompagnés de mobilité nerveuse, dans les extinctions de voix, les hémorrhoïdes, les maladies de la peau, les blessures, les rétractions musculaires, les rhumatismes chroniques.

L'établissement de Barèges est le plus fréquenté de nos stations thermales.

Le chirurgien-major de l'hôpital considère l'usage des eaux de Barèges comme dangereux pour les affections de poitrine, excepté dans l'asthme humide. On emploie très utilement ces eaux dans les maladies suivantes : rhumatisme chronique, en bains et en douches ; les paralysies, les affections cutanées ; dans les affections scrofuleuses, on applique la douche par aspersion sur les glandes hypertrophiées ; les engorgements utérins, lorsqu'il n'y a pas douleurs (bains et injections). Dans les plaies d'armes à feu et autres blessures, on prescrit la douche, surtout dans le cas de carie. Les praticiens de Barèges ont foi dans les effets *consécutifs* de la thérapeutique thermale, à la suite des sudations abondantes qui s'observent après l'usage d'une saison.

La situation de Bagnères-de-Luchon, au pied d'une montagne qui l'abrite immédiatement des influences du Nord, et dans une vallée dont la base est largement dilatée, sa position géographique, plus orientale que celle des autres thermes pyrénéens, la végétation fraîche et vigoureuse qui recouvre les formes arrondies des montagnes voisines, les eaux vives qui, dans toutes les directions, viennent grossir le torrent de sa vallée; toutes ces conditions réunies donnent au climat de Luchon une douceur de température et une pureté d'atmosphère qui ne contribuent pas peu, soit au maintien de la santé des habitants, soit à la restauration de celle des malades qui s'y rendent en grand nombre de tous les points des provinces limitrophes.

Les établissements thermaux sont placés au sud de la ville, à l'extrémité de la belle promenade des tilleuls (allées d'Étigny), et adossés à la base orientale de la montagne d'où sourdent les eaux. Cette montagne est peuplée de hêtres soigneusement respectés, parce qu'ils s'opposent aux éboulements.

Les eaux de Luchon sont applicables dans tous les cas qui réclament l'usage des eaux sulfureuses en général.

M. le docteur Barrié, inspecteur des eaux de Luchon, nous a fourni les indications suivantes comme étant les plus positives : rhumatisme chronique, paralysie commençante des jeunes gens, engorgements scrofuleux, obstructions des viscères abdominaux, leucorrhée atonique, gravelle, asthme humide, catarrhe pulmonaire chronique, affections atoniques de l'estomac, plaies d'armes à feu, ulcères. Il reconnaît leur insuffisance dans toutes les maladies précitées, compliquées de lésions organiques ; il blâme les médecins qui envoient à Luchon les phthisiques. Il recommande spécialement l'usage des eaux dans les affections dartreuses ; les dartres farineuses, la plupart des couperoses, les éphélides, résistent généralement au traitement thermal qui triomphe plus aisément des dartres humides, ulcères.

L'usage des eaux de Luchon provoque quelquefois la fièvre, et celle-ci, dans les maladies chroniques, peut devenir un moyen de guérison ; elles peuvent aussi rappeler à la peau des éruptions miliaires ou prurigineuses traitées insuffisamment, et, en vertu de cette action diaphorétique, sans qu'on ait à redouter des répercussions dangereuses.

En allant en voiture, de Saint-Gaudens à Bagnères-de-Bigorre, par Montréjeau, nous passâmes la nuit au village de Capbert, aujourd'hui Capvern, tout près de l'entrée, dans la vallée d'Aure. Nous y prîmes quelques renseignements sur les eaux minérales qui, d'après le pharmacien du lieu, jouissent d'un grand renom dans toute la contrée pour la guérison des maux d'estomac, des hémorrhoïdes, des obstructions, etc.

Ces eaux, que nous n'avons pas pu soumettre à des réactifs, ne nous ont pas offert au toucher une chaleur sensible. L'analyse, avec le seul secours de nos sens, ne nous laissa pas une haute idée de leurs propriétés médicinales, et j'inclinai à penser que leur réputation locale en faisait le principal mérite.

Quarante-trois ans après mon impression médicale sur les

eaux de Capbert, je dois reconnaître que la station actuelle
de Capvern, superbement aménagée tout près de la voie
ferrée (Toulouse-Tarbes), a pris le renom du Vichy de
notre sud-ouest.

Les montagnes si pittoresques qui dominent la jolie ville
de Bagnères-de-Bigorre, à l'extrémité de la riche plaine de
Tarbes, les vallées délicieuses qui l'avoisinent, l'abondance
des eaux limpides qui la traversent, une grande quantité
de sources d'eaux minérales, toutes les conditions favorables à la santé et aux plaisirs font de cette ville un des sé-
jours les plus agréables. Dans la saison des eaux, lorsque
les temps sont prospères, c'est un petit Paris.

Les établissements thermaux sont extrêmement nombreux ; nous en visitâmes rapidement une vingtaine.

De Tarbes, où notre savant compagnon de voyage,
M. de P..., nous quitta pour prendre la route de Bordeaux,
nous allâmes à Nay, par Pontac, et, après avoir reçu la
plus gracieuse hospitalité au château des Forges, chez notre
ancien préfet, le marquis d'Angosse, nous traversâmes la
vallée d'Ossau jusqu'à Laruns, d'où l'on monte au hameau
des Eaux-Bonnes.

On ne se baigne pas aux Eaux-Bonnes, on ne fait usage
de l'eau qu'en boisson. L'inspecteur est M. Darralde père.
Préconisées surtout pour les affections des voies respira-
toires, on les transporte en grande quantité.

Nous visitâmes l'établissement des Eaux-Chaudes avec
l'inspecteur M. Larivière.

Sur l'escarpement qui forme l'encaissement du Gave, il
y a une source à découvert et peu abondante, connue sous
le nom de *Lares c.* Nous remarquâmes une teinte rosée vers
le fond des bassins, et des flocons blancs de matière grasse

évidemment déposés sur une trame filamenteuse à la coupe (*conferva thermalis*).

Depuis que j'ai inscrit ces notes d'observation médicale dans mes journaux de 1816 et 1819, les divers établissements thermaux de nos Pyrénées ont acquis des améliorations considérables. Ces eaux minérales ont été l'objet d'analyses multipliées et exactes (celles surtout qu'a pratiquées le professeur Filhol, de Toulouse). La vogue d'aller aux Pyrénées pour y chercher distractions et santé s'est accrue de toutes les facilités de voyage qu'ont produites les chemins de fer.

Je dois mentionner aussi les eaux minérales de quelques localités de la Gascogne :

1° A cinq lieues de Saint-Sever, les eaux de Saint-Loubouer (Eugénie-les-Bains), situées au fond d'une vallée fort triste parcourue par le Bahus ; à la *grande maison*, l'eau, qui n'a pas de chaleur sensible, n'a pas la fraîcheur des sources ordinaires, limpide, odeur prononcée d'œufs durs, saveur non désagréable : elle dépose sur la pierre qui reçoit l'eau de dégorgement une matière onctueuse, blanchâtre, bourbeuse ; on est obligé de chauffer l'eau dans une chaudière pour le bain ; aussi, l'eau du bain ne conserve presque pas l'odeur hépatique.

A la *maison du bois*, l'eau est réputée ferrugineuse, mais l'analyse, faite par un pharmacien de Bayonne, n'a pas constaté le principe ferreux, elle est sulfureuse à un moindre degré que la source de la grande maison.

2° A Dax (*Aquæ Tarbellicæ*), on recommande les eaux pour la cure des rhumatismes chroniques, des paralysies, des vieilles plaies, etc.

3° Préchac, au voisinage de la petite ville de Tartas. J'ai

visité cette localité en septembre 1829 ; l'établissement est situé à peu de distance de la rive droite de l'Adour, dans un bois souvent inondé par les crues du fleuve : il consistait alors en une seule maison traversée par le canal de l'eau chaude ; ce canal, abrité par un hangar, sert de piscine ou de baignoire commune. La source, très voisine de la maison, est fumante et a plusieurs mètres d'étendue, 44° R. : on peut à peine y tenir la main pendant quelques secondes ; eau limpide, inodore, sans saveur appréciable. D'après l'analyse de M. Meyrac père, cette eau serait saline, muriate de soude, de chaux, sulfate de chaux, etc. Les baigneurs assurent qu'elle produit sur la peau une sensation douce, onctueuse : à la main, je n'ai pas perçu cette sensation. Pour les bains de boues thermales, il y a trois fosses où l'on transporte la fange du voisinage et où l'on fait arriver l'eau chaude ; ces trois fosses à boue sont abritées sous un hangar auprès de trois autres fosses remplies d'eau plus ou moins pure, destinée au lavage du corps après l'émersion du limon minéral.

4° Barbotan, près Cazaubon (Gers); il y a des sources minérales qui ont été fréquentées de temps immémoral ; en 1567, les médecins du maréchal de Montluc lui ordonnèrent d'aller aux Bains de Barbotan pour une douleur, suite de blessure à la cuisse, voyage qu'il entreprit avec l'évêque de Condom, les sieurs de Saint-Orens et de Tilladet.

M. Dufau (de Mont-de-Marsan), le père de mon condisciple, inspecteur de ces eaux, consigna, dans un ouvrage publié en 1784, le résultat de ses études : les maladies les plus efficacement modifiées par l'usage de ces bains et boues thermales sont le rhumatisme non aigu, les névralgies, les ankyloses incomplètes, les engorgements viscéraux, la paralysie essentielle, etc. L'installation balnéaire a été récemment l'objet de notables perfectionnéments.

Membre du jury médical de mon département, j'ai été chargé, à diverses époques, de procéder avec deux pharmaciens à des tournées d'inspection des officines, dans les diverses localités de chacun des arrondissements de Saint-Sever. Nous avons été généralement satisfaits de la bonne tenue des pharmacies aux chefs-lieux d'arrondissement ou de canton. Le service des épidémies était confié à l'un de mes confrères, et je fus appelé rarement à la collaboration pour ce service, qui est ordinairement peu actif, à cause de la salubrité habituelle de notre contrée.

En 1821, lorsque la fièvre jaune, importée des Antilles, se manifesta sur quelques points de la Péninsule, en particulier à Barcelone, j'adressai au ministre de l'intérieur une demande, à l'effet d'être envoyé en Espagne pour y étudier cette redoutable affection ; mais le conseiller d'État chargé de l'administration générale des services sanitaires me fit informer que les médecins déjà envoyés en Espagne étaient assez nombreux pour remplir la mission qui leur était confiée, et que les médecins des départements limitrophes suffisaient actuellement pour les éventualités du service sanitaire : on m'assurait du reste que, si les circonstances exigeaient un supplément de personnel médical, mon nom serait désigné au choix du ministre. La fièvre jaune ne passa pas les Pyrénées.

En 1832, dans le mois d'août, le choléra-morbus ayant éclaté à Bordeaux, je priai mes confrères de l'hôpital Saint-André de me prévenir aussitôt que le nombre des cas serait assez considérable pour devenir l'objet d'une étude.

Le 30 août, je reçus l'avis de l'occasion favorable, et le lendemain je partis pour faire la connaissance personnelle du terrible fléau. Je ne voulais pas être pris au dépourvu s'il venait se manifester dans nos contrées. Je séjournai une semaine à Bordeaux, suivant chaque matin la visite des médecins chargés du service des cholériques; je pus ainsi étudier les diverses phases de nombreux cas, et assister à l'examen nécroscopique qui révèle si peu de lésions organiques. La psorentérie intestinale et l'altération du sang dans tous les viscères sont les traits les plus saillants de l'anatomie pathologique de cette maladie originaire de l'Inde. L'épidémie n'envahit ni les Landes, ni le Gers, pas plus en 1849 qu'en 1832. L'une des plus illustres victimes du choléra de 1832 à Paris fut notre compatriote, mon ami le général Lamarque, dont je parlerai plus tard ; par une coïncidence bien singulière, fort peu de temps après la mort du géneral Lamarque, dont le corps fut transporté à Saint-Sever, sa sœur, Mme D..., mourut d'un atteinte de choléra dans sa maison de campagne, à quelques lieues de Saint-Sever.

Pour terminer ce chapitre de ma pratique médicale, que je dédie à mes fils, devenus mes confrères, j'exhume des feuillets jaunis d'une statistique inédite de l'arrondissement de Saint-Sever quelques notes relatives à l'étude si importante des grands phénomènes météorologiques tels que le tonnerre, les ouragans, les trombes, les pluies considérables, la grêle, le froid intense, la chaleur excessive, qui de tout temps ont frappé, effrayé la multitude. Le médecin, familiarisé avec l'observation des phénomènes morbides de l'organisme humain, habitué à démêler au milieu des fonctions vitales un ordre dans le développement et la succession des symptômes, est aussi tout spécialement préparé à l'étude de ces grandes perturbations de notre planète. Il peut, sans sortir du cercle habituel de ses investigations, considérer ces troubles atmosphériques comme un état anormal, et, tranchons le mot, comme une maladie du globe. Ce parallèle me paraît facile à justifier. Ne peut-on pas, sans dépasser la portée de nos sens, s'élever, comme dans la pathogénie humaine, à la découverte des causes prochaines ou éloignées de ces états tumultueux de l'atmosphère ? Ne peut-on pas en saisir les signes précurseurs, en énumérer les symptômes durant les crises ou paroxysmes, en pronostiquer la terminaison, constater tous les effets, et signaler les moyens curatifs ou préservatifs ? Rappelons-nous que l'immortel Franklin est parvenu à maîtriser les feux du ciel *eripuit cœlo fulmen*. Le paratonnerre a été le précurseur du paragrêle qui, malheureusement, faute d'un fonctionnement suffisant, est impuissant à conjurer ce terrible fléau de nos campagnes. Je suis convaincu que si, dans l'étude statistique d'un pays habituellement en butte aux fléaux météorologiques, on alliait à un esprit rigoureux d'observation un ardent amour pour le bien, on parviendrait non seulement à découvrir les causes de cette espèce de prédisposition locale, mais à combattre l'influence de ces causes avec plus ou moins de succès : tantôt la plantation d'une forêt dans une direction et à une distance convenables ; tantôt au contraire le déboisement d'un ou de plusieurs points déterminés ; ici l'exhaussement d'un terrain, ailleurs l'abaissement d'une butte ou d'un promontoire. Ces divers moyens agricoles pourraient changer les courants aériens, s'opposer aux phénomènes de l'électricité atmosphérique, et modifier avantageusement la constitution météorologique, le tempérament de la localité, de même que l'exécution des préceptes d'une hygiène bien entendue peut retremper en quelque sorte le corps humain.

En 1830, la Société centrale d'agriculture de Paris inséra dans ses *Annales* une notice sur le froid de l'hiver 1829-1830, comparé à ceux de 1819-1820 et de 1788-1789. Dans ce travail, je faisais ressortir particulièrement les effets du froid sur les corps organisés et sur les objets de l'économie domestique. Les hivers précités sont les seuls qui, dans le cours d'un demi-siècle, aient fait époque dans les fastes météorologiques de nos contrées.

L'hiver de 1788-1789, observé très exactement par mon père, et l'hiver de 1829-1830 ont offert des rapports et des différences qu'il importe de signaler. Ces rapports sont :

1° L'époque de la première invasion du froid vers la mi-novembre ; 2° son accroissement progressif dans la dernière semaine de décembre ; 3° la continuation du froid pendant la première quinzaine de janvier ; 4° les effets généraux sur la végétation. Quant aux différences, les voici :

1° Le plus grand abaissement du thermomètre en 1788 fut — 13° R., le 31 décembre ; en 1830, — 11°,5 R., le 15 janvier ; 2° la première semaine de 1830 fut remarquable par un froid de — 9°,5 R , tandis que, dans le même mois, en 1789, le mercure ne s'abaissa jamais à zéro ; 3° durant l'hiver de 1788-1789, la neige fut très rare, tandis qu'elle fut abondante pendant l'hiver de 1829-1830, surtout lors des fortes gelées de février, ce qui modéra considérablement l'effet de ces gelées sur la végétation. La constitution frigorifique en 1819-1820 se caractérisa par son invasion tardive, brusque et de courte durée. Du 9 au 14 janvier, le froid surprit la terre toute nue, c'est à dire dépourvue de neige.

Les froids si rigoureux et si prolongés de 1829-1830 furent précédés d'un passage d'oiseaux émigrants en nombre considérable, et dont l'habitat ou la patrie habituelle est vers les régions polaires : la *Grande Outarde*, Otis tarda, Lin.; la *Cigogne noire*, Ardea nigra, Lin.; le *Héron à aigrette*, Ardea egretta, Lin. ; le *Cygne à bec noir*, Anas cycnus, Gmelin, qui n'avait jamais été vu dans ce pays; l'*Oie cendrée*, Anser cinereus, en prodigieuse quantité, etc. Ces oiseaux, les palmipèdes surtout, abandonnèrent la contrée avant les grands froids de février et continuèrent leur migration vers le Midi.

En 1830 comme en 1788-1789, notre petit fleuve l'Adour, dont le cours a presque la rapidité d'un torrent, fut assez congelé pour qu'on pût le traverser à pied dans quelques points. L'air glacial s'insinua tellement dans l'intérieur de nos appartements, que beaucoup de provisions de ménage, vin, vinaigre, viande, graisse, œufs, fruits, le pain même, se glacèrent complètement; la *méture*, pain de maïs de nos paysans, acquit une telle dureté par la gelée, qu'il fallait recourir à la hache pour la réduire en morceaux. L'urine elle-même se glaça. J'ai constaté dans mon journal médical de 1830, une mortalité exceptionnelle parmi les vieillards de toutes les conditions ; le règne végétal subit l'influence la plus désastreuse du froid excessif.

Trois circonstances particulières méritent d'être signalées: 1° le froid du 18 novembre 1829, 6° R., surprit la végétation à une époque où, dans nos contrées, la sève n'est pas encore en repos ; 2° dans les premiers jours de février 1830, mois où la sève commence à se réveiller, l'abaissement du mercure à — 9°,5 R. dut être plus nuisible aux végétaux que le froid plus intense des jours précédents ; 3° une assez grande quantité de neige recouvrait la terre, principalement au moment du froid de février, ce qui atténua incontestablement l'effet de celui-ci. Parmi les arbres qui furent les plus éprouvés, je citerai le *Chêne ordinaire*, Quercus racemosa, Lam. ; ce roi de nos arbres forestiers subit des éraillements dans les troncs les plus vigoureux ; ces fentes longitudinales se produisaient avec un bruit éclatant qui résonnait au loin, accident qui, sans nuire à la croissance de l'arbre, était préjudiciable à la qualité du bois pour les constructions (bois gelé) ; le *Chêne tauzin*, Quercus tozza, Pers., dont la patrie est restreinte au sud-ouest de la France ; il fut atteint par le froid de 1830, et épargné par celui de 1820 (un quinzième environ de ces arbres a péri jusque dans les racines, et cependant le bois de tauzin est plus dur, plus compact que celui du chêne ordinaire) ; le *Chêne-liège*, Quercus suber, Lam. (un dixième des troncs précieux de cet arbre a péri en 1830 par 11°,5 R., mais les racines ont été préservées) ; le *Pin maritime*, Pinus maritima, Lam., qui peuple de ses immenses forêts nos grandes landes, a souffert notablement, puisqu'on a constaté, en 1830, une diminution de moitié de la récolte de résine ; le *Pin pignon* Pinus pinea, Lin., a eu comme le précédent ses sommités gelées malgré leur coque dure et les écailles serrées des cônes ; les *Figuiers*, Ficus carica, L., furent mortellement atteints en 1830, tandis qu'un degré de moins en 1820 avait suffi pour les préserver (en 1788, ils avaient aussi été atteints, mais alors, comme en 1830, leurs racines repoussèrent) ; le *Laurier ordinaire*, Laurus nobilis, L., dont les plantations en haie serrée sont d'une grande utilité pour

protéger les habitations rurales contre le vent d'ouest, a
offert la même tolérance pour le froid que le figuier ; le
Grenadier, Punica granatum, L., fut atteint jusqu'aux racines ; l'*Amandier commun*, Amygdala communis, L., a été
plus éprouvé sur les terrains forts et argileux que sur le sol
léger et sableux de la plaine ; le *Cyprès*, Cupressus semper-
virens, L., a présenté une tolérance variable ; les *Châtai-
gniers*, Fagus castanea, L., ont été peu éprouvés.

Parmi les arbustes ou arbrisseaux qui ont plus ou moins
souffert du froid en 1830, je citerai la *Vigne*, Vitis vitifera,
L. ; elle fut plus frappée en 1788 qu'en 1830, et à peu près
indemne en 1820. En 1830, la récolte du vin fut de moitié
moins forte que l'année précédente) ; le *Myrthe*, Myrtus communis, L., et le *Laurier rose*, Nerion oleander, L., ont péri
jusqu'aux racines dans nos jardins en 1830 ; l'*Ajonc d'Europe*, Ulex europæus, fl. fr., *tuie gabarre*, ne résista pas aux
— 6°,5 du 4 février 1830, qui l'atteignirent à l'époque
habituelle de la floraison ; les *Bruyères cendrées*, Erica cinerea,
L., jolis sous-arbrisseaux excessivement abondants dans
nos terrains incultes, ont, en 1830, péri complètement (tiges et racines) dans toutes les localités où ils garnissaient
les crêtes des fossés ; le *Rosier du Bengale*, Rosa bengalensis,
Pers., et le *Rosier multiflore*, Rosa multiflora, Thunb., qui
sont très communs dans nos jardins, ont eu leurs tiges frappées en 1830, épargnées en 1820. Parmi les plantes proprement dites, le *Lin* a eu ses tiges frappées de mort en 1830
comme en 1820, la récolte manqua presque complètement ;
le *Froment* et le *Seigle*, grâce au manteau de neige, n'ont souffert que dans un petit nombre de localités basses et humides ; nos plantes potagères furent pareillement préservées
par la neige, tandis qu'en 1820 un degré moindre de froid

les ayant surpris à nu suffit pour dévaster nos jardins ; le *Yucca*
Yucca gloriosa, L., originaire de l'Amérique septentrionale,
n'éprouva aucune atteinte des — 10,5 de 1820, mesure
de sa tolérance frigorifique, tandis qu'un degré de plus en
1830 nous a privés presque partout de ce bel ornement de
nos jardin ; le *Phormium*, ou Lin de la Nouvelle-Zélande,
plante textile que le premier j'importai, en 1806, dans ce
pays, et qui s'y était multipliée dans divers jardins, après
avoir bravé quatorze hivers en pleine terre, périt presque
partout en 1820 et subit le même sort en 1830, sa tolérance
normale ne pouvant dépasser — 8° à — 9° R. Les fleurs
d'agrément, Renoncules, Anémones, etc., furent moisson-
nées dans les parterres en 1830.

Dans cette même année 1830, le 23 mai, vers sept heures
du soir, après une journée excessivement chaude avec ten-
sion électrique, on entendit le tonnerre à l'ouest de la ville,
où des nuages noirs à couche blanche tranchée annonçaient
l'approche de la grêle. On apprit bientôt que des grêlons
de la grosseur de châtaignes avaient ravagé la campagne
surtout dans la plaine de l'Adour, qui depuis cinquante ans
n'avait jamais subi un pareil fléau. La saison était malheureusement au moment le plus délicat pour les céréales. Le
maïs encore très jeune repoussa seul avec vigueur ; mais,
le 11 juillet suivant, une trombe avec de la grêle s'abattit
dans la même direction et massacra le maïs en plusieurs
endroits ; un jeune homme fut tué par la foudre dans la commune d'Aurice.

Le 7 janvier 1831, à huit heures du soir, on aperçut
une aurore boréale au nord-ouest de la ville ; la lueur de
ce météore igné était si vive, si étendue, que les objets éloi-
gnés se distinguaient très nettement. Aussi, beaucoup

de personnes crurent à un incendie dans le lointain.

Le 14 juillet de la même année, vers trois heures de l'après-midi, tempête inopinée épouvantable, pluie torrentielle avec rafales tourbillonnantes, sorte de trombe qui, partie du golfe de Gascogne, suit la direction de l'ouest à l'est, dévastant toutes les campagnes de Bayonne, Dax, Saint-Sever, renversant les arbres, les parcs, les toitures, bouleversant les terres ; grêle désastreuse, vignobles complètement mutilés, céréales hachées ; dix-huit communes atteintes dans l'arrondissement de Saint-Sever, seize dans celui de Dax.

L'année 1832 fut remarquable par la continuité de la sécheresse ; depuis le 12 juin, précédé de deux jours de pluie jusqu'au 4 novembre, il n'y eut de pluie que vers la mi-septembre, pendant quelques instants. Le maïs donna dans cette circonstance la preuve de sa tolérance pour la chaleur surtout dans les terres fortes. argileuses de la Chalosse ; les vendanges furent abondantes et compensèrent la réduction des céréales ; des arbres, chênes, peupliers, moururent par suite de la sécheresse ; les puits et les citernes furent à sec ; l'ensemencement se fit sur une terre aussi sèche que la cendre.

En 1835, dans la nuit du 16 au 17 avril, après une série de températures élevées qui avaient donné une grande impulsion à la végétation, le thermomètre descendit à — 3° R. Cette glace frappa de mort presque tous les bourgeons de la vigne et les jeunes pousses des arbres fruitiers.

Le 31 mai de la même année, par un très beau ciel, l'Adour prit un accroissement progressif très considérable attribué à la fonte des neiges dans la région pyrénéenne. Le 1er juin, à cinq heures du matin, le pont du Bahus, sur la route départementale, fut renversé de fond en comble,

toute la chaussée entre les deux ponts fut envahie par les
eaux. Ce pont en pierre, de construction récente, avait
coûté 30.000 francs ; son arche unique n'était pas assez large.

Le 19 juin 1839, par un temps superbe, entre cinq et
six heures du soir, une grêle terrible fondit sur notre riche
campagne qui fut ravagée en quelques minutes ; les vieillards n'en avaient jamais vu de semblable. Les céréales, qui
promettaient la plus belle moisson, les vignes, qui donnaient
les meilleures espérances, tout fut dévasté dans les champs ;
les arbres, les haies, les maisons, subirent d'horribles mu-
tilations ; l'aspect de la campagne rappelait la saison de
Noël. Dans les avenues de la ville, le sol était jonché de
branches arrachées des arbres ; les murailles étaient criblées
de trous creusés par les grêlons qui frappaient comme des
balles de calibre ; les chaumes du blé disparaissaient en-
fouis dans le sol ; nos malheureux laboureurs venaient, les
larmes aux yeux, annoncer les désastres survenus dans les
métairies. Le préfet du département, M. Curel, qui n'avait
jamais vu pareil fléau, se rendit dans notre ville le lendemain du sinistre. En parcourant avec moi les environs de
la cité, il avait peine à comprendre l'étendue et la rapidité
du désastre. Les champs étaient parsemés d'oiseaux, de
lièvres, de perdrix, de volailles massacrés par les projectiles
aériens. Nous reçûmes à l'hospice un homme criblé de
contusions pour être resté quelques secondes exposé aux
atteintes des grêlons ; la plupart de ceux-ci avaient la grosseur d'une noix avec son brou, presque tous sphériques,
du diamètre de 20 lignes. Les pertes, pour la commune
de Saint-Sever, furent évaluées à 500.000 francs. Plus de
40 communes de l'arrondissement furent saccagées par ce
fléau qui sévit pendant un quart d'heure.

1819. — Le 6 octobre, mon ami le docteur Grateloup, alors médecin à Dax, et plus tard à Bordeaux, vint me rejoindre à Saint-Sever pour l'exécution d'un double projet : une visite à Ogenne, près Navarrenx, au vénérable Palassou, le savant auteur de la *Minéralogie des Pyrénées*, et l'exploration des cristaux de soufre à Saint-Boès.

Le 7, à Gaujac, nous visitâmes des carrières de plâtre en exploitation ; nous y vîmes plusieurs variétés de cette chaux sulfatée, depuis la *niviform*: jusqu'à la *lamellaire ;* le 8, à Saint-Boès, où nous mettons pied à terre dans une auberge pour aller au *Moulin de Mounic* près duquel est la mine de soufre. On traverse un plateau de forme arrondie appelé *Casteigt ;* c'est un camp retranché de l'époque romaine, analogue à ceux qu'on observe fréquemment dans les environs de Saint-Sever ; les talus de ce camp sont recouverts de châtaigneraies. Nous arrivâmes trop tard pour trouver les ouvriers fouisseurs ; nous en demandâmes quatre pour le lendemain. Nous reprîmes nos chevaux pour aller à Navarrenx ; halte à l'endroit où fut livrée la bataille d'Orthez, en 1814, entre les armées de Soult et de Wellington. Ce champ de bataille est formé de collines basses, landeuses, sans arbres ni arbrisseaux, favorable aux manœuvres de l'infanterie et de la cavalerie ; nous nous rappelâmes avec douleur qu'à la suite de ce combat, le maréchal Soult fut obligé de se replier sur Saint-Sever, pour prendre la direction de Toulouse. Nous passons successivement à Orthez, Laa, Loubiens, Mértens. A Navarrenx, nous soupâmes chez le comte de Vallier, naturaliste instruit, dont la famille habitait jadis Saint-Sever. Le 9, après une visite au docteur Darralle, nous nous acheminâmes à pied vers Ogenne, distant d'une lieue. Palassou nous fit l'accueil le plus bienveillant, bien qu'il ne nous connût pas personnellement. Sa modeste habitation est sur le penchant de la colline. Vieillard de quatre-vingt-deux ans, taille ordinaire, maigre, sec, ridé, basané, mais bien portant et d'un aspect vivace, presque aveugle, esprit vif, gai, d'une conversation instructive et sans prétention, savant pur sang. Il insista pour nous retenir une journée, mais nous étions bridés par le délai de notre courte absence, il fallut se serrer la main pour la première et la dernière fois. Palassou me fit cadeau de toutes ses œuvres qu'on trouvera dans ma bibliothèque ; je lui ai dédié mes *Lettres sur les Montagnes maudites*. Nous demeurâmes en correspondance jusqu'à sa mort. Le 10, dès l'aurore, nous étions sur le chantier du soufre ; nos ouvriers n'avaient retiré que quelques rognons calcaires avec des géodes de cristaux de soufre tout à fait informes et peu dignes de figurer dans mon cabinet. Nous apprîmes que cette mine avait été épuisée par un pharmacien breton qui en avait fait une spéculation.

1822. — Un grave événement vint signaler pour moi l'année 1822, événement qui, en brisant ma liberté individuelle, a exercé sur mon avenir une influence considérable et a changé ou modifié toutes mes habitudes ; événement dont les conséquences éludent et confondent toutes les prévisions, tous les calculs ; événement dont les oscillations présentent tous les degrés du haut et du bas, du chaud et du froid ; événement qui excite ou fait naître des sentiments à divers titres, des passions, du bonheur avec ses variations, des déceptions ; événement qui peu à peu met en relief des traits de caractère qui étaient dissimulés ou latents ; événement plus redouté aujourd'hui que jadis, plus redoutable en effet, à cause de la tiédeur du sentiment, du relâchement des mœurs, du progrès effrayant du luxe, de la tendance à spéculer, tantôt orgueil d'un nom, tantôt le désir de la fortune; enfin, événement qui se résume en une association binaire, religieuse et légale, vulgairement appelé mariage.

Je n'avais pas tout à fait mes quarante-deux étés, lorsque Mlle Z. de L... vint leur additionner ses vingt-deux beaux printemps et perdre son nom dans le mien. C'était, il m'en souvient, le 22 février que la combinaison conjugale se consacra devant M. le maire et à l'église de Saint-Justin (Landes), et, ce même jour, les époux, favorisés par un ciel serein et un soleil éclatant, arrivèrent au cap de Gascogne. Cette existence à deux, par des conséqu ences physiologiques fort naturelles, a produit quatre existences nouvelles : le premier et le dernier né du sexe maternel, les deux intermédiaires du sexe paternel. Le 11 décembre de cette même année, ma fille aînée, aujourd'hui religieuse carmélite, vint inaugurer ma douce dignité de père.

1823.— Le 6 décembre, je reçus la visite de mon intime ami Rampont, jadis mon médecin principal à l'armée d'Aragon, il passa quatre jours avec moi. Il revenait de Cadix où il avait pris part, comme médecin en chef, à l'expédition commandée par le duc d'Angoulême; il était accompagné par un jeune médecin militaire, neveu de Coste, l'ancien inspecteur du service de santé des armées, qui était plein d'esprit et de gaieté et qui mourut peu d'années après, à Lille, de phthisie pulmonaire. Le général Lamarque voulut les accueillir à sa table; il eut grand plaisir à entendre Rampont raconter la prise du Trocadéro qui fut une affaire peu sérieuse, dont l'importance tint surtout à la présence du duc d'Angoulême. Rampont avait pour moi une

grande affection ; notre correspondance dura jusqu'à sa
mort (1832). En traversant Madrid, il s'était souvenu que
j'avais laissé à Valence le magnifique ouvrage de Cavanilles sur le royaume de Valence ; il acheta ces deux gros volumes et il eut la généreuse attention de les déposer dans
ma bibliothèque.

1824.—Depuis longtemps, je formais le projet d'explorer
la botanique de notre littoral océanique et la grande lande,
cette vaste contrée du sable, du pin et de la bruyère. Le
31 mai, j'entrepris ce voyage à cheval, avec un jeune élève
en pharmacie de Saint-Sever. Mon domestique nous suivait, avec un cheval chargé de deux comportes renfermant
nos effets, et, plus tard, nos conquêtes en histoire naturelle.
Nous passâmes par Mont-de-Marsan, Uchac, Garcin, pour
aller coucher à Sabres. Mon confrère Dubosc nous y offrit
une cordiale hospitalité. Le lendemain, nous étions à Pissos
où nous passâmes deux jours chez mon condisciple et ami
le docteur Gourgues. Je fis la connaissance d'un capitaine
d'artillerie, M. Guillaud, qui était chargé de l'inspection
des projectiles dans les usines de M. Larreillet. Cet officier,
botaniste des plus zélés, nous accompagna jusqu'à La
Teste ; nous déjeunâmes à Ichoux, chez M. Larreillet, et
nous passâmes la nuit à l'auberge du pauvre village de
Sanguinet, le dernier bourg de notre département de ce
côté. Nous séjournâmes quatre jours au chef-lieu de l'ancienne seigneurie des Captals de Buch ; nous en explorâmes soigneusement la plage, les forêts, les îles. Le 8 juin,
nous allâmes de La Teste à Parentis ; le 9, à Mimizan ;
le 10, à Tartas ; le 11, nous rentrâmes à Saint-Sever.
(En 1825, je publiai mes observations sur les plantes de
cette région.)

1825. — Le 7 avril, je revenais à cheval d'une tournée médicale dans la plaine de l'Adour ; je rencontrai, sur le pont de Saint-Sever, la diligence au galop arrivant vers moi ; je me rangeai aussitôt du côté du garde-fou, mais pas assez complètement ; le pommeau de la selle fut accroché, les sangles se rompirent, cavalier et cheval furent culbutés ; je fus lancé comme un projectile sur la vive arête d'un chasse-roue. Je ne perdis point connaissance ; j'aperçus mon bucéphale les quatre fers en l'air et dessellé ; j'aurais pu être précipité dans la rivière par-dessus la balustrade. On me crut mort, et les personnes qui, de Morlanne, virent l'accident furent très alarmées. J'avais à la tête une plaie simple, longue de 2 pouces, qui saignait abondamment. Je fis un bandage de mon mouchoir, j'acceptai l'offre de quelques passants accourus qui relevèrent et ressellèrent le cheval, plus stupéfait que moi, et je repris ma route, voulant prévenir des bruits sinistres et rassurer ma famille. Dès mon arrivée, je me fis pratiquer une saignée ; quatre jours après cet accident, je me rendis à Saint-Justin (40 kilomètres), sur le même cheval, pour visiter mon beau-père, très malade.

Le 28 septembre, naissance de mon fils aîné Albert.

1826. — Le 1er juillet, la première Société de secours mutuels, dont je fus membre fondateur, est instituée à Saint-Sever. Cette œuvre de bienfaisance, établie pour l'amélioration materielle et morale des ouvriers qui paient un franc par mois de cotisation, a été et sera toujours d'une incontestable utilité ; vu le nombre croissant des sociétaires, d'autres sociétés analogues ont été successivement organisées.

12 octobre. — Naissance de mon fils Gustave.

1827. — Vers la fin de mai 1827, je fis avec M. de B...,
mon ancien professeur, une excursion botanique aux coteaux des *Caubous;* nous récoltâmes l'*Epipactis cordifolia*,
que je voyais vivante pour la première fois, et qui abondait
dans une lande voisine de la crête du coteau. Non seulement
on ne l'a jamais trouvée dans notre département, mais elle
n'est point citée dans la flore agenaise et paraît fort rarement dans les Pyrénées.

Bouquet des Caubous. — Orchis pyramidalis. — Orchis
bifolia. — Ophrys arachnites. — Ophrys muscaria. — Sera-
pias lanciflora. — Thesium linophyllum. — Galium cons-
trictum. — Crepis taraxacifolia. — Adianthum capillus
Veneris. — Quercus pubescens. — Orobanche, etc.

En septembre et octobre 1827, les feuilles de la rave de
nos champs, *Brassica napus,* furent dévorées dans toute la
contrée par une chenille rare, d'un noir opaque avec un liséré
latéral pâle, et longue de sept lignes, appartenant à un lépi-
doptère nocturne dont je n'ai pas déterminé l'espèce, et qui
doit être une *Noctuelle;* elle ronge toute la pulpe de la feuille
en ne laissant que les côtes principales.

1830. — Le rigoureux hiver dont j'ai parlé ailleurs fut
fatal à beaucoup de vieillards ; mon excellente mère nous
fut enlevée dans la nuit du 22 janvier ; âgée de quatre-
vingt-un ans, elle ne fut alitée que pendant neuf jours. Sa
maladie s'accompagna de symptômes variés qui ne se ratta-
chaient à aucune affection déterminée ; tous les appareils
de la vie donnèrent successivement des signes de lésions
fonctionnelles ; pas une douleur locale, pas une plainte exprimée ; la faiblesse générale progressive, le trouble notable des fonctions de l'entendement révélaient une cause
unique, l'âge. Elle s'éteignit doucement, graduellement,

comme la mèche enflammée où l'huile n'arrive plus. En recevant avec toute la résignation d'une âme chrétienne l'extrême-onction, elle prouva que tous les sens n'étaient pas éteints, car elle dit : « Curé, vos saintes huiles sentent le rance. » Ma mère, d'une taille ordinaire, avait le corps maigre mais bien pris ; son esprit était infini, aimable et gai, sa mémoire très-ornée ; elle avait une grande bonté ; son caractère, d'une extrême vivacité, contrastait avec le calme de mon père. Malgré ce contraste des caractères, jamais ménage ne fut plus uni, plus serein, plus exemplaire que celui-là.

Le 26 avril, à la séance de l'Académie des sciences, sur la proposition de l'illustre Cuvier, j'eus l'honneur d'être élu correspondant de l'Institut (Section d'anatomie) par 45 suffrages sur 51 votants.

Le 15 août, naissance de ma fille cadette.

1831. — Le 12 juillet, le général Lamarque fut délégué par la chancellerie de la Légion d'honneur pour me remettre la croix de chevalier. L'assistance était nombreuse dans le salon de son hôtel ; je n'ai retenu du discours spirituel et flatteur qu'il m'adressa que le titre de maréchal de la science qu'il donnait à Cuvier ; dans cette même soirée, il remit aussi la croix d'honneur au fils de son ancien camarade, Charles Darricau, officier distingué qui venait de faire ses premières armes à la prise d'Alger, et qui devint, en 1859, directeur de l'administration au ministère de la guerre, intendant militaire et conseiller d'État.

1832. — FUNÉRAILLES DU GÉNÉRAL LAMARQUE

Le 11 juin, j'assistai aux obsèques du général Lamarque, que le choléra de Paris et aussi l'épidémie d'agitations politiques nous ont enlevé presque en même temps que le grand naturaliste Georges Cuvier. Ce corps inanimé, ce froid cadavre, après avoir été l'occasion d'une grande émeute dans les rues de la capitale, a été paisiblement inhumé dans la modeste chapelle d'Eyres ; toute la population, sans distinction de rang, accourut à la funèbre cérémonie ; plusieurs discours furent prononcés, en particulier par le député des Landes, M. Laurence, et par un autre député, M. Dubois (d'Angers).

A la mémoire de cet illustre concitoyen, dont la famille fut toujours étroitement liée avec la mienne, et dont je fus l'ami malgré une différence d'âge, je dédie une brève esquisse morale et physique : *Amicus Plato, magis amica veritas!*

Maximilien Lamarque naquit à Saint-Sever en 1773, d'une famille fortunée ; en 92, il partit volontaire comme Durrieu et bien d'autres, se signala de bonne heure dans les guerres de cette époque si troublée. Il fut promu général de brigade après la bataille de Hohenlinden (1801); Gaëte (1806), le fort de Capri (1808), Laybach, Wagram, la campagne de France, la Vendée : voilà ses principaux titres militaires. Député de son département à la Restauration, il fit toujours partie de l'opposition.

Il n'était pas orateur, mais sa plume était courageuse et mordante ; souvent il passait la nuit pour préparer sa réplique pour le lendemain : bon cœur, charitable, ayant les sentiments de famille religieusement conservés; gastralgie habituelle, héréditaire, qui n'a pas peu contribué, avec l'ardeur de son caractère, à sa fin prématurée (cinquante-neuf ans).

Lors de son élection répétée à l'Assemblée législative, il

disait souvent : « La tribune m'usera, me consumera, comme elle a usé le général Foy qui la taxait d'énivrante. » Sa conversation et ses écrits avaient un cachet spécial tant pour les idées que pour le style.

J'ai pu, non sans difficultés, réunir tous les écrits du général Lamarque en un seul volume in-8°; je possède aussi, dans mes dossiers de médecine, le procès-verbal *original* de l'autopsie de notre général avec les signatures des médecins qui assistèrent à cette exploration *post mortem*. Le cerveau était d'une petitesse remarquable, tandis que les cerveaux de Casimir Périer et de Cuvier, morts à la même époque, étaient d'un volume considérable ; d'après les recherches de l'anatomiste Sœmmering, on admet généralement que l'intelligence grandit en proportion du volume du cerveau et de son parfait développement, mais où est la règle sans exception ? Malgré la petitesse de son cerveau, Lamarque avait une grande capacité intellectuelle; on peut, je crois, expliquer physiologiquement cette infraction apparente à la règle : le cerveau participe du tempérament individuel comme tous les organes et tous les tissus du corps ; or, chez les hommes à prédominance lymphatique, la lymphe s'infiltre dans le cerveau de manière à déplacer, à disjoindre, à soulever ses éléments constitutifs et à lui donner un volume illusoire au point de vue psychologique, sans que le nombre de ces éléments soit réellement augmenté. Au contraire, dans les cerveaux sans alliage de lymphe, les éléments de la pulpe cérébrale rapprochés, serrés, plus condensés, plus purs, donnent au cerveau un moindre volume, tout en conservant un aussi grand nombre d'éléments constitutifs. Je n'ai point vu le cerveau du général Lamarque, mais il pourrait se rattacher à cette dernière catégorie ; le procès-verbal de l'autopsie ne contient d'ailleurs aucune allusion à cette question de physiologie générale.

1833. — BUGEAUD ET LA DUCHESSE DE BERRY AU CHATEAU DE BLAYE

Dans les premiers jours du mois d'avril, mon ancien camarade de l'armée d'Aragon, le général Bugeaud, que je n'avais pas revu depuis vingt ans, m'informa qu'il avait été appelé pour une mission délicate au château de Blaye où était détenue Mme la duchesse de Berry. J'y allai, accompagné par mon beau-frère qui avait servi sous ses ordres comme sous-lieutenant à Grenoble, passer deux jours avec mon ami ; il me raconta toutes les circonstances de son commandement dans cette citadelle. On avait fait appel à son dévouement pour le roi, sans lui faire connaître d'abord la nature ou les motifs de sa mission. Dans la nuit qui suivit son acceptation, il avait reçu l'ordre motivé ; malgré la répugnance de son caractère chevaleresque, il tint parole et se rendit au poste désigné.

La grossesse de la princesse, contestée d'abord par le parti légitimiste qui ne savait pas son mariage secret en Italie, était si peu un mystère au château de Blaye que, chaque jour, son accoucheur de confiance, M. Deneux, donnait au gouvernement un bulletin de son état. Le lendemain de mon arrivée, le bulletin disait : « Mme la duchesse a bien passé la nuit et elle sent les mouvements de l'enfant. » Je revis là mon ancien maître de la Faculté de Paris, le baron Dubois, envoyé comme accoucheur par le gouvernement, mais non accepté par la duchesse. Le jeune docteur Ménière, aimable et spirituel, avait été aussi délégué par le ministre ; la princesse l'accueillait avec bienveillance. Quelques semaines après mon retour à Saint-Sever, la duchesse mit au monde une fille, en présence de témoins désignés par le général Bugeaud, et, un mois après, elle fut autorisée à quitter la citadelle de Blaye pour se rendre à Palerme. Bugeaud, qui avait ordre de l'accompagner, me proposa de faire avec lui ce voyage sur un bâtiment de l'État, avec le projet de rentrer en France par l'Italie : ma position médicale ne me permit point d'accepter cette séduisante expédition.

1835. *8 décembre.* — Je reçois le diplôme de l'Académie royale des sciences et arts de Barcelone.

1836. — L'hiver et les pluies se prolongent d'une façon insolite. On s'est chauffé pendant huit mois.

Le 2 mai, tonnerre, grêle, neige et pluie excessive se succédèrent dans la même journée. La foudre tomba sur l'église du village de Montaut. Dans le courant de cette année, on observa dans les pignadas et jusque dans les jardins de la ville un genre de passereaux qu'on n'avait point vu depuis vingt-cinq ans, le *Bec croisé*, Loxia crucirostra.

3 février. — J'ai reçu le diplôme de correspondant de la Société royale et centrale d'Agriculture de Paris.

1837. — Mes deux fils sont admis comme demi-boursiers au lycée royal de Bordeaux après leur scolarité élémentaire à l'école des Frères et au collège de Saint-Sever.

1838. *23 mars.* — Correspondant de la Société royale des sciences, d'agriculture, des arts, de Lille.

1840. *1er août.* — Membre titulaire de l'Institut d'Afrique.

1841. — Prix de l'Institut, médaille d'or pour mes Recherches anatomiques et physiologiques sur les orthoptères, les hyménoptères et les névroptères.

1844. *1er juin.* — Correspondant de l'Académie royale
des sciences naturelles de Madrid.

1847. *5 août.* — Associé correspondant de l'Académie royale des sciences, inscriptions et belles-lettres de
Toulouse,

1848. *18 novembre.* — Associé de la Société de biologie de Paris.

1849. *22 octobre.* — Mon fils Gustave, qui avait
concouru en 1846 pour l'emploi d'élève du service de
santé militaire, est lauréat (n° 1) au concours pour le grade
de chirurgien sous-aide, et passe de l'hôpital militaire de
perfectionnement du Val-de-Grâce à l'hôpital d'instruction
de Strasbourg.

1852. *Voyage à Marseille.* — Quelques jours après mon
retour d'une excursion-pèlerinage avec de pieux amis au
berceau du célèbre fondateur de la Compagnie de Jésus à
Loyola, près Saint-Sébastien, je fus inopinément informé,
par un billet presque indéchiffrable de mon fils Gustave,
qu'il avait été évacué de Bône (Algérie) sur l'hôpital militaire de Marseille, atteint de fièvre grave : c'était, à peu près
au même âge, le répétition de mon atteinte typhique en
Espagne. Malgré mes soixante-douze hivers et la longueur
du voyage de Saint-Sever à Marseille, je partis le jour même
de ce bulletin alarmant, 2 septembre, au secours de ce
cher fils. Dès sa promotion au grade de chirurgien aide-major de deuxième classe, il avait sollicité et obtenu sa
nomination aux ambulances de l'Algérie. Le 7, dans l'après-midi, j'étais au chevet de son lit ; malgré sa grande prostration, il put me raconter le commémoratif de sa maladie ;
la fièvre était continue depuis une quinzaine de jours, avec
exacerbations irrégulières ; la diarrhée, intense au début,

avait cessé depuis trois jours ; la chaleur de la peau n'était
pas mordicante ; la teneur du pouls fébrile me rassurait par
sa régularité, sa fréquence modérée et sa plénitude ; j'en
conclus que cette maladie pourrait être longue, mais que
la guérison était très probable si des complications locales
ne survenaient pas. Je louai, dans le voisinage de l'hôpital, une chambre d'étudiant à 20 francs par mois, et j'eus
le bonheur de voir l'évolution de cette fièvre d'origine
paludéenne s'accentuer graduellement vers la période de
convalescence, sans autre médication que des doses modé-
rées de sulfate de quinine, du vin de quinquina et un régime
de plus en plus substantiel ; le médecin traitant, M. Froment, médecin en chef de l'hôpital, a dirigé le traitement
avec la prudence d'un praticien très éclairé.

L'hôpital militaire de Marseille est un très vaste et magnifique établissement fondé par le duc d'Orléans pour les
malades évacués de notre armée d'Afrique, situé dans le
quartier le plus salubre de la cité, réunissant toutes les
conditions de l'hygiène nosocomiale. La chambre affectée
à mon fils, comme celle des autres officiers malades, est
grande, bien plafonnée, poêle en faïence, large croisée au
levant, fournitures du lit très complètes ; l'infirmier attaché
au service de cette chambre fait preuve de dévouement jour
et nuit.

Lorsque mon fils était en convalescence, il eut la visite
de l'inspecteur du service de santé, M. Alquié, qui lui
témoigna le plus vif intérêt et le complimenta sur cette
courte mais honorable campagne.

Je fis avec M. Giraudy, qui avait été l'ami de l'entomologiste Solier, une excursion à Montredon. Dans ce boudoir
de Flore, je cueillis pour la dernière fois, non sans émotion,

plusieurs vieilles connaissances, entre autres une délicieuse
bruyère, *Erica vagans,* en pleine floraison, qui me reporta par
un souvenir électrique vers les sauvages roches de Moxente,
aux confins méridionaux du royaume de Valence ; ce fut
dans ce coin de l'Espagne qu'en 1812 je rencontrai pour la
première fois cette belle et légitime espèce que les botanistes ont parfois confondue avec l'*Erica multiflora* si répandue
dans le département des Landes ; l'étude comparative des
anthères de ces deux types y fait découvrir un caractère
distinctif des plus organiques. C'est là de la botanique sentimentale ou historique des choses et des personnes que
les vrais amateurs de la science, ceux qui ont fait leur herbier de leurs propres mains, comprennent et apprécient. Il
est telles plantes de mon herbier qui, cueillies sous le feu du
canon, pendant un siège ou sur un champ de bataille,
déroulent à mon souvenir et les lieux, et les événements,
et les amis de ces temps déjà si loin de moi...

La convalescence de mon fils s'accompagna, vers la fin
du mois, d'un abcès peu profond vers la région parotidienne
et qui, heureusement, coïncida avec le réveil de la fonction
gastrique.

Le 5 octobre, mon fils Albert arrive de Paris, où il est
interne à l'hôpital Beaujon ; le 10, après trente-deux jours
de station dans la cité phocéenne, je reprends la voie ferrée avec mes deux fils, constituant ainsi un triumvirat
médical.

Le 11, nous continuons la route vers Montpellier, où
nous séjournons vingt-quatre heures. Avec Albert, je me
présentai chez plusieurs professeurs qui tous étaient en vil-
légiature de vacances, sauf le doyen octogénaire, le professeur Lordat, qui me fit l'accueil le plus cordial. Il me rap-

pela très affectueusenment qu'il avait été reçu chez moi lorsqu'il vint, il y a vingt ans, présider le jury médical des Landes.

Le 12, dans la soirée, nous partons en diligence pour Toulouse. Le 15 à Agen, où les parents de mon jeune et savant ami Laboulbène nous accueillirent comme un des membres de leur famille. Le 16, soir, *ad penates Severopolitanos*.

La convalescence de l'affection grave contractée par mon fils, après quelques mois d'un trop rude service dans la plaine insalubre de Bône, fut tellement longue, difficile, qu'il dut renoncer provisoirement à continuer sa première campagne et demander un emploi de son grade à l'intérieur.

Le 27 octobre, mariage de ma fille cadette avec un propriétaire de Sainte-Colombe, près Hagetmau.

1853.—Départ de ma fille aînée pour le couvent des carmélites, à Montpellier, et retour simultané de mon fils Albert qui renonce à son internat des hôpitaux de Paris, après deux ans d'exercice de ces fonctions, pour venir à Saint-Sever remplir auprès de moi le devoir que j'avais, à son âge, accompli sous l'égide de mon père.

1854. *11 janvier*. — Associé étranger de l'Académie royale des sciences de Stockholm.

26 janvier. — Correspondant de la Société royale des sciences de Liège.

Mai-Juin. — Voyage à Madrid avec mon ami Édouard Perris, aux frais de l'Académie des sciences, qui, par une délibération officielle, me confia la mission de continuer en Espagne mes recherches sur la zoologie et particulièrement sur l'entomologie (voir ma relation imprimée, Madrid en 1808 et Madrid en 1854, dans les *Actes de la Société linnéenne de Bordeaux*, t. XXI, 2ᵉ livraison).

1855, *2 mai*. — Membre de la Société zoologico-botanique de Vienne. En juillet, deuxième voyage à Biscarosse avec Édouard Perris et Larralde (voir la relation imprimée d'une Excursion entomologique aux dunes de Biscarosse et d'Arcachon, dans les *Actes de la Société linnéenne de Bordeaux*, t. XIX, 5ᵉ livraison, 1854).

1856. — Prix de l'Institut, médaille d'or et impression de mon *Histoire anatomique et physiologique des Scorpions* dans le tome XIV des *Mémoires présentés par divers savants à l'Académie des sciences*.

1857. — Associé de l'Académie de médecine de Paris.

1858, *9 août*. — Au retour du congrès scientifique de Strasbourg, j'allai faire mon ultime visite aux champs patrimoniaux de Crémens, près le Houga, que je n'avais pas revus depuis quarante ans. Au Houga, je conversai avec mes deux confrères D... et C... et avec mon parent O. L...; je revis, non sans émotion, la maison paternelle, dont le nouveau propriétaire, F. L..., m'accueillit à bras ouverts. Cette respectable habitation, jadis si humble, si rustique, si pleine de charmes, lorsque, il y a plus d'un demi-siècle, nous y passions en famille nos vacances, je la vois aujourd'hui tellement restaurée, métamorphosée, que j'ai peine à la reconnaître. Les yeux du cœur y cherchent encore ce vieux bascanage (torchis), ce contrevent plein et unique, ce carrelage irrégulier, ces bahuts, cette cuisine du métayer, qui devenait la nôtre. Dans ma rétrospection, dont je bénis l'illusion, vous m'apparaissez, père, mère, frères et sœurs, avec ces sentiments de famille qui nous unirent toujours !

27 septembre. — Mort de ma sœur Agathe, dans sa quatre-vingtième année. Elle était, comme ma sœur puînée, morte il y a dix ans, une perfection dans son sexe. Mon fils, aide-major de première classe, désigné de nouveau pour les hôpitaux de la division de Constantine, était de passage à Saint-Sever et put joindre ses soins aux nôtres auprès de la chère malade.

1859. — Mort par accident de monseigneur Hiraboure, évêque d'Aire.

L'évêque d'Aire, monseigneur Hiraboure, âgé de cinquante-cinq ans, taille au-dessus de l'ordinaire, belle constitution, physionomie exprimant la plus parfaite bonté, caractère évangélique, faisait sa tournée pastorale pour la confirmation ; il était au presbytère du village de Gamarde, lorsque, vers onze heures du soir, il voulut aller seul au bout du jardin ; sa bougie s'éteignit ; il continua de marcher, fit fausse route, et tomba dans le fossé du chemin, d'une hauteur de 15 pieds. Il dut vraisemblablement perdre connaissance par suite de la commotion, car il ne cria point au secours. Plus tard, M. le curé de Gamarde, rentrant de l'église, entendit des gémissements plaintifs ; on trouva le prélat sans connaissance et on le transporta dans le presbytère. Des médecins appelés en hâte constatèrent une double fracture de la clavicule gauche ; une hémoptysie abondante fit présumer une lésion du poumon du même côté. Après une saignée renouvelée dans la journée du lendemain, le malade reprit ses sens ; mais, le surlendemain, les signes de pneumonie du côté gauche s'accentuèrent. Malgré l'application de révulsifs, l'affection s'aggrava rapidement, le saint apôtre *ivit ad superos*. Sa charité inépuisable, l'aménité de son caractère et les plus éminentes qualités épiscopales lui avaient gagné les sympathies de tous ses diocésains. Le corps fut transporté en pompe à l'église de Saint-Sever ; tous les habitants de la cité et de la banlieue, les autorités, le clergé se rendirent au devant du char funèbre pour l'escorter jusqu'à l'église, où fut célébré un service des plus solennels. Le lendemain, le cortège poursuivit sa route jusqu'à Aire, siège de l'évêché.

1859. 7 juin. — Par un temps lourd, ciel nuageux, très électrique, vers six heures du soir, irruption d'une grêle épouvantable ; les grêlons, blancs et compacts, avaient parfois le volume d'une grosse noix ; le froment, qui avait belle apparence, fut anéanti, de même la vigne et la végétation des jardins. Le sinistre, qui fut précédé de ce bruit particulier que les paysans nomment *moulende*, fut accompagné de plusieurs coups effrayants de tonnerre et d'une pluie excessive ; des arbres furent renversés et déracinés.

15 août. — Étant au Congrès de la Société botanique de France, dont j'avais été nommé président, j'appris ma promotion au grade d'officier de la Légion d'honneur. Le 29 septembre, mon vieil ami le général baron Durrieu, délégué par la chancellerie de la Légion d'honneur, me remit la rosette, en présence de plusieurs amis légionnaires, réunis dans son salon.

17-18 novembre. — Remise de la grand'croix de la Légion d'honneur au général baron Durrieu, par le maréchal Pélissier, duc de Malakoff.

Un événement qui concernait la première illustration militaire de nos contrées, le Nestor des généraux français, le général baron Durrieu, ancien pair de France et député, vint émotionner pendant deux jours notre paisible cité. Le grand chancelier de la Légion d'honneur, maréchal Pélis-

sier, avait depuis plusieurs jours informé notre général, dont
il avait été l'aide de camp en Morée, qu'il viendrait à Saint-
Sever pour lui remettre le grand cordon de la Légion
d'honneur, conféré par décret impérial. Le 17, à cinq
heures du soir, le duc de Malakoff arriva en chaise de poste,
accompagné d'un aide de camp ; il embrassa itérativement
et avec une véritable effusion son ancien général ; on pro-
céda immédiatement aux préparatifs de la solennité. Le général était en grande tenue, au milieu des légionnaires et
des notables convoqués pour la cérémonie et le dîner ; le
maréchal, revêtu de son brillant uniforme et chamarré de
ses nombreux insignes, arriva au salon et, après avoir lu le
protocole usité et reçu le serment exigé, il prononça d'une
voix ferme une allocution pleine de sentiment et d'esprit,
dans laquelle il sut rappeler avec toute la finesse de l'éloge
tous les beaux titres du général à la haute distinction dé-
cernée par l'empereur : titres militaires mérités aux
armées des Pyrénées, d'Italie, d'Égypte, de Russie,
de France, de Morée ; services civils comme pair de
France, député ; il frappa de son bâton veluté de maréchal l'une et l'autre épaule de notre vieux guerrier qui
était très ému ; il termina la cérémonie par une accolade
bien serrée et réitérée. Au banquet de gala, tous les visages
étaient radieux. Le maréchal tint le haut bout de la conversation ; entre les deux illustres capitaines, il y eut assaut
de compliments réciproques qu'ils se renvoyaient avec une
convenance et une courtoisie dont toute l'assistance fut
touchée. Le duc de Malakoff, qui manie la parole aussi
bien que l'épée, eut le talent de demeurer maître du champ
de ces politesses ; je reproduis textuellement les paroles
suivantes : « Mon brave général, si votre aide de camp est

devenu général, duc de Malakoff, maréchal de France, grand chancelier de la Légion d'honneur, c'est à vous qu'il doit tout cela ; c'est en me rappelant vos vertus militaires, la noblesse de votre caractère, que je suis parvenu à ces hautes dignités ; je vous le répète, mon cher général, je vous dois tout ce que je suis, je ne cesserai pas de le penser et de le dire. » Les musiciens de la ville donnèrent une sérénade dans la cour de la maison et le maréchal s'approcha d'eux pour les remercier. Le lendemain je déjeunai à la table des deux généraux avec notre député François Marrast. Le maréchal reçut au salon les autorités de la ville, le tribunal, le clergé, le collège ; il fut moins heureux que la veille dans ses allocutions, un peu brusque et raboteux. Deux mots de conclusion sur cette illustration militaire. Pélissier, natif de Rouen, soixante-quatre ans, taille un peu au-dessous de l'ordinaire, teint brun, cheveux gris, nez proéminent, yeux vifs, physionomie rude, voix rauque, tournure non distinguée ; mais beaucoup d'esprit, de cœur, de bravoure, de dévouement sous cette dure écorce de soldat; parole facile, abondante, peu accessible à l'interlocution, racontant volontiers ses anecdotes personnelles, appréciant peu favorablement ses pairs en grade. En petit comité, il nous dit avec une sincérité peu diplomatique que, lors de son ambassade à Londres, il avait recherché et vu avec le plus vif plaisir le duc d'Aumale, sous les ordres duquel il avait servi en Algérie, et le comte de Paris.

7 décembre. — Mon fils, médecin-major de deuxième classe, part de Toulon pour l'expédition de Chine ; depuis son retour aux hôpitaux de la division de Constantine, il avait fait un service trimestriel comme médecin en chef à l'hôpital thermal d'Hammam Meskhoutin, près Guelma.

Promu médecin-major au 3ᵉ régiment de sphahis, à Constantine, il assurait en même temps le service du bureau arabe. Il était sur le point d'exécuter, avec l'autorisation du général commandant la province, une excursion scientifique vers Tuggurth, le poste le plus méridional de nos possessions algériennes; sa caravane était bien organisée en escorte, guides indigènes, chevaux, bêtes de somme, provisions, cantines d'ambulance. Dans sa dernière lettre, il avait pris congé de moi et devait m'écrire le plus souvent possible de ses étapes successives; il mettait le pied à l'étrier, lorsqu'inopinément, et par dépêche électrique, l'ordre ministériel arrive à son colonel de le faire acheminer sans délai vers Philippeville, Marseille et Toulon, pour faire partie du corps expéditionnaire envoyé en Chine. Le surlendemain de cet ordre, qui transformait son projet d'excursion en un grand voyage vers l'extrême Orient, il prit la route de Philippeville ; là, il rencontra deux collègues de l'hôpital de Bougie, qui avaient reçu la même destination. La traversée de Philippeville à Marseille, qui d'ordinaire s'accomplit en deux jours, se prolongea, de par les rafales de novembre, pendant douze jours ; le paquebot *le Sahel* fut obligé de relâcher à Port-Mahon et à Port-Vendres. Ce contre-temps nous priva de la visite de ce cher fils qui rejoignit Toulon d'où il nous transmit ses regrets et ses adieux. Un changement si brusque de destination, la perspective de cette lointaine et aventureuse expédition frappèrent au cœur toute la famille. Il fallut de part et d'autre se résoudre au sacrifice. Toutefois, nous eûmes une compensation inespérée : notre ami L.-J. L..., revenant d'Espagne par Perpignan, fut instruit du débarquement très prochain de mon fils à Marseille; il s'y rendit et attendit pendant dix jours l'arrivée du *Sahel* ; il accompagna mon fils jusqu'au transport *le Calvados* et fut auprès de lui le représentant dévoué de la famille. Le 7, il nous adressa son dernier adieu ; on leva l'ancre le 8 pour le détroit de Gibraltar, cap de Bonne-Espérance, etc.

1860. *5 mars*. — Membre honoraire étranger de la Société entomologique de Londres.

15 août. — Titulaire de la Société linnéenne de Lyon.

De fin juillet au 26 août, voyage à Grenoble, pour assister au Congrès de la Société botanique de France (voir ma relation imprimée sous le titre : « Impressions de voyage aux Alpes du Dauphiné », dans les *Actes de la Société linnéenne de Bordeaux*, tome XXIII, 4e livraison).

10 octobre. — Reçu de Batavia une caisse d'objets d'histoire naturelle envoyée par mon fils en route pour la Chine.

1861. *20 janvier*. — Le secrétaire de la Société entomologique de France me donne avis de ma nomination, à l'unanimité des votants, comme Président honoraire de la Société, place devenue vacante par la mort de mon ancien ami Duméril.

30 janvier.— Milne-Edwards m'annonce que l'Académie des sciences a décerné le prix Cuvier à mon travail « Anatomie, physiologie et histoire naturelle des Galéodes » (imprimé dans le tome XVII des *Mémoires présentés par divers savants à l'Académie des sciences*). Je suis le premier naturaliste français honoré de ce prix ; Owen en Angleterre, Müller en Autriche, Agassiz aux États-Unis, l'ont obtenu dans les années précédentes.

24 février. — Mon beau-frère, général de L'Abadie d'Aydrein, est nommé au commandement supérieur de l'École spéciale militaire de Saint-Cyr.

Du 22 juin au 15 juillet, j'exécute une excursion au Canigou (Pyrénées-Orientales). Je réserve sa relation pour le chapitre des voyages aux Pyrénées.

6 novembre. — Mariage de mon fils Albert avec Mlle Manuela Planté, fille de l'ancien député d'Orthez (Basses-Pyrénées). Mon fils Gustave, revenu depuis trois mois de son odyssée chino-cochinchinoise, a pu assister à cette fête qui resserre les liens entre deux familles unies d'amitié de longue date.

12 décembre. — Les journaux annoncent la mort du professeur Isidore-Geoffroy Saint-Hilaire, dont j'avais connu particulièrement le père à Paris et à Madrid. Isidore avait à peine cinquante-six ans, continuateur brillant des théories philosophiques d'Étienne-Geoffroy Saint-Hilaire sur l'histoire naturelle, et fondateur de la Société d'acclimatation, qui a son siège au Bois de Boulogne. Cette mort prématurée laisse un grand vide dans l'administration du Jardin des Plantes et à l'Académie des sciences.

1862, 8 mars. — Mort du général baron Durrieu. Atteint de bronchite catarrhale depuis plusieurs années, mon vieil ami le général Durrieu, qui avait six ans de plus que moi, c'est-à-dire quatre-vingt-huit ans, avait depuis cinq jours une faiblesse générale progressive, sans douleur, sans dyspnée notable, sans fièvre, sans la moindre altération du visage, la tête bien redressée sur l'oreiller de son lit, son sérieux, sa gravité ordinaire ; il prenait sans difficulté bouillon, vin et quelques potions anodines. Pas une plainte ; c'était la lampe qui s'éteignait faute d'huile. La veille de son dernier soupir, il reçut, en pleine connaissance et sans émotion, tous les sacrements de l'Église ; il suivait les paroles des prières des agonisants ; il n'avait aucun signe de paralysie; le principe vital s'épuisait partout d'une manière égale ; sa vie s'exhala sans qu'il proférât une plainte, un regret. La physionomie n'était pas altérée ; ce fut une mort exemplaire, une mort à ambitionner.

Le général baron Durrieu était d'une haute stature, comme tous les membres de sa famille (5 pieds 8 pouces), figure régulière, traits bien accentués, physionomie grave, expressive; assis, il avait un buste remarquable avec sa belle tête à cheveux blancs en auréole; mais, depuis plusieurs années, dans la démarche ambulatoire, il était singulièrement incurvé, voûté ; cette inflexion de la colonne vertébrale disparaissait dans l'attitude assise. Ses funérailles, auxquelles assista toute la population de la ville et de la banlieue, furent célébrées avec la plus grande pompe religieuse, civile et militaire ; le neveu du défunt, Alfred Durrieu, général de division, qui avait gagné tous ses grades à l'armée d'Afrique, marchait en tête du convoi. Je suivis le cortège jusqu'au bord de la tombe ; craignant trop d'émotion pour prononcer à ce moment suprême quelques paroles d'adieu, je me fis suppléer par mon fils, qui avait revêtu son uniforme de médecin militaire. « Vénérable et digne ami, la crainte d'une profonde et légitime émotion me fait recourir à mon fils, que vous honoriez de votre sympathie, pour vous exprimer mon dernier adieu. Je veux jeter sur une tombe si fière de vous posséder, non pas une fleur, ce mot ne saurait convenir à cette grave solennité, mais deux simples rameaux enlacés de laurier et d'olivier : l'un, emblème de votre gloire militaire, déroule à notre orgueil compatriotique les noms illustrés par vous des Pyrénées, Italie, Pyramides, Moscou, Glogau, Waterloo, Morée, députation, pairie, grand-croix de la Légion d'honneur ; l'autre, signe de la paix de votre belle âme, est aussi celui de vos vertus civiques et des nobles qualités de votre intelligence. Ces deux rameaux, arrosés de mes larmes et pénétrés d'impérissables regrets, sont un hommage d'un vieux ami à un plus vieil ami. Adieu, brave et noble guerrier ; adieu, citoyen d'élite, *vir probus* par excellence. Dans les épanchements de l'amitié, personne n'a mieux apprécié que moi la droiture de votre esprit éclairé, la haute distinction de votre cœur bon et généreux et votre inépuisable charité. Adieu pour la dernière fois. »

Le 27 novembre 1862, à cinq heures et demie du soir, j'ai acquis le double titre de grand-père et de parrain par la naissance de la fille de mon fils Albert.

Pour terminer cette énumération des faits divers qui m'ont paru dignes d'être relatés sur mon livre de souvenirs d'âge mûr et de vieillesse, je veux inscrire les noms des hommes de science qui ont été mes correspondants et de ceux qui m'ont honoré de leur visite à Saint-Sever :

M. de Lafrenay, qui devint l'ornithologiste le plus distingué de France ; colonel Delise ; Picot de Lapeyrouse, auteur de la *Flore des Pyrénées*, maire de Toulouse ; Schleicher, botaniste suisse ; Gaede, savant anatomiste de Liège ; Panzer, savant entomologiste de Nuremberg ; Dutrochet (de l'Institut) ; Drapiez, collaborateur, avec Bory et Van Mons, du *Journal des sciences naturelles* de Bruxelles ; Comte de Sternberg, savant d'Allemagne ; Martius, botaniste allemand de premier ordre ; Boué aîné, célèbre géologue ; Treviranus, savant naturaliste allemand, auteur de nombreux travaux sur l'anatomie et la physiologie ; Prost, de Mende (Lozère), botaniste fort zélé, cryptogamiste d'une grande sagacité ; Reichenbach, célèbre botaniste allemand ;

Montagne. Ce dernier savant, adonné spé.ialement à l'étude
de la cryptogamie, s'est acquis une véritable célébrité
qui lui ouvrit un peu tardivement les portes de l'Institut,
en 1855. A l'un de mes fils qui le complimentait sur sa
nomination à l'Académie des sciences, il disait : « C'est
le pain qui m'arrive quand je n'ai plus de dents. »

Soleirol, capitaine d'artillerie à Metz, botaniste; Guillaud, capitaine d'artillerie, géologue ; De Haan, savant
entomologiste de Bruxelles ; Petitfélix, botaniste parisien ;
Webb, botaniste anglais. Webb venait de terminer la publication très dispendieuse de sa *Flore des Canaries*, lorsqu'il fut atteint mortellement du choléra, en 1855, à Paris.
Il avait légué son herbier au roi de Sardaigne.

Bertrand Geslin, géologue. Le 20 septembre 1825, ce
jeune savant, sur la recommandation d'Alexandre Brongniart, vint passer deux jours à Saint-Sever : nous allâmes
visiter la marnière du *Bousquet*, à la base du *Pouy de Monsoué*,
pour y voir le gisement de la *lenzinite* ou alumine hydratée
silicifère, dont le directeur de la manufacture de Sèvres
avait fabriqué de la porcelaine avec la matière que je lui
avais envoyée; je possède un sucrier fait avec ce kaolin.

Aïnsworth, numismate anglais.

Soyer-Villemet et Monnier, botanistes de Nancy. —
Passèrent quatre jours sous mon toit, en juin 1826, en
route pour les Pyrénées.

Dufresnoy, géologue, de l'Institut. — En octobre 1826,
il me fit une courte visite au retour des Pyrénées où il avait
fait un long séjour pour la préparation des travaux de la
carte géologique de la France.

Coquebert de Montbret, botaniste, fils d'un savant

entomologiste de ce nom, neveu d'Alexandre Brongniart, passa deux jours avec moi, en juillet 1828.

Endress, botaniste allemand ; Dugès, professeur à la Faculté de médecine de Montpellier.

Decaisne, de l'Institut, botaniste, à qui je communiquai toute ma collection des *Plantago*, sur sa demande, pour un travail monographique.

Desmazières (de Lille), botaniste, cryptogamiste.

Audouin, professeur d'entomologie au Muséum d'histoire naturelle.—Le 26 août 1833, mon ami Victor Audouin et sa gracieuse femme, fille de Brongniart, vinrent me voir et passèrent douze jours avec nous. Nous fîmes ensemble plusieurs courses entomologiques sur les bords de l'Adour.

Le baron de Walkenaer, de l'Institut ; savant hors ligne, soit en littérature, soit en histoire naturelle ; adonné spécialement à l'étude des arachnides. Je le rencontrai à Pau en 1833. Mort en 1852.

Bonafous (de Turin), correspondant de l'Institut ; Macquart (de Lille), le premier diptérologiste de France ; Eschricht (de Copenhague), professeur de zoologie.

Ampère et Naudet, de l'Institut. — Ces deux célèbres inspecteurs généraux de l'instruction publique, venus à Saint-Sever en 1835, pour visiter notre collège, me firent l'honneur de s'asseoir à ma table.

Abbé Frère, Belge, phrénologiste. Gindre, ingénieur géologue. Grenier (de Besançon), botaniste ; a composé, en collaboration avec M. Godron, une *Flore de France.*

Dassier et Serres (de Toulouse). — L'un, médecin distingué et professeur à l'École de Toulouse ; l'autre, capitaine d'artillerie ; tous deux adonnés à l'aimable science de Flore.

De Miribel, botaniste, maire de Grenoble.

Marquis de Spinola, entomologiste éminent, appartenant à l'une des familles les plus considérables de Gênes.

Boyer de Fonscolombe, entomologiste distingué d'Aix en Provence.

Westwood, très savant entomologiste anglais avec lequel je passai une soirée à Paris, en 1842, chez Guérin-Méneville.

Bubani de Bagnacavallo (Romagne), médecin-botaniste.

Constant Prévost, professeur de géologie à la Faculté des sciences de Paris, de l'Institut. En 1809, il avait accompagné M. Brongniart qui avait fait une visite à mon père en allant explorer les argiles plastiques du pays : il vint me voir en juin 1845 ; je lui fis examiner les pierres coquillières qu'on trouve au bas de la côte de Saint-Sever. Il avait visité à Auch la collection remarquable en fossiles de M. Lartet, en particulier des ossements de singes : il se transporta sur le terrain de ces richesses paléontologiques ; il était chargé par l'administration du Muséum de Paris d'acheter la collection et le terrain, il en fixa le prix à 30.000 francs.

Richard Spruce, jeune botaniste anglais. Vint passer plusieurs jours sous notre toit en 1844.

En 1849, Richard Spruce, rentré en Angleterre, fit imprimer un opuscule sur les mousses et les hépatiques des Pyrénées dont il s'empressa de m'envoyer un exemplaire. Dans ce travail, qui décèle une grande portée de sciences, Spruce cite une mousse de Saint-Sever, *Trichostomum subulatum*, qui jusqu'alors n'avait été signalée qu'en Italie et en Afrique.

Graells (de Madrid), directeur du musée des sciences naturelles de Madrid, naturaliste fort instruit, avec lequel

j'avais de fréquentes relations sur la botanique et l'entomologie ; vint séjourner une semaine à Saint-Sever en août
1845. Lors de mon voyage scientifique en Espagne (1854),
je reçus de Graells une amicale hospitalité dans sa maison.

Vicomte de Forestier, botaniste.

Ballot (d'Orléans), médecin entomologiste.

Ewald (de Berlin), savant géologue.

Gaubil, entomologiste.

Cosson, botaniste des plus distingués ; a surtout exploré
le sud de l'Algérie.

John Curtis (de Londres), célèbre entomologiste, auteur
d'ouvrages nombreux et fort estimés sur les insectes, notamment du *British Entomology* ; me fit l'honneur d'une visite en 1853.

Nylander de Tornas (Laponie), botaniste.

Milne-Edwards (de l'Institut), professeur d'entomologie au Jardin des Plantes, et de physiologie à la Faculté
des sciences de Paris, me fit visite, le 22 septembre 1853,
avec ses deux filles et son fils Alphonse, au retour d'une
grande tournée dans la chaîne des Pyrénées. En 1861,
Milne-Edwards et son fils revinrent à Saint-Sever pour la
recherche des crabes fossiles ; je les accompagnai aux marnières de Trabay.

De Saussure (de Genève), petit-fils de l'auteur des
Voyages dans les Alpes, entomologiste s'occupant spécialement d'hyménoptères.

Wesmael (de Bruxelles), entomologiste fort distingué.

Stål (de Stockholm), savant entomologiste

Fée (de Strasbourg), professeur de botanique à la Faculté
de Strasbourg, ancien pharmacien principal des armées.

De Freycinet, ingénieur du département des Landes, passionné pour la géologie, s'exprimant avec grande facilité. Nous fîmes ensemble l'excursion aux marnières fossilifères de Meignos. Nous allâmes aussi à Trabay, à Houtet près Condures, localités des crabes fossiles.

Duvernoy (de l'Institut), professeur au Jardin des Plantes et au Collège de France, l'ami, le continuateur des publications de Georges Cuvier. Nous avons été, pendant plus de trente ans, en correspondance amicale et scientifique. De mon âge, grand, maigre, figure pâle, très marquée de la petite vérole, physionomie sérieuse, triste, poitrine délabrée, grand travailleur ; il a enrichi ma bibliothèque de ses principaux ouvrages d'anatomie. Duvernoy, qui avait primitivement pratiqué la médecine à Strasbourg, mourut à Paris en mars 1855. Sa veuve remit à mon fils son médaillon en bronze fait par David d'Angers.

Commendador, professeur de zoologie à l'Université de Barcelone.

J. Giraud, de Vienne (Dauphiné), savant entomologiste.

Schœrer, de Berne (Suisse). Pasteur protestant, célèbre lichénologiste.

Schimper (de Strasbourg) ; vint me voir avec Schœrer, le 4 août 1847, et passa six jours avec nous ; il était alors conservateur du Musée d'histoire naturelle de Strasbourg.

Docteur Théophile Roussel, médecin fort instruit. Me fit visite, le 4 et le 5 octobre 1847, chargé par le ministre de l'agriculture et du commerce d'étudier la pellagre dans les diverses contrées où cette maladie s'est manifestée.

Victor Rendu, inspecteur général de l'agriculture.

Ad. Brongniart, de l'Institut, professeur de botanique

au Jardin des Plantes, fils du célèbre minéralogiste ; vint me voir, en août 1856, avec son fils.

Fabre (d'Avignon), professeur au lycée d'Avignon.

Docteur Costallat (de Bagnères-de-Bigorre).

Raulin (de Bordeaux), professeur de géologie à la Faculté des sciences de Bordeaux. Vint passer la journée du 21 août 1858 avec moi et mon ami Perris (de Mont-de-Marsan) : il préparait la carte géologique agricole de notre département.

Jules Linder, conseiller de préfecture à Auch, entomologiste passionné.

M. Lenormand, de Vire (Calvados).

MM. Lacordaire et de Bonvouloir (de Paris). — Le premier, frère du célèbre dominicain, est professeur et directeur de l'Université de Liège, entomologiste de haute valeur.

M. l'abbé Dupuy, professeur d'histoire naturelle au petit Séminaire d'Auch, conchyliologiste renommé ; a enrichi ma bibliothèque de son bel ouvrage sur les *Coquilles terrestres et fluviatiles de la France*.

Victor Reboud (de Grenoble), médecin militaire, botaniste passionné.

CHAPITRE VII

MES EXCURSIONS SCIENTIFIQUES
AUX PYRÉNÉES

ENDANT les quarante-sept années écoulées de 1816 à 1863, c'est-à-dire pendant mon âge mûr et pendant ma vieillesse non encore décrépite, j'ai ajouté huit excursions pyrénéennes aux trois que j'avais faites dans ma fervente jeunesse, 1796-1797-1799. Je vais relater successivement ces heureux voyages, en particulier ceux que je n'ai pas publiés.

1819. — EAUX-BONNES, PIC DE GÈRE, PIC D'OSSEAU, PIC AMOULAT.

Le 3 août, je partis avec ma sœur aînée pour les Eaux-Bonnes, où je séjournai trois semaines ; j'y fis la connaissance d'un confrère fort instruit, le docteur Roques (de Condom), arrivé en même temps que moi. Nous fîmes ensemble plusieurs excursions botaniques aux Eaux-Chaudes, par le

Gourzy, à la coume de Balourd, au pic de Gère, point culminant des environs de la station thermale.

J'avais donné rendez-vous à M. de Lafrenaye et je fis
avec lui et M. de Saint-Aubin, amateur de courses sans
but, une lointaine excursion au pic de Gère. Nous avions
pris, pour ma seconde tentative, un guide porteur de nos
provisions de bouche. Au lieu de remonter le torrent,
comme je l'avais fait l'avant-veille, nous prîmes une gorge
à droite, laissant à notre gauche une forêt de sapins où l'on
fait des planches et des lattefeuilles pour les toitures d'ar-
doises ; nous passâmes à la base d'une crête rocheuse singulièrement crénelée et déchirée, connue sous le nom de
Coume d'Aas. Après un rafraîchissement lacté dans une
cabane de pasteurs, nous gravissons une pente assez escarpée et, dans le lit d'un torrent dont l'eau était limpide,
nous faisons la halte du déjeuner ; un épais brouillard en-
vahissait la montagne ; notre guide alarmé déclare qu'avec
cette brume l'ascension est impossible ; néanmoins je partis
en avant pour reconnaître le terrain ; on pouvait encore
distinguer les objets à vingt-cinq pas. Après un passage
très escarpé et nu, je rencontrai des mottes de gazon et des
débris de rochers peu mobiles ; je hêlai mes compagnons
que le guide n'osa pas suivre ; pleins de confiance et de
gaieté, rencontrant à tout instant ou des plantes ou des
insectes qui excitaient et nos forces et notre constance,
nous continuâmes notre marche ascendante. De temps en
temps le soleil perçait la brume et nous apercevions, en
haut, la tête arrondie du pic de Gère, qui dominait tous les
autres sommets. Le brouillard devenait ensuite de plus en
plus dense. Dans la perspective d'une retraite forcée, je
conseillai de jalonner notre route avec nos mouchoirs, nos

cravates et aussi des pyramides de pierres ou rocailles soulevées pour nos recherches. Après avoir dépassé des nappes de neige et des *puits à choucas*, nous vîmes avec bonheur la brume diminuer à mesure que nous nous élevions et le ciel serein reparaître; nous étions encore à une heure du but de notre ascension; nous rejoignîmes des troupeaux en pacage, et le vaste panorama dont nos yeux furent réjouis renouvela nos forces. Nous étions sur une crête qui dominait les pâturages d'*Anouillasse;* la chaîne des Pyrénées espagnoles était en vue ; le pic d'Ossau s'élevait majestueusement au milieu de toutes ces crêtes, de tous ces pics affreusement dénudés. Le pic de Gère, que les pasteurs nous désignèrent sous le nom de *Pic d'Ar,* paraît comme pourfendu et bifide. Guidés par un berger qui nous avait promis le spectacle d'un défilé d'Isards, nous nous approchons d'un escarpement considérable qui domine un bas-fond aride formant la base du pic; aussitôt, deux bandes d'Isards se présentèrent en perspective : l'une composée de 26 de ces agiles animaux, qui gravirent d'innaccessibles rochers; l'autre, moins nombreuse, vint passer à portée de carabine et disparut dans les gorges en faisant ébouler des rocailles avec un bruit retentissant.

Le pasteur nous assura que l'ascension au delà du point où nous étions parvenus était impossible et nous conseilla de retourner à Bonnes par la gorge d'Anouillasse et par les pentes occidentales du pic de Gère. On fit sans regret le sacrifice des mouchoirs jalons ; la fin du jour approchait ; nous descendîmes au pas accéléré les interminables pelouses d'Anouillasse et de Balourd, en poussant de temps en temps des cris à la montagnarde pour rassurer de loin nos amis du hameau thermal. Le guide avait répandu des bruits sinistres sur notre compte; on s'empressa de venir à notre rencontre. Nous avions marché pendant quatorze heures.

Depuis mon adolescence, j'avais, pour ainsi dire, le pic d'Ossau dans la tête, et parce que je voyais journellement sa cime fourchue et parce que ce pic du Midi, le plus occidental, a été regardé comme inaccessible par Palassou et Ramond.

Profitant de mon paroxysme de gymnastique ascensionnelle, j'organisai cette expédition avec l'aide de M. Lafont, entrepreneur de l'exploitation des sapins pour la mâture à Gabas; nous prîmes deux guides.

Le premier jour nous couchâmes à la *Case de Broussette;* le lendemain, à trois heures du matin, c'est-à-dire de nuit, notre caravane se mit en marche pour l'escalade du pic par la route de *Pombie* et du *Col de Suzon.* Halte sur une crête schisteuse, près d'une pente herbeuse où on laisse les chevaux au pacage; incident d'une chasse aux Isards, dont un est abattu par la carabine d'un des guides. On quitte les souliers pour marcher plus sûrement avec bas ou espadrilles le long des pentes en escalier, à travers des fentes et des blocs granitiques; enfin mon pied parvint à fouler la tête orgueilleuse de la colossale éminence granitique, jusqu'alors vierge de la visite d'un naturaliste.

A peine de retour de l'ascension du pic d'Ossau, qui exigea dix-neuf heures, du 19 au 20 août, le 23, à cinq heures du matin, je partis avec l'un de nos guides, Jacques Clabère (de Laruns), qui m'avait donné des preuves de courage et de dévouement, pour tenter l'escalade du pic Amoulat; il ne connaissait pas pratiquement la région montueuse de ce pic; mais nous avions tous les deux foi dans nos jambes et dans notre audace. Jamais excursion ne s'accompagna de plus graves dangers et d'une situation plus affreuse; c'est miracle que nous soyons revenus sains et saufs.

1820. *Montagnes maudites.* — En novembre 1819, le ministre de l'Intérieur, sur la demande bienveillante de mon ami le professeur de botanique Mirbel, me fit remettre 500 francs pour les frais d'une excursion scientifique aux Pyrénées, que je réalisai en juillet 1820. J'explorai d'abord les environs de Bagnères-de-Luchon, je fis la longue course du lac d'Oo, puis celle de la *Vallée du Lys,* en doublant la montagne de *Superbagnères.* Du sommet de celle-ci, la vue embrasse le glacier de Nethou, le plus vaste des Pyrénées, le manteau neigeux du *Port d'Oo,* le majectueux pic *Cuayrat,* colossale pyramide isolée, et la *Bacanère,* sommet culminant de l'immense groupe des monts de la contrée. Je brûlais du désir d'escalader le *Pic de Nethou,* la cime la plus haute de la chaîne (3,400 mètres, d'après les évaluations les plus récentes) qui jusqu'alors avait fait reculer et Ramond et les plus intrépides naturalistes. Une coïncidence fortuite et des plus heureuses pour moi me fit rencontrer à Luchon le célèbre Reboul (de l'Institut), ancien ami de Ramond, géologue aussi aimable qu'instruit. Nous formâmes le projet de reconnaître ensemble l'éminence si rebelle aux tentatives des explorateurs. Nous employâmes trois jours à parcourir les versants méridionaux ou espagnols. Malgré d'incroyables efforts, nous ne pûmes atteindre le glacier qui s'étend jusqu'au sommet du pic. (Voir le récit imprimé de cette double tentative dans mes *Lettres à Palassou sur les Montagnes maudites; Souterrains de Mæstricht,* par Bory-de-Saint-

Vincent, et dans mes *Souvenirs et impressions de voyage aux Pyrénées.*)

1824. *Monné de Cauterets.*—En août 1824, je séjournai à Cauterets douze jours, avec ma femme et ma sœur. Je fis l'escalade du *Monné,* qui est un des hauts sommets de la chaîne, au nord-ouest de Cauterets, au delà du torrent; j'espérais y faire une bonne moisson botanique. Accompagné par un guide renommé, je marchai pendant treize heures pour monter par les pelouses de l'est jusqu'à la roche du sommet et redescendre à Cauterets par la pente opposée, très rocailleuse, Je ne rapportai de cette excursion que de la fatigue et pas une plante digne de mention; c'est une ascension de simple touriste. De ce bel observatoire, la vue s'étend sur les plaines de Tarbes et du Béarn du côté de l'ouest, sur plusieurs pics et les cimes du Vignemale à l'horizon du sud; Cauterets se profile au fond d'un large précipice verdoyant; les vapeurs qui environnent souvent le sommet du Monné sont le baromètre du pays.

J'étais à Cauterets, lorsque les journaux annoncèrent la mort tragique du guide Barreau, qui, en conduisant deux ingénieurs des mines, MM. Charpentier et Cordier au pic de Nethou, tomba au fond d'une crevasse où il périt; il avait négligé de s'attacher par une corde à ses compagnons; ce malheureux Barreau avait été l'un de nos guides lors de notre tentative d'ascension au pic de Nethou avec Reboul.

1833. *Pic d'Anie.* — Le 14 juillet, j'entrepris l'ascension depuis longtemps projetée du pic d'Anie. Le sommet pointu et culminant de ce pic est visible de Saint-Sever, à droite du pic fourchu ou pic du Midi d'Ossau. Il s'élève de la vallée d'Aspe et domine le village de Lescun d'où je fis l'ascension en compagnie de MM. de Verneuil, géologue de l'Institut, François Planté (d'Orthez) et le docteur Lubet (de Hagetmau). Cette pérégrination se fit en six jours et fut très productive pour l'histoire naturelle. On en trouvera la relation imprimée dans les *Actes de la Société linnéenne de Bordeaux*, 1835.

1841. *Eaux-Bonnes.* — Vers la fin de juillet, je fis un court voyage aux Eaux-Bonnes avec ma fille aînée ; le but principal de ce voyage était de revoir mon excellent et savant ami Audoin et sa femme. J'étais loin de penser qu'avant la fin de cette même année, Audouin devait succomber aux atteintes d'un ramollissement du cerveau. Dans une longue excursion que je fis avec mon ami, il ne me fut pas difficile de constater que ses facultés intellectuelles s'altéraient. Le 30 juillet, je fis avec ma fille une course de cinq heures du côté des allées Jacqueminot ; je reçus la visite de mon ancien guide Clabère qui m'avait accompagné au pic Amoulat.

1843-1844. *Pic du Midi de Bigorre.* — En septembre 1843, j'exécutai avec mes deux fils, élèves de rhétorique au lycée de Bordeaux, mon ami Édouard Perris et un avocat botaniste de Tarbes, les excursions successives de Gavarnie, Héas, Pic du Midi de Bigorre. En 1844, je renouvelai mon ascension à ce dernier sommet que Ramond avait escaladé plus de trente fois. J'étais accompagné par M. de Lugo, Philippe, botaniste ardent de Bagnères-Adour, Deville (de Tarbes et Laboulbène (d'Agen). Celui-ci, jeune bachelier, devait se rendre l'année suivante avec mes fils, et sous ma conduite, à Paris, pour étudier la médecine. Ma fille aînée avait aussi voulu prendre sa part de cette belle excursion.

(Voir les *Souvenirs et impressions de voyage sur des excursions pyrénéennes, à Gavarnie, Héas, Pic du Midi, Montagnes maudites, Pic d'Ossau, Lac Bleu*, adressés à M. Massey. — *Actes de la Société linnéenne de Bordeaux*, t. XV, 1847-1849. [Tirage à part 1848].)

1861. *Canigou*. — Du 22 juin au 15 juillet, j'exécute le projet dès longtemps conçu d'aller à Perpignan, chez mon ami le général Alfred Durrieu, commandant la division militaire, et de faire l'ascension du Canigou. Pour rassurer ma famille contre les témérités de mes quatre-vingt-un hivers révolus, je devais partir de Saint-Sever avec mon jeune ami Linder, le brillant conseiller de préfecture qui venait de passer d'Auch à Arras. Il m'informa qu'il ne pouvait pas venir de quelques jours. L'ami plus mûr, L.-J.-L., toujours dévoué, instruit de mon embarras, vint s'offrir pour être mon compagnon, mon intendant, jusqu'à Narbonne.

Nous séjournâmes deux jours dans l'antique chef-lieu de la Narbonnaise où je fis la connaissance de M. Mangeret, directeur du télégraphe et botaniste aussi instruit qu'aimable. Nous fîmes une longue excursion à l'île de Sainte-Lucie, renommée par ses *Statice*.

Le surlendemain de mon arrivée, je fis avec le général et sa femme une excursion en voiture à Collioure et Port-Vendres. Mes souvenirs se reportèrent au temps déjà lointain (1850) où mon fils Gustave et Laboulbène se rendirent à Port-Vendres pour y faire, dans l'intérêt de mon scalpel, la chasse au *Scorpio occitanus*, dont ils me rapportèrent cinquante individus vivants. Je les disséquai successivement et ils devinrent la base de mon *Anatomie des Scorpions*, honorée d'un prix Montyon et imprimée aux frais de l'Académie des sciences.

Le récit de mon ascension au Canigou a été inséré dans le *Journal des Pyrénées orientales*, 10 juillet 1861.

1863, *8 août*. — Ma dernière ascension au Pic du Midi de Bagnères. (Voir ma relation imprimée dans les *Actes de la Société linnéenne de Bordeaux*, t. XXIV.)

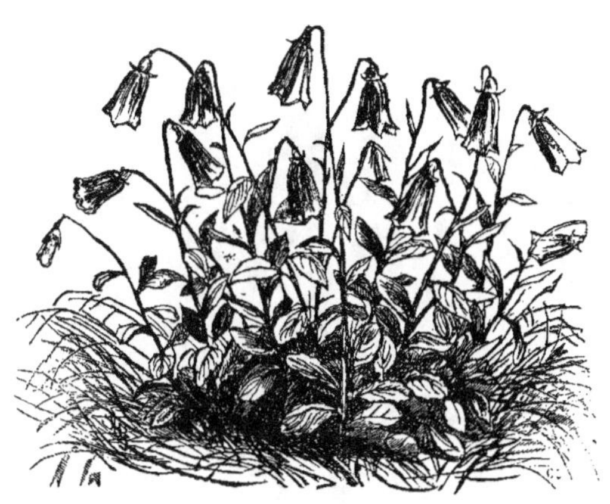

CHAPITRE VIII

MES VOYAGES A PARIS
[1818–1864]

E 1818 à 1864, j'ai exécuté huit voyages à Paris, presque tous dans l'intérêt de mes publications scientifiques, que la modicité de ma fortune ne me permettait pas d'éditer moi-même. Mes amis de l'Académie des sciences m'ont généreusement accordé leur crédit et leur appui auprès de la commission de publication de la savante Compagnie. Ceux de mes travaux entomologiques qui ont été honorés de prix ou de mentions au concours pour les prix de l'Institut (de la fondation Montyon) ont été imprimés, avec les dessins afférents, dans plusieurs tomes des *Mémoires présentés par divers savants à l'Académie des Sciences ;* au récit de ces voyages successifs, j'ajouterai mes Souvenirs de quelques congrès scientifiques de la Société botanique de France, auxquels j'ai assisté pendant ces dernières années.

1818. — Il y avait douze ans que je n'étais point revenu à Paris lorsque je me décidai, en avril 1818, à y aller pour revoir la grande ville et les nombreux amis que je savais y retrouver. Je partis avec une société de six personnes. Un voiturin de Mont-de-Marsan se chargea, moyennant 100 francs par tête (600 francs), de nous transférer de Saint-Sever à Paris avec la même voiture et les mêmes chevaux. Ce voyage dura quatorze jours, tandis qu'aujourd'hui ce même trajet se fait en quatorze heures... ô puissance de la vapeur ! A Tours, au lieu de prendre la route d'Orléans, nous suivîmes celles de Vendôme, Chartres, Versailles, Saint-Germain-en-Laye. Dans cette dernière ville, nous installâmes les trois fillettes au couvent des religieuses de Saint-Thomas de Villeneuve, dont nous visitâmes les bâtiments avec la supérieure, madame de Vassal. Ce même jour, 4 mai, nous arrivâmes à Paris, hôtel des Ministres, rue de l'Université.

Parmi mes anciens amis de science, je retrouvai avec bonheur les suivants :

Cuvier, Latreille, Bosc, Richard, Ramond, Desfontaines, Jussieu, Léman, Desmarest, Régley, Turpin, Loiseleur, Mérat, Clarion, Dupetit-Thouars, La Billardière, Brongniart, Duméril, Persoon, Mirbel, Palisot de Beauvois, de Candolle, Massey, Geoffroy-Saint-Hilaire.

En 1859, lorsque je tiens encore la plume, tous sont morts, sauf Duméril.

J'eus aussi la vive satisfaction de revoir à Paris et des généraux et des camarades de l'armée d'Aragon : Suchet, Haxo, Rogniat, Valée, d'Esclaibes, Bugeaud, Bondurand,

Ricard, Larrey, Péridon, Broussais, Treille, Chamberet, Delherbe. En 1859, tous morts, sauf Chamberet.

Je me complais aussi à inscrire les noms des personnes avec lesquelles j'avais jadis des relations plus ou moins intimes et d'autres dont je fis alors la connaissance :

Les docteurs Sorlin, Bréchet, professeur à l'École de médecine, Rullier, professeur, Aumont, mes anciens condisciples à l'hôpital de la Charité ; Dizez, l'ancien conventionnel et sénateur des Landes.

Saillard (de Saint-Sever).

Xavier de Portets (de Saint-Sever), avocat, professeur à l'École de droit.

Baron de Férussac, conchyliologiste. J'eus l'heureuse chance de lui offrir une coquille fluviatile d'Espagne, nouvelle pour la science, et à laquelle il donna le nom de *Melanopsis Dufourii*.

Baron Poyferré de Cère (de Mont-de-Marsan). Nous nous étions rencontrés à l'armée d'Espagne, lors de la retraite de Madrid.

Duc Decazes, ministre de l'Intérieur.

Méchin, notre ancien préfet des Landes, puis du Nord ; administrateur éclairé, et littérateur instruit.

Massey (de Tarbes), directeur des jardins potagers de Versailles.

Broussais, médecin en chef de l'hôpital du Val-de-Grâce, un peu plus tard professeur à l'École de médecine; il venait de publier son *Examen des doctrines médicales*.

Vaidy, médecin principal, collègue de Broussais au Val-de-Grâce.

Laënnec, médecin en chef de l'hôpital Neker, inventeur de l'auscultation.

1830. — En mars 1830, je revins à Paris pour présenter à l'Institut mes *Recherches anatomiques sur les Hémiptères*. Dès mon arrivée, je soumis mon travail à Cuvier; en parcourant les planches, il me témoigna sa surprise et me complimenta sur le nombre et la valeur des détails : il me conseilla de le présenter au concours des prix de la fondation Montyon, ce que je fis. En juillet de la même année, ces Recherches obtinrent le prix de physiologie expérimentale (médaille d'or et impression dans les *Mémoires présentés à l'Académie des sciences par les savants étrangers*). J'ai déjà dit dans ma courte notice sur mon illustre maître qu'il m'engagea aussi à me mettre sur les rangs pour la succession à une place de correspondant de l'Institut laissée vacante par la mort de Sœmmering, dans la section d'anatomie. En avril 1830, je fus élu par 45 voix sur 51 votants. Je retrouvai à Paris presque tous les amis de 1818 ; Ramond, Bosc-Dantic, Léman, Delaroche étaient morts depuis cette époque.

Flourens, de l'Académie des sciences.

Gay, botaniste éminent.

Le baron Larrey, le *vertueux* Larrey (Napoléon), la *Providence des soldats* aux campagnes d'Italie, d'Orient, d'Espagne, de Russie ; je l'avais entrevu à Madrid et à Logrono, je refis sa connaissance à l'Hôtel des Invalides dont il était alors le chirurgien en chef ; il m'accueillit avec une affectueuse bienveillance.

Général comte Dejean, pair de France, entomologiste et spécialement coléoptériste passionné.

Chaubard (d'Agen), botaniste distingué.

Ramond fils, jeune littérateur, fils du célèbre naturaliste.

Raspail ; je dînai avec lui chez sa mère.

De Candolle fils.

Despréaux, botaniste de l'expédition de Morée.

Brullé, entomologiste de l'expédition de Morée, professeur de zoologie à la Faculté des sciences de Besançon.

Wahlberg, botaniste suédois.

Audouin, entomologiste distingué, gendre de Brongniart. Il fut comme moi l'un des fondateurs de la Société entomologique (1832).

Lepelletier de Saint-Fargeau, entomologiste très distingué.

Straus, savant anatomiste.

Fauché (d'Agen), pharmacien en chef à l'Hôtel des Invalides.

1835. — Du 24 mars au 10 mai, mon troisième voyage à Paris. Mon but principal était de présenter à l'Institut, pour le concours Montyon, l'*Anatomie des Orthoptères, Hyménoptères et Névroptères;* commissaires du concours : Duméril, Serres et Ducrotay de Blainville. Mon protecteur pour les ouvrages de cette nature, le grand Cuvier, était mort, ainsi que Latreille; le sort de mon travail en souffrit, les frais de gravure devinrent une sérieuse difficulté. Depuis mon dernier voyage, le Jardin des Plantes avait été l'objet de changements considérables et d'importants embellissements ; les belles serres vitrées étaient achevées ; on pouvait s'y promener au milieu d'arbres et d'arbustes tropicaux, de fougères gigantesques ; on avait construit un vaste édifice pour les galeries de minéralogie, géologie, botanique. Je remis à Brongniart, pour l'herbier du Muséum, de nombreux échantillons de plantes de Saint-Sever, des Pyrénées et d'Espagne. Le 30 mars, je présente à l'Institut mon travail qui est inscrit pour le concours; le baron Ch. Dupin présidait la séance; Arago, secrétaire perpétuel, exposait ses rapports avec un admirable talent.

J'avais un vif désir de voir de près, dans une audience, S. M. Louis-Philippe, par un simple sentiment de respectueuse curiosité. Mon ami le général Bugeaud, qui était fort bien en cour, m'assurait qu'il me suffirait de demander par écrit une audience pour l'obtenir ; mais je n'osais pas prendre cette initiative. Le 27 avril, en rentrant le soir dans mon hôtel du passage de la rue Mazarine, je trouvai un billet de Bugeaud ; il m'informait que le lendemain, à huit heures et demie du soir, nous serions reçus l'un et l'autre au palais des Tuileries ; je ne pouvais plus reculer. Bugeaud me disait qu'il me suffirait d'ajouter au costume de soirée des souliers et des bas de soie noire. A l'heure convenue, le 28 avril, je vais chercher Bugeaud à l'École militaire, et nous arrivâmes rapidement au bas de l'escalier du pavillon Marsan; ni gardes, ni valets; à peine entrés dans un petit salon, j'entendis annoncer à haute voix : « le général Bugeaud et M. Léon Dufour, de l'Institut ». Je devins chair de poule ; j'étais loin de me croire définitivement à la cour en n'apercevant que sept ou huit personnes avec absence de toute étiquette, de tout cérémonial. J'avais toujours les yeux fixés sur mon ami qui me dit tout bas que nous étions en présence de Mme Adélaïde, sœur du roi; elle était occupée avec deux dames à broder; elle me fit le plus gracieux accueil. J'étais fort ému; je remarquai pourtant sa taille élevée, sa figure pâle et régulière. La reine était en Belgique avec plusieurs des princes.

Préoccupé de cette simplicité de personnes et de choses, je me sentis attiré par le bras et je fus présenté par Bugeaud à un monsieur en habit noir et avec le simple ruban de lé-

gionnaire ; ce monsieur dit : « Je vous remercie, mon cher
général, de me présenter M. Dufour »; je crus d'abord que
c'était un ancien camarade dont Bugeaud voulait me procurer la connaissance ; j'étais sur le point de répondre une
banalité, lorsque le souvenir de l'effigie des écus de cent sous
me vint à l'esprit et me donna la certitude que j'étais en
présence du roi Louis-Philippe. Son abord fit immédiatement cesser ma contrainte, mon émotion ; j'écoutai avec
avidité une conversation qui se continua une demi-heure et
à laquelle je pris part.

La conversation du roi avec moi roula sur le département
des Landes, sur la population des villes de Saint-Sever et
Mont-de-Marsan, sur le général Lamarque qu'il savait être
né dans la première de ces villes ; il me dit qu'il avait l'intention de faire un voyage à Bordeaux et à Pau, mais que
la guerre carliste l'empêchait de pouvoir réaliser ce projet.
Il aborda ensuite en agriculteur la question du défriche-
ment des grandes landes, de l'assainissement, de la canali-
sation, des semis de pins, etc. Il cita à cette occasion une
de ses propriétés en Basse-Bretagne, provenant de la succession du duché de Penthièvre ; il n'en retirait depuis
vingt ans qu'un revenu annuel de 900 francs ; ayant or-
donné des plantations de pins, qui conviennent à la nature du
sol, il espérait l'accroissement notable de son revenu. Avec
Bugeaud, le roi traita très explicitement de la question de
la guerre civile actuelle en Espagne ; il avait peu de confiance dans Valdez et Mina ; la langue espagnole lui était très
familière ; puis il parla des débats parlementaires, des orateurs qui apprenaient leurs discours par cœur (les généraux
Foy et Lamarque).

Louis-Philippe avait alors soixante-deux ans, taille à peine

au-dessus de la moyenne, corps droit et bien pris, physionomie ouverte quoique un peu grave, figure régulière, teint
décoloré, manières aisées, perruque dissimulant mal les
cheveux gris, parole facile, aptitude remarquable à traiter
pertinemment les sujets les plus variés. Les personnes qui se
rendirent successivement au salon et qui vinrent interrom-
pre notre petite audience furent les généraux Gourgaud,
Dauthoir, Athalin, M. de Barante et sa jolie femme, M. Mul-
ling, ambassadeur de Wurtemberg. Bugeaud me présenta
au colonel Berthois, aide de camp du roi, que j'avais connu
lieutenant du génie à l'armée d'Aragon ; une légère discussion s'engagea entre Bugeaud et Gourgaud sur l'opportunité de la guerre en 1831 ; Bugeaud était opposé à cette guerre.

Après une heure passée dans cette cour réellement bourgeoise et pendant que le roi conversait avec M. de Barante,
nous nous esquivâmes, Bugeaud et moi, en passant par la
salle du trône et le salon des maréchaux; j'en admirai les
beaux tableaux, les riches tentures ; sur la demande de Bugeaud, un valet porteur de clefs nous fit descendre par le
grand escalier, ouvrit la porte principale du palais et la referma sur nous. Je reconduisis Bugeaud à l'École militaire
et je rentrai au logis fier de ma royale soirée.

Au moment où je transcris de mon carnet de 1835,
dans ce livre d'outre-tombe, les souvenirs de mon entrevue
avec le roi Louis-Philippe, vingt-quatre ans après, quels
changements, quelle métamorphose dans ce palais des Tuileries! quelle succession de personnages, que d'événements
passés, présents et futurs !

Le 30 avril, j'assistai, avec Bugeaud, à une soirée de
réception à l'hôtel du ministère de l'Intérieur; Bugeaud me
présenta au ministre. Dans le salon se trouvaient Mme Thiers

et sa mère, Mme Dosne, qui causaient beaucoup et de tout,
MM. de Gasparin, Cousin et Dumon. A notre arrivée,
ces dames nous firent signe de la main de marcher doucement, parce que le ministre reposait étendu sur un sopha ;
M. Thiers se leva en sursaut pour nous recevoir.

Homme de petite taille, quarante ans, maigre, pâle,
visage plat, allure vulgaire, sans dignité, vif, spirituel, tête
très petite ; il s'empressa de nous faire voir une caricature
qui venait de paraître à son sujet sous le nom de *Baptême
d'un nouveau doctrinaire ;* on s'en égaya beaucoup.

Le 5 mai, je fus présenté au célèbre orateur parlementaire Guizot, par Bugeaud ; il nous fit un excellent accueil.
Cinquante ans, taille moyenne, cheveux châtains peu fournis, figure régulière, physionomie grave, digne, très expressive, parole des plus faciles. Je lui parlai du collège de
Saint-Sever, qui lui avait été signalé comme un des bons
collèges communaux ; il projetait alors une nouvelle organisation de l'Instruction publique ; il me dit que notre collège serait pourvu d'une chaire d'histoire naturelle, ce qui
n'a jamais eu lieu. Je remerciai le ministre d'un magnifique
don qu'il avait daigné me faire du bel ouvrage sur la Morée.

Le 10 mai, de retour à Saint-Sever, j'expédiai au Jardin
des Plantes le *Hibou grand-duc* (Strix bubo) que je possédais
vivant depuis quelques mois. Il manquait à la ménagerie
du Muséum ; je l'avais promis à Geoffroy-Saint-Hilaire.

1838. — L'Académie des sciences avait voté, en 1835,
la publication, à ses frais, de mes *Recherches anatomiques et
physiologiques sur les Orthoptères, les Hyménoptères et les Névroptères,* avec 325 figures ; des difficultés financières s'étant
élevées pour cette publication, je me décidai, le 14 février
1838, à renouveler mon voyage à Paris, afin de résoudre

par ma présence cette affaire délicate. Pour donner satisfaction à quelques exigences de la commission de publication et accommoder mon ouvrage à la somme demandée par l'éditeur, je fus obligé de réduire le texte et surtout le nombre des figures. Je séjournai quatre semaines à Paris ; je remis à la commission mon travail diminué, et je fus assuré de son impression très prochaine.

Le 20 février, j'assistai au concours public pour la chaire de chimie organique, à l'École de médecine ; les deux concurrents étaient MM. Dumas (de l'Institut) et Bussy (de l'Académie de médecine) ; le premier a savamment disserté pendant une heure sur le sucre ; il a fait connaître des faits intéressants et nouveaux. M. Bussy, agrégé de l'École de pharmacie, a traité, pendant le même temps, des corps gras.

Dans une soirée de gala chez M. Dubuc, intendant des bâtiments de la couronne, j'eus occasion de voir le héros du jour, le lieutenant-colonel des spahis, Iusuf, arrivé à Paris depuis quelques jours. Joli homme de trente-trois ans, taille moyenne, figure martiale, d'une amabilité toute française, parlant parfaitement notre langue, très galant auprès des dames, racontant avec beaucoup d'esprit ses aventures et surtout ses chasses aux lions et aux hyènes. Un jour, il fut obligé, pour éviter une mort certaine, de s'élancer de dessus son cheval pour s'accrocher aux branches d'un arbre et s'y fixer avec sa ceinture ; il y resta depuis deux heures de l'après-midi jusqu'au lendemain matin ; ses camarades vinrent le délivrer. Il avait vu le lion dévorer son cheval et rester sous l'arbre jusqu'au lendemain ; il nous dit que le lion et le sanglier luttent parfois corps à corps ; on a même trouvé les deux combattants morts sur le champ de bataille.

Le 7 mars, je suis invité à une soirée de gala chez le célèbre physiologiste Dutrochet, mon ancien condisciple des hôpitaux. J'y étais avec des notabilités scientifiques, le docteur Pariset, de l'Académie de médecine, Geoffroy Saint-Hilaire père et fils, Becquerel père et fils, Chevreul, Turpin, Audouin, Montagne, etc.

1842. — Mon cinquième voyage à Paris avait pour but de présenter à l'Académie des sciences mes *Recherches anatomiques et physiologiques sur les Diptères.*

1845. — Au mois de novembre, avant l'ouverture des cours de la Faculté de médecine, je me rendis à Paris avec mes deux fils et mon jeune élève en entomologie Alexandre Laboulbène, trois bacheliers de fraîche date, pour les installer étudiants en médecine. De Bordeaux à Orléans, nous roulâmes en rotonde de la diligence (Messageries royales) pendant quarante-huit heures : au chef-lieu du Loiret, les voyageurs sont acheminés à l'embarcadère du chemin de fer ; là, deux hommes enlèvent, à l'aide de chaînes à crochet avec poulie, la diligence avec ses habitants et le lourd bagage, et la déposent sur un chariot dont les roues s'emboîtent sur les rails de la voie ferrée, le train part, et en quatre heures nous entrons en gare de la capitale. Au débarcadère de Paris, manœuvre analogue à celle de la gare d'Orléans, la diligence est replacée sur un train à chevaux qui vous transportent avec célérité au bureau de la place des Victoires. Nous nous logeâmes rue Jacob, à portée du pays latin. Je présentai mes trois bacheliers au doyen de l'École de médecine, Orfila, le célèbre toxicologiste, qui nous fit un excellent accueil ; avec le professeur Denonvilliers, je parcourus les salles d'un Musée d'anatomie comparée que le doyen venait de fonder. M. Denonvilliers me fit remarquer quelques préparations d'anatomie entomologique que j'avais envoyées de Saint-Sever.

J'assistai à une leçon du cours de chimie médicale par Orfila. Bel homme, teint brun sous une auréole de cheveux blancs ; physionomie très expressive ; exposition très claire, très nette ; toujours debout, se mouvant et gesticulant, voix sonore, très étendue. On dit qu'à son arrivée à Paris (1807) Orfila possédait un rare talent pour la musique et une admirable voix qui lui aurait valu les honneurs de l'Académie de musique ; il préféra la voie de l'enseignement et de la médecine légale. Il était né à Mahon (îles Baléares).

Le dimanche 16 novembre, à Notre-Dame, nous assistâmes à une cérémonie funèbre qui reportait mes souvenirs aux premières années du siècle et de mes études médicales : on transportait les restes de Bichat, mon illustre maître, du cimetière de Clamart à la nécropole du Père-Lachaise ; toutes les notabilités médicales de Paris assistaient à ce service religieux pour le repos de l'âme de ce grand physiologiste, quarante-trois ans après sa mort.

Ce même jour, nous passâmes la soirée rue Saint-Dominique-Saint-Germain, 71, à l'hôtel de M. Alexandre Brongniart, en nombreuse société savante : M. et Mme Dumas avec leur fille et leur fils, M. Adolphe Brongniart avec ses deux enfants, MM. Milne-Edwards, Valenciennes, Duvernoy, Mme Audouin avec son fils, sa fille et son neveu ; un célèbre géologue anglais, M. Murchison, correspondant de l'Institut.

Le mardi 25, j'assistai, dans l'après-midi, à une séance extraordinaire de l'Académie royale de médecine à laquelle j'avais l'honneur d'appartenir comme correspondant.

L'affluence du public était grande pour entendre deux panégyriques : celui de Larrey, par Pariset, secrétaire perpétuel de l'Académie, et l'éloge du courageux docteur Chervin, le champion de la non-contagion de la fièvre jaune, par M. Dubois (d'Amiens), futur successeur de Pariset dans les fonctions de secrétaire perpétuel.

Je n'oublierai pas l'accueil si gracieux et cordial de MM. Dumas et Milne-Edwards, chez lesquels je vis plusieurs notabilités, le capitaine de vaisseau Duperré, fils de l'amiral, le géologue Constant Prévost, le professeur de physique Despretz, le physicien Becquerel fils, l'ethnologiste de Quatrefages ; d'Orbigny, l'auteur du grand *Dictionnaire d'histoire naturelle;* Decaisne, savant botaniste et horticulteur; Émile Blanchard, chargé du cours de zoologie au Muséum ; le chimiste Balard, auteur de la découverte du brome, etc.

Nous allâmes passer une demi-journée à Versailles chez mon ami Massey; nous parcourûmes l'admirable orangerie souterraine pour saluer le *François Ier* toujours jeune, vigoureux, malgré ses trois cents ans ; nous visitâmes ensuite le château qui fut la résidence de nos rois, de Louis XIV à l'infortuné Louis XVI, et qui a été transformé par Louis-Philippe en un immense musée consacré à toutes les gloires de la France ; les diverses phases de plus d'un demi-siècle de révolutions, les batailles les plus mémorables, les Assemblées célèbres, les grandes cérémonies, les personnages illustres, tous les souvenirs contemporains y sont retracés par des pinceaux plus ou moins habiles, c'est de l'histoire qui parle aux yeux.

Le 3 décembre, je repris seul la diligence pour Bordeaux et Saint-Sever.

1858. — Du 16 juin au 22 juillet 1858, j'exécutai mon

septième voyage à Paris pour présenter à l'Académie des
sciences mon travail sur l'*Anatomie et l'histoire naturelle
des Galéodes*. Mon fils Gustave, aide-major au 1er régiment
de cuirassiers de la garde impériale, m'y attendait. Nous
logeâmes ensemble, 6, rue de Verneuil, et il se constitua
mon attentif cicerone, avec la collaboration de Laboulbène, devenu peu après, et par concours, médecin des
hôpitaux. Quelle transformation de mon Paris du commencement du siècle ! La place du Carrousel achevée avec
les quatre pavillons qui complètent aussi le Louvre, et un
square dissimulant le défaut de parallélisme des deux grands
palais ; la belle tour Saint-Jacques avec son square, révéla-
tion d'un des monuments de la vieille capitale ; les embellissements du Bois de Boulogne m'intéressèrent particulièrement ; ces taillis qui jadis étaient l'habitat de tant de
richesses botaniques sont devenus un élégant jardin anglais,
traversé par des chemins bien tenus, avec de vertes pelouses
vallonnées, des rivières, des lacs, de bruyantes cascades,
des rochers gigantesques transportés à grands frais de Fontainebleau ; près des cascades, des aloès, des cactus et
autres plantes méridionales prospèrent sous l'influence
bienfaisante de l'atmosphère humide ; des cygnes, des canards, des sarcelles, font l'ornement des pièces d'eau. On
projette l'annexion au bois de Boulogne d'un jardin d'acclimatation où des animaux susceptibles de vivre et de se
reproduire sous le climat parisien seront installés, aménagés
dans des enclos particuliers, sous la haute direction du professeur Isidore Geoffroy-Saint-Hilaire.

Le lundi, 21, j'assistai à la séance de l'Institut, pour demander un tour de lecture ; j'y revis avec plaisir mes collègues Flourens, Dumas, Brongniart, Milne-Edwards,

Geoffroy-Saint-Hilaire, Valenciennes, Chevreul, Moquin-Tandon, Montagne, le docteur Rayer, etc.

Le 23, mercredi, j'assiste à la séance de la Société centrale d'agriculture, présidée par le célèbre chimiste Chevreul.

Le soir de ce même jour, je me rendis à la réunion bimensuelle de la Société entomologique, à l'Hôtel de Ville ; on devait nommer un nouveau président honoraire ; la candidature me fut offerte ; je la déclinai ; mon vieil ami Duméril fut élu.

A la Société de biologie, qui se réunit le samedi, au paradis de l'École pratique, je fis la connaissance du président fondateur, M. Rayer, membre de l'Institut, de l'Académie de médecine, médecin de l'empereur. Un des plus jeunes membres, M. Broca, chirurgien distingué des hôpitaux, lut un mémoire fort bien écrit sur les races et les hybrides des animaux domestiques. Laboulbène lut, en mon nom, un résumé de mon *Anatomie des Galéodes*.

Mon ami le baron E. Le Roy, préfet de la Seine-Inférieure, nous avait invités à venir voir les fêtes que la ville de Rouen devait célébrer pour l'anniversaire bicentenaire de l'entrée de Louis XIV dans cette cité, fêtes dédiées aussi à la mémoire de Pierre Corneille ; nous séjournâmes vingt-quatre heures dans la capitale de la Normandie ; on évaluait à 45,000 le nombre des étrangers accourus pour jouir de cette solennité dont la charité était le but définitif.

Mes amis voulurent nous retenir le lendemain pour le carrousel militaire, mais j'avais un rendez-vous scientifique à l'Institut pour ma lecture académique ; nous dûmes, dès le matin, prendre congé de nos aimables hôtes, et j'arrivai très exactement à la séance pour lire un extrait de mon *Anatomie des Galéodes*, qui fut favorablement accueilli.

Le 5 juillet, mon vieil ami Rémond, un condisciple en
médecine, que je n'avais pas revu depuis 1806, est venu
de Semur (Côte-d'Or), pour passer avec moi quelques
jours à Paris. Rémond, reconnaissant à ma chevelure ca-
ractéristique l'original du portrait photographié que je lui
avais récemment adressé, se précipita vers moi. A cette
apparition inopinée, loin de deviner mon ami, je lui deman-
dai à qui j'avais l'honneur de parler : « Commençons par
nous embrasser », nous dit-il, et en même temps, mon fils
se rappelant que, quelques jours auparavant, j'avais écrit à
Rémond pour réclamer sa visite, prononça son nom. A
quelle singulière investigation physiognomonique se livrè-
rent ces deux amis qui s'étaient perdus de vue depuis cinquante-deux ans ! Quel changement de décoration corpo-
relle par les outrages du temps ! Quelle métamorphose
physique et morale ! A l'âge de vingt-six ans, Rémond était
blond, avec une figure maigre, ovale, un nez subaquilin,
bien fait, la peau fine, le regard doux et spirituel ; aujourd'hui je lui vois des cheveux gris avec des déserts épi-
lés, le nez gros, la figure pleine, les épaules rondes, et il
est sourd, très sourd, aussi me fut-il impossible, pendant
quelques heures, d'adapter sur ce facies mon Rémond de
1806 ; moi, son contemporain, j'avais jadis les cheveux
noirs comme la plume du corbeau ; cette chevelure s'est
transformée en un marabout blanc argenté, circulaire, hé-
rissé ; l'oreille est bonne, la vue laisse à désirer, surtout
dans l'ombre ; mais je suis resté maigre et mes jambes sont
encore excellentes : nous passâmes cinq jours ensemble.

A la séance du lundi de l'Académie des sciences, je re-
vois Milne-Edwards qui me convie à sa table pour le soir.
Ce savant professeur habite, au Jardin des Plantes, l'an-

cienne maison de Cuvier ; j'y reçus le plus gracieux accueil de son fils Alphonse, qui marche sur les traces paternelles, et de ses deux filles, qui me rappelèrent leur visite à Saint-Sever, il y a cinq ans.

Le 7, dans l'après-midi, nous fîmes une promenade zoologique au parc des fauves du Jardin des Plantes ; je désirais voir le premier Hippopotame vivant possédé par le muséum, et qui est la plus grande illustration actuelle des grosses bêtes exotiques ; je n'ai rien vu de plus monstrueux, de plus hideux que cet énorme pachyderme amphibie dont le poids atteint, dit-on, 2 000 kilogrammes ; sa peau glabre a la couleur de la boue ; son ventre touche presque à terre, sa tête est difforme, et, quand il remonte du fond du bassin à la surface de l'eau, il ouvre une gueule effrayante armée de dents redoutables. A terre, sa démarche est lente, traînante. La vue du palais des Singes est plus récréative ; ceux des régions tropicales s'acclimatent difficilement. La ménagerie n'a jamais pu conserver longtemps le Chimpanzé. Celui que nous vîmes à l'infirmerie toussait comme un phthisique et se cachait sous la couverture, dès qu'on s'approchait de son lit.

Le 10, je pars avec mon fils pour Strasbourg ; la voie ferrée traverse les riches plaines de la Brie, de la Champagne de la Lorraine ; les cultures que mon regard saisit à la volée sont disposées en plates-bandes ; la moisson des céréales déjà dorées est commencée sur tout le parcours.

Nous fîmes visite à quelques notabilités scientifiques de la capitale de l'Alsace, notamment à M. Sédillot, chirurgien en chef de l'hôpital militaire, directeur de l'École d'application de la médecine et de la pharmacie militaires, professeur de clinique chirurgicale à la Faculté de médecine, correspondant de l'Académie des sciences ; à MM. les professeurs Forget, Lereboullet, médecin et professeur de physiologie à la Faculté des sciences, avec lequel j'étais depuis plus de vingt ans en correspondance scientifique, et M. Silbermann, de la Société entomologique.

Le 12 juillet, les membres de la Société botanique de France sont convoqués à l'Hôtel de Ville pour la séance préparatoire de la session extraordinaire ; le président est M. Antoine Passy, en l'absence du comte Jaubert, président titulaire, membre libre de l'Académie des sciences. M. de Schœnefeld, secrétaire de la Société ; M. Cosson (de Paris), un des botanistes éminents de l'époque, ayant fait de nombreuses et fructueuses excursions botaniques dans les diverses provinces de l'Algérie et dans le Sahara ; M. Godron, doyen de la Faculté des sciences de Nancy, auteur de nombreux ouvrages sur la botanique de la Lorraine, connu pour sa *Flore de France*, en collaboration avec M. Grenier (de Besançon) ; M. Lecoq, professeur d'histoire naturelle et directeur du Jardin botanique à Clermont-Ferrand, auteur d'ouvrages importants sur la géologie de l'Auvergne, sur la géographie botanique de l'Europe ; M. Planchon, professeur de botanique à la Faculté des sciences de Montpellier, auteur de plusieurs travaux de physiologie végétale. J'eus l'occasion de faire la connaissance de ces distingués collègues à la soirée donnée par mon hôte pour l'organisation des séances et du bureau alsacien. Le jour de la séance préparatoire, je rencontrai le docteur Monard (de Metz), mon ami et mon correspondant fidèle depuis trente ans.

Le bureau définitif fut composé de MM. Fée, président ; Schimper et Léon Dufour, vice-présidents ; Duvergier de Hauranne et Schlumberger, secrétaires.

Avant de donner le compte rendu succinct de la première
séance, je veux dire quelques mots sur mon excellent et
savant ami William Schimper, qui vint, il y a quinze ans,
passer une semaine avec moi à Saint-Sever. Il arrivait des
montagnes de la Sierra Nevada, où il avait découvert et dé-
nommé le *Capra hispanica*, puis il avait gravi les hauts
sommets des Pyrénées; il revint avec une intéressante moisson de mousses. Hélas! *quantum mutatus ab illo !* Depuis
cette époque, Schimper, tourmenté par l'amour des mousses,
fit plusieurs voyages en Laponie et en Norwège pour étudier
ces élégants végétaux, et il publia le monumental ouvrage
Bryologia Europæa, qui lui a mérité le titre de premier bryo-
logiste de l'Europe.

Au commencement de la séance, M. de Schœnefeld lut
une lettre de M. le comte Jaubert sur le Congrès botanique;
M. Ant. Passy prononça un discours sur le même sujet ;
M. Kirschleger, professeur de botanique à l'École de pharmacie, traça d'une voix très alsacienne le programme des
excursions botaniques à faire dans les environs de la cité ;
M. Fée ajouta quelques paroles spirituelles sur l'histoire de
plusieurs arbres du jardin botanique ; M. Cosson donna un
compte rendu verbal assez étendu de sa dernière expédition
dans le sud-est du Sahara ; M. Godron lut un court mémoire sur « l'hybridité du froment » ; M. Planchon, une
note sur « le parasitisme de l'*Osyris alba* ».

Le 13, plusieurs collègues firent en voiture et à pied une
herborisation aux bords du Rhin pour y cueillir principalement le *Thalictrum galioides* et le *Sparganium humile ;* j'allai
avec Schimper et Lereboullet parcourir les salles du musée
d'histoire naturelle dont Schimper est le créateur et le conservateur : les quadrupèdes, les ruminants, les oiseaux,

principalement les *accipitres*, se font remarquer par leur
parfaite conservation, leur attitude naturelle et leur rigou-
reuse classification scientifique ; il y a plusieurs espèces qui
n'existent pas au muséum de Paris. Le prince ornithologiste Lucien Bonaparte, qui, plusieurs fois, a visité le musée
de Strasbourg, apprécie beaucoup la valeur de ces rares
espèces.

Ne pouvant pas accompagner mes collègues aux courses
lointaines indiquées par le programme, j'organisai avec
Schimper un petit voyage à Bade (Baden Baden) pour le 15.

Le 15, dès six heures du matin, un omnibus nous conduisit en une demi-heure au fameux pont de Kehl, qui
sépare la terre germanique de la terre française. C'est,
depuis cent ans, un pont de bateaux provisoire ; en 1861,
il a été remplacé par un pont fixe en fer et en pierre. A
l'aspect de ce pont sur le Rhin, que de souvenirs historiques à évoquer! Depuis soixante-dix ans surtout, ce pont
a servi de passage à des millions de guerriers français ou
étrangers; quels sacrifices humains pour une fumée de gloire
et pour aboutir en définitive au maintien des anciennes
limites! Après avoir traversé l'unique et longissime rue du
village badois, qui a toute la physionomie alsacienne, nous
arrivons à la gare du chemin de fer pour Bade.

Dès l'arrivée à Bade (*baden*, bains), nous prenons une
voiture pour monter au vieux château-fort, jadis habitation
princière, aujourd'hui très dévastée : on y montre des
oubliettes du moyen âge. On arrive par une avenue
sinueuse, spiroïde, tracée sur le flanc de la montagne, au
milieu des hêtres et des sapins. De la terrasse du château,
la perspective s'étend sur l'immense plaine arrosée par le
Rhin et ses affluents; la culture est en larges plates-bandes;

les montagnes de la forêt noire encadrent le tableau : on aperçoit la frontière du Wurtemberg. Après cette exploration panoramique du pays de Bade, nous descendîmes dans la cité qui est au grand duché ce qu'est notre Bagnères à la Bigorre, le rendez-vous des baigneurs aussi soucieux de leurs plaisirs que de leur santé.

On y trouve de belles promenades (Lichtenthal) où Schimper me fit remarquer plusieurs espèces de chênes exotiques parfaitement développés et, entre autres plantes, une ombellifère d'origine sibérienne et d'une taille prodigieuse, *Heracleum giganteum.*

Le 16, un peu avant l'heure de midi, nous étions avec beaucoup de curieux devant le cadran de la fameuse horloge de la cathédrale de Strasbourg : nous vîmes le défilé des douze apôtres apparaissant l'un après l'autre, à chaque coup de la sonnerie, avec accompagnement de chant du coq ; puis, nous escaladâmes les 180 marches de la tour, afin de jouir du haut de la terrasse du vaste point de vue sur les toits de la cité et sur la campagne environnante. Parmi les innombrables noms gravés sur les pierres de la terrasse, le gardien nous fit remarquer celui de Voltaire. De ce haut belvédère, j'observai avec intérêt les nids que les Cigognes établissent sur le haut des maisons; je contemplai avec plaisir au-dessus de ces énormes nids, semblables à des buissons arrondis, de jeunes échassiers qui prenaient en quelque sorte des leçons de vol en déployant leurs ailes et en les agitant sans quitter le poste; de temps en temps, on entendait le clapotement particulier qui résulte du choc des mandibules l'une contre l'autre.

Nous payâmes aussi notre tribut d'hommage à la statue de l'inventeur de l'imprimerie Guttenberg, œuvre de David (d'Angers), et au monument du Maréchal de Saxe, par Pigalle, dans le beau temple protestant de Saint-Thomas.

Le 17, à sept heures du matin, nous descendîmes à la station de La Ferté-sous-Jouarre. Mon fils, pendant un séjour de plusieurs mois dans cette petite ville avec un escadron détaché de son régiment, avait été fort gracieusement accueilli dans la famile du maire, M. Theurey : il avait promis à ses amis de leur donner une journée au retour de Strasbourg ; nous trouvâmes en effet MM. Theurey père et fils à la gare ; ils nous conduisirent en voiture dans leur belle habitation. MM. Theurey possèdent le plus vaste atelier de pierres meulières : ces pierres siliceuses, dont nous visitons l'après midi les gisements, sont taillées en moellons carrés et empilés. Ces moellons dégrossis sont destinés, les uns pour être vendus sous cette forme soit en Europe, soit en Amérique, les autres à former des meules de moulins ; celles-ci se composent de sept à huit moellons de diverses dimensions reliés par un ciment aussi dur que le silex, et leur ensemble est maintenu par un cercle ou virole de fer : chaque meule bien conditionnée est du prix de six à sept cents francs. Les ouvriers qui travaillent dans ces ateliers sont obligés de porter des lunettes pour préserver leurs yeux des éclats siliceux. Après le déjeuner, M. Theurey fils eut l'obligeance de nous conduire en voiture aux carrières d'exploitation, qui sont à une petite distance du village. Les vastes excavations d'où l'on extrait les pierres à l'aide du pic ou de la barre de fer ont déjà de 70 à 80 pieds de profondeur ; les blocs siliceux sont transportés soit par des brouettes, soit à bras, par des femmes et des enfants qui portent les petits morceaux dans des paniers ; l'eau constitue le principal obstacle pour l'exploitation, il

est d'usage de la faire écouler dans des puits perdus ou
forés jusqu'à une couche de terrain perméable. Nous
allâmes au village de Jouarre visiter les ruines d'un monastère du VIIᵉ siècle : on y observe dans une crypte, des fûts
de colonnes, des chapiteaux, des tombes qui ont un cachet
particulier d'antiquité.

Le 20 juillet, je pars de Paris pour Bordeaux où je passe
une journée. Mon collègue, M. Durieu de Maisonneuve,
me fit les honneurs du nouveau Jardin des Plantes dont il
est le directeur : il me montra un *Magnolia grandiflora* dont
le transport de l'ancien jardin botanique au nouveau a
coûté à la ville plus de trente mille francs; je vis aussi un
conifère de la Californie qui, dans sa patrie, acquiert une
hauteur de 400 pieds, c'est l'arbre le plus élevé que l'on
connaisse, et un très beau Vanillier d'Amérique dont les
gousses sont en pleine prospérité.

A la station de Morcenx, j'eus le plaisir de serrer les
mains au professeur Eschricht (de Copenhague) et à sa
femme qui, comme je l'ai déjà dit, se rendaient à Pampelune pour y voir le squelette d'une baleine. *Trahit sua
quemque voluptas.*

Ainsi s'accomplit dans mon soixante-dix-neuvième été,
une pérégrination dont les trente-cinq jours ont été tous
remplis à ma pleine satisfaction : j'ai, durant ce laps de
temps, fait 750 lieues en chemin de fer, sans compter les
courses très multipliées tant en voiture qu'à pied.

En août 1859, la Société botanique de France se réunit
en session extraordinaire à Bordeaux; je fus désigné comme
président du bureau spécial avec MM. Durieu de Maisonneuve, le comte Jaubert, G. Lespinasse, E. de Pommaret
et D. Clos, professeur de botanique à Toulouse, comme

vice-présidents, Th. Cuigneau, A. de Rochebrune, Théveneau et Urgel, secrétaires. Dans mon discours d'inauguration de la première séance, j'exhumai des tiroirs de ma mémoire quelques impressions botaniques publiées plus tard sous le titre : *De la valeur historique et sentimentale d'un herbier* (voir le *Bulletin de la Société botanique de France*, tome VI, 1860, p. 526). Ce fut dans la séance du 16 août que le secrétaire de la Société, M. de Schœnefeld, voulut bien communiquer à la réunion la nouvelle de ma promotion au grade d'officier de la Légion d'honneur. Je terminai mon discours d'adieu à mes collègues en leur disant : « J'étais depuis vingt-huit ans passés un crucifère tout simple; à notre retour de l'excursion d'Arcachon, quelle fut ma surprise de me trouver transformé, grâce à l'intervention de quelques membres de l'Institut et d'un ami haut placé, en *crucifère à fleur double* ou en *rosette orbiculaire!* Cet insigne me rappellera toujours son heureuse coïncidence avec la session bordelaise de la Société botanique de France. »

1864. — Depuis plusieurs années, je projetais, je méditais un dernier voyage à Paris. Ayant fait, en août 1863, mes adieux à mes chères Pyrénées, je devais un hommage à la grande capitale du monde scientifique; je désirais aussi présenter à l'Académie des sciences l'*Anatomie des Lépidoptères*, formant le complément des neuf ordres d'insectes qui ont passé successivement sous monscalpel, et qui constituent l'ensemble de la science entomologique ; je voulais enfin me retrouver au sein de la Société entomologique pour inaugurer le fauteuil présidentiel honoraire qui m'avait été décerné, il y a quatre ans, après la mort de mon ami Duméril.

A mon âge, premier trimestre de quatre-vingt-cinq ans, et malgré ma confiance dans ma santé et dans mes forces, ma famille jugea nécessaire de m'adjoindre, tant pour le voyage que pour le séjour à Paris, un guide sûr et dévoué.

Mon fils Albert ne pouvant m'accompagner à cause de ses obligations professionnelles, mon fils le médecin militaire étant à Rome, médecin-major de première classe aux hôpitaux de la division d'occupation, on écrivit, à mon insu, à l'un de mes jeunes correspondants, M. Lafaury (de Dax), pour lui demander s'il pourrait me servir de compagnon de voyage ; sa réponse nette et affirmative mit le comble à mon contentement sous tous les rapports. M. Lafaury m'avait déjà fait deux visites à Saint-Sever ; j'avais apprécié son bon esprit et son savoir dans l'étude des Lépidoptères, qui était son occupation favorite ; il m'avait obligeamment fourni de nombreuses espèces rigoureusement dénommées pour mes dissections ; il fut pour moi d'un dévouement filial, et je n'oublierai jamais les services qu'il m'a rendus, ainsi qu'à la science.

Le 13 juin, par un beau temps, je partis pour la gare de Mont-de-Marsan ; à Morcenx, Lafaury me rejoignit et nous filâmes sur Paris.

Laboulbène nous attendait avec une voiture à la gare d'Orléans ; il nous conduisit rue de l'Université, 22, hôtel de l'Université, où il avait arrêté pour un mois un appartement des plus confortables au premier étage.

Durant ces trente jours de ma vie parisienne, l'emploi de mon temps fut à peu près uniformément réglé de la manière suivante : de six heures du matin à midi, je travaillais, soit à châtier mon texte, soit à compléter les figures avec le secours de Laboulbène, qui traçait et régularisait à la plume mes croquis avec plus de sûreté et de justesse que je n'aurais pu le faire, soit enfin à ma corres-

pondance; vers huit heures, je déjeunais tout simplement
avec une demi-bille de chocolat cru (de la fabrique Fagalde,
de Bayonne) ; à midi nous prenions le dîner au restau-
rant de notre hôtel, le café au Palais-Royal (café de Foy);
dans la soirée, je ne faisais aucun repas ; je me contentais
d'une glace ou d'un carafon de limonade au citron ; coucher à neuf heures, lorsque nous n'allions pas au théâtre.
Mon hygiène individuelle m'obligeait à refuser tous les
dîners parisiens du soir, quelques amis et collègues que
j'avais eu le plaisir de convier à ma table de Saint-Sever
voulurent m'offrir le déjeuner-dîner à mon heure de midi.
Sous l'égide de ce régime invariable et grâce à ma bonne
constitution, je n'ai éprouvé ni indisposition ni fatigue,
malgré les courses longues et répétées que je n'ai pas cessé
de faire pendant mon séjour de quatre semaines à Paris.

Je suis allé six fois au théâtre.

Nous avons visité en détail le Jardin d'acclimatation du
Bois de Boulogne ; l'*aquarium* tant vanté est loin d'avoir
répondu à mon attente ; quant aux animaux, tant quadrupèdes que volatiles, il y a sans doute beaucoup de variétés,
surtout dans ces derniers. La différence du climat parisien
et du climat originel, la perte de la liberté, l'étroite domestication ne tardent pas à altérer insensiblement les
traits de bon nombre de ces animaux ; tant que le sang
natal coule dans leurs veines, ils conservent encore l'allure
normale, mais le renouvellement organique avec les éléments de la trempe domestique détermine fatalement la
langueur, l'état malingre, la nostalgie ; je crois avoir constaté chez plusieurs de ces animaux, notamment sur les
tapirs, cet état de dégénérescence. Lorsque les animaux
périssent dans la mauvaise saison, l'administration a soin de

s'en procurer d'autres pour le printemps ou l'été, et sans se douter de la manœuvre, le bon Parisien croit fermement à l'acclimatation ; je crois qu'il serait d'une sage prévoyance d'interdire formellement au public de distribuer à son gré de la nourriture aux animaux ; on rend ceux-ci gourmands et voraces, ce qui finit par altérer leur santé.

Le surlendemain de mon arrivée, nous allons en voiture découverte parcourir les nouvelles voies qui ont pour but à la fois d'assainir, d'embellir et d'agrandir la capitale, et qui l'ont entièrement métamorphosée, les boulevards Malesherbes, du Prince-Eugène, Richard-Lenoir, etc.

Je passe la soirée à la Société entomologique où j'inaugure ma présidence honoraire ; j'y fais une lecture à continuer sur la *Direction à donner aux Études entomologiques*.

A la Société botanique de France, le président, M. Ramond, me fit asseoir à sa droite.

A l'Académie de médecine, dont j'étais membre associé national depuis plusieurs années, je vis MM. Michel Lévy, Claude Bernard, Malgaigne, Barth, Bouvier, Grisolle, Velpeau, Rayer, Charles Robin, etc.

Le 3 juillet, journée extra muros : à Saint-Germain-en-Laye, nous déjeunons chez le bon docteur Clerc et son aimable femme, et nous partons ensuite pour Versailles. Je voulais revoir le spectacle populaire des grandes eaux ; les eaux du ciel jouèrent aussi et une forte averse éloigna les curieux du bassin de Neptune ; nous parcourûmes quelques galeries de l'immense musée, la salle de spectacle. A la nuit tombante, nous nous rendîmes à la gare de la rive droite ; en me promenant dans les galeries du Palais-Royal j'eus l'agréable surprise de rencontrer mon ami le profes-Joly (de Toulouse) avec son fils ; le savant professeur avait été autorisé par le ministre de l'Instruction publique à exposer dans une leçon publique, à l'École de médecine, ses idées sur la grande question toujours débattue de la génération spontanée, de l'hétérogénie. Cette leçon avait attiré la plus grande affluence dans le vaste amphithéâtre de la Faculté.

Le lundi 4 juillet, à la séance de l'Académie des sciences, je demande mon tour de lecture pour le lundi suivant ; j'y retrouve Flourens, Milne-Edwards, Valenciennes, Ad. Brongniart, Decaisne, Becquerel, l'ami Montagne, bien décrépit, le docteur Guyon, inspecteur du service de santé en retraite.

Le lundi 11, je présente mon travail, texte et atlas, sur l'*Anatomie des Lépidoptères*, et je lis un résumé des prolégomènes ; après de bienveillantes paroles de M. Flourens, le mémoire est classé pour le concours de la fondation Montyon.

Le mercredi 13, je fis ma seconde et dernière lecture à la Société entomologique ; l'accueil sympathique de mes collègues fut exprimé par une pièce de vers élogieuse de l'archiviste de la Société, M. Doué. Je chargeai Laboulbène de continuer la lecture de mes *Études sur les mœurs des insectes dans les neuf ordres*.

A propos de mœurs, je consigne ici quelques lignes rapidement tracées à l'hôtel entre deux courses, sur les *Palombes* et les *Moineaux* du Jardin des Tuileries. Quel observateur tant soit peu naturaliste, quel oiseleur de profession, quel sectateur de Nemrod, n'a pas été témoin, dans la belle saison, du saisissant spectacle donné par les palombes qui font leur séjour habituel sur les arbres du Jardin des Tuileries ? La palombe au plumage serré et lustré, si sauvage dans nos forêts, si fière, si craintive, si impressionnable au

moindre bruit, si prompte à s'envoler à la vue de l'homme,
est devenue aux Tuileries un oiseau du monde, un volatile
civilisé jusqu'à la familiarité la plus intime. Malgré la population remuante des promeneurs de tous les âges, de
tous les sexes, de toutes les couleurs, des palombes ont en
effet l'habitude, au déclin du jour, de descendre à tire d'ailes
de leurs sommités pour venir se poser paisiblement sur certains tapis de gazon afin d'y saisir une manne qui leur
tombe, non pas du ciel, mais de la main d'un ornithophile
habitué qui leur fait quotidiennement la distribution de
miettes de pain; il s'est donné la spécialité de ce passe-
temps; je l'en remercie in petto. J'ai vu, de mes propres
yeux vu, la fière palombe, non seulement se percher sans
la moindre hésitation sur la main de l'attentif pourvoyeur,
mais aller jusqu'à prendre la becquée entre ses lèvres; quand
elle est suffisamment restaurée, la palombe prend son vol
rapide vers les arbres de la promenade, où elle s'accoutume
et se délecte sans doute à entendre chaque soir les sym-
phonies militaires.

Pourquoi ne dirais-je pas quelques mots sur d'autres
cohabitants ailés du même jardin ? Je veux parler de ces
moineaux si hardis, si familiers et si voraces. Dès que la
question de subsistances se pose sur le verdoyant tapis, vous
ne tardez pas à voir un essaim de moineaux formant autour
du bénévole distributeur une véritable constellation toujours
sautillante; il voudrait les chasser en gesticulant, mais ces
intrépides piqueurs de rations continuent leurs obsessions.
En fait d'audace, d'adresse et d'intrigue, les pierrots, c'est
leur nom parisien, sont passés maîtres; les uns saisissent
la manne au départ de la libérale main, les autres l'esca-
motent en l'air, à la barbe pour ainsi dire des palombes,

qui en étaient les placides destinataires ; j'ai pu calculer que
ces maraudeurs de moineaux ingurgitaient huit rations sur
dix projetées par le bienfaiteur des ramiers du jardin ; cette
gymnastique aérienne est des plus amusantes pour l'observateur. Ces quelques lignes inspirées par les intéressantes
manœuvres de ces deux oiseaux devenus si manifestement
domestiques pourraient constituer l'ébauche d'une étude
comparative, chez certains animaux, de l'industrie, de l'intelligence, d'une sorte de civilisation. On ferait peut-être
un volume sur cet inépuisable sujet.

Le 14 juillet, par un temps magnifique, nous quittâmes
avec plaisir le tumulte de la capitale pour regagner nos
paisibles pénates.

NOTES COMPLÉMENTAIRES

DU MÉMORIAL D'UN SAVANT D'AUTREFOIS

EN terminant ici ces extraits du Mémorial de notre vénéré père [1], nous tenons à déclarer que le récit de ces Souvenirs d'enfance, d'âge mûr et de vieillesse, rédigé par lui pendant les dernières années de sa vie, sans aucune intention de publication, et qui a été la base de notre travail, était arrêté à la date du 8 mars 1862, celle de la mort de son vieil ami le général Durrieu; mais les actes exceptionnels d'énergie physique et morale accomplis par Léon Dufour pendant les années 1862, 1863, 1864, la persévérance de ses travaux et de sa correspondance scientifiques, enfin la tenue quotidienne de son Journal de pratique médicale jusqu'au 23 février 1865, tous ces faits

1. Nous remercions l'honorable docteur Le Sourd de la généreuse hospitalité qu'il a bien voulu accorder à ce Mémorial dans les colonnes de la *Gazette des Hôpitaux* (1884-86).

A. et G. L. D.

prouvent qu’à l’âge de la sénilité, des infirmités inséparables de la vieillesse, il resta jeune octogénaire, ou, comme le lui disait un de ses amis de science « un jeune homme en cheveux blancs ». Aussi nous n’avons eu qu’à rassembler les documents préparés par lui-même pour le complément de son Livre de souvenirs, et nous avons pu conserver à ce Mémorial toute la vérité de l’autobiographie.

Cette œuvre de vénération filiale qui, nous l’espérons, aura été bien accueillie par ses quelques amis survivants et par les fils ou petits-fils de ses anciens correspondants scientifiques, nous la terminerons par deux traits de sa force d’âme et de son amour de la nature.

Peu de jours avant sa mort, qu’il pressentait avec toute la sérénité du philosophe et du chrétien, nous étions réunis à son chevet, ses deux fils et un confrère de la ville ; il nous dit avec calme : « Je vais vous faire une confidence » ; il prit successivement la main de chacun de nous et, après l’avoir placée sur sa région épigastrique, qui était le siège de battements très intenses, il ajouta ces simples mots qu’il prononça comme un ordre : « Vous savez ce que j’ai ; ne m’en parlez plus. » Dans sa dernière semaine, il descendit plusieurs fois dans son jardin pour revoir les fleurs naissantes de son parterre, pour écouter le chant printanier des oiseaux et le bourdonnement des insectes butinant sur les fraîches corolles ; c’était son adieu à la nature.

Il était sectateur zélé du bel adage : *Edita doctrinâ sapientum templa serena ;* mais il démentait volontiers le « *nemo contentus suâ sorte* » d’Horace, en redisant à son entourage : « Si j’avais à recommencer ma vie, je vivrais comme j’ai vécu »

Le 18 avril 1865, il nous fut subitement enlevé par suite de la rupture de cette tumeur artérielle dont il n'avait pas fait plus tôt la confidence à ses fils, parce qu'il avait voulu revenir octogénaire au sommet du pic du Midi et aux rives de la Seine.

La Société entomologique de France, dans sa séance du 26 avril 1865, sous la présidence de M. le docteur A. Grenier, et sur sa proposition, adopta à l'unanimité les trois propositions suivantes :

1° Que les discours de M. le maire de Saint-Sever aux funérailles de Léon-Dufour et l'adieu adressé par M. le docteur Laboulbène seront imprimés dans les *Annales* de la Société ;

2° Qu'un portrait lithographié et un autographe du regretté Président honoraire seront placés dans le volume des *Annales* de 1865 ;

3° La Société invite M. Laboulbène à donner une indication complète des travaux entomologiques de ce doyen des zoologistes français.

Les vœux de la savante Compagnie ont été accomplis ; puisse-t-elle trouver dans la publication posthume des souvenirs de son ancien fondateur et président honoraire l'expression de nos sentiments d'estime et de gratitude !

Le 8 août 1867, au quatrième anniversaire de sa vaillante ascension au pic du Midi, nous fîmes sceller sur un rocher schisteux, à 500 mètres de l'hôtellerie du Tourmalet, une plaque en marbre blanc de Saint-Béat, préparée dans l'atelier de la marbrerie Geruzez, à Bagnères-de-Bigorre, et portant l'inscription suivante :

LE DOCTEUR LÉON DUFOUR

NATURALISTE

A FAIT SA DERNIÈRE ASCENSION

AU PIC DU MIDI DE BIGORRE

LE 8 AOUT 1863

AGÉ DE 83 ANS.

Ce rocher, que le général de Nansouty, l'un des promoteurs de l'Observatoire du pic du Midi, a fait nommer *Rocher Dufour*, a échappé jusqu'à présent au terrible vent de l'avalanche, plus heureux que le monument commémoratif des ascensions de l'astronome Plantade.

<table>
<tr><td>

Saint-Sever (Landes).

Dʳ A. Léon-Dufour
*Ancien interne des hôpitaux
de Paris.*

</td><td>

Saint-Justin (Landes).

Dʳ Gᵛᵉ Léon-Dufour
*Ex-médecin Chef
de l'hôpital militaire du Gros-Caillou
Officier de la Légion d'honneur.*

</td></tr>
</table>

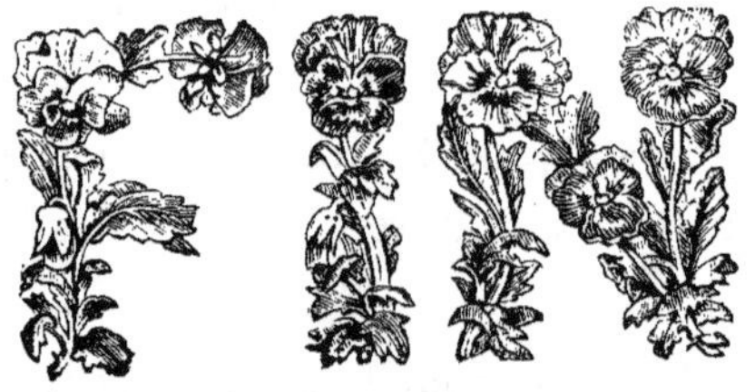

SOMMAIRE DES CHAPITRES

1689. — Poitiers, imprimerie BLAIS, Roy et Cie, 7, rue Victor-Hugo.